大夏书系・全国中小学班主任培训用书

# 做一个专业的班主任

王晓春／著

华东师范大学出版社
EAST CHINA NORMAL UNIVERSITY PRESS

# 目录

前　言　您喜欢做班主任吗？　　001

第一章　班主任的角色要求　　001
  第一节　教育型的管理者　　002
  第二节　学习指导者　　009
  第三节　学生的平等对话者　　013
  第四节　学习者　　019
  第五节　心理工作者　　025
  第六节　家庭教育指导者　　030
  第七节　班主任的角色模糊和角色冲突现象　　039

第二章　班主任影响学生的手段　　048
  第一节　定规矩　　049
  第二节　评　比　　053
  第三节　批　评　　058
  第四节　惩　罚　　063
  第五节　说　服　　073
  第六节　表　扬　　079
  第七节　榜　样　　085
  第八节　集体舆论　　089
  第九节　师　爱　　094
  第十节　威　信　　100

第三章　班主任的类型　　105
  第一节　"班妈"型　"班官"型　鼓动家型
     　领袖型　导师型　　106
  第二节　科学家型　"维持会长"型　"寨主"型
     　"书生"型　　111

目 录

**第四章　班主任工作的重点和边界**　　116

　　第一节　"校园无小事"
　　　　　　——班主任工作失去重点　　117
　　第二节　"没有教不好的学生，只有不会教的老师"
　　　　　　——班主任工作失去边界　　123

**第五章　班风建设**　　133

　　第一节　班风是什么　　134
　　第二节　班风是怎样形成的　　139
　　第三节　班风诊断　　145
　　第四节　如何引导班风——舆论　　152
　　第五节　如何引导班风——纪律　　163
　　第六节　如何引导班风——学风　　172
　　第七节　如何引导班风——人际关系　　183

**第六章　班级日常管理**　　189

　　第一节　教育与管理　　190
　　第二节　管什么　　199
　　第三节　谁来管　　207
　　第四节　怎么管　　214

**第七章　问题学生诊疗**　　226

　　第一节　问题生的界定及分类　　227
　　第二节　问题生诊疗的步骤及方法　　234
　　第三节　问题家庭的分类指导　　241
　　第四节　问题生诊疗案例　　253

**结　语　做一个快乐明哲的班主任**　　275

# 前　言　您喜欢做班主任吗？

本书是写给班主任同仁的，目的是和大家一起研究怎样当好班主任。

所以劈头一个问题就是：您喜欢做班主任吗？

我国最早、最伟大的"班主任"之一孔夫子教导我们："知之者不如好之者，好之者不如乐之者。"

愚以为，明白了班主任工作的意义和职责、工作原则和方法，或者做了几年班主任有所体验，这只能算是"知之者"，真正把班主任工作作为一件有趣的事情、作为一门专业知识来学习，则即使尚未有很多心得，也属于"好之者"，而只有学有所得、超越了自我、从中得到了真正的乐趣，才是"乐之者"。

可见，从"知之"到"乐之"，中间必须经过一个"好之"阶段，如果没有"好之"，则不但不可能达到"乐之"的境界，就连"知之"也保证不了质量。一个人不喜欢的事情，他不会有很多"知之"的冲动，知道一些就行了，浅尝辄止。

然而，如今老师们喜欢当班主任（乐之）吗？

好像不大"乐之"。

每到新学期，安排班主任都是校领导一件很头痛的事情，增加班主任费也难以吸引教师当班主任，不得已，只好规定，不当若干年班主任不予评技术职称。这招自然管事，可是老师也有对策，评上职称以后，就又不干了。不过，奇怪的是，你要真的不安排某人当班主任，他又会有些失落，好像领导看不起他的样子。这说明，能不能做班主任，也是一个教师工作能力的标志。但是，不管怎么说，班主任并不是一种吸引人的职务。这是我们教育的一种危机。

为什么许多教师都不愿意做班主任？

这是一个极有研究价值的题目，我们来探讨一下。

大家都知道，在我们的学校，有一些事情是"说起来重要，做起来次要，忙起来忘掉"。学校的工作有教育和教学，说起来自然是教育重于教学，教育大于教学，可是人们评价教师和学校的真正的硬指标并不是教育，而是教学，是考试成绩，所以我们学校的风气骨子里是重教学轻教育的，人们心目中真正的"专业知识"是语文、外语、数理化等学科知识，而不是教育知识。学科知识才是安身立命之本，至于班主任工作，不过是当个"孩子王"而已。

班主任工作（甚至教育工作）其实是被教师轻视的，也是被上级领导所轻视的，虽然口头上大家一般不这么说。在许多领导的心目中，班主任工作不过是稳定纪律、督促学生考高分的一种保证，教育只是为教学服务的。所以，很自然的，我们对班主任工作至今缺乏科学研究，班主任工作没有科学体系，一到班主任培训的时候，就请领导来"布置任务"（班主任"应该"如何如何），请专家讲点对所有教师都适用的大理论，或者找几个优秀班主任作典型发言，如此而已。优秀班主任多的是劳模色彩，而不是专业尊严；专家讲的是他的学科（如心理学、管理科学），而不是班主任学。

下面这位老师比较直率，他的看法很有代表性，请看我和他关于这个问题的讨论。

我曾经在第一线教育论坛的"王晓春茶座"中发表这样的看法："什么是教育专业知识？教育专业知识主要不是数理化、语文、历史。数学老师的数学知识比不上数学家，语文老师的语文水平比不上作家。学科知识本身并不是教师安身立命的根本，虽然它也很重要。"

一位署名"飞雪残剑"的老师批评我说：

WXCH 先生（我的网名——王晓春注）的这句话错了，错了。

一个数学老师的数学知识不见得比不上数学家。数学家可能毕其生研究一个点或几个点，虽然也需要对数学有全面的了解，但他毕竟只是一个点或几个点的专家，而如果一个数学老师非常专业的话，他可能会对基础数学的各方面知识都有所涉猎。一个专业化的数学老师应该有一个比较合理的（当然也应该是比较宽博的）数学知识作为背景。在精深程度上,或者更准确地说,在一个或几个点的精深程度上,也许他赶不上一个数学家,但是,论数学知识的总量,论数学知识的全面,就很难说了。

当然,一个数学老师应该把这些知识教育学化,这也就是WXCH老师所说的"懂教育"。但我以为,如果非要来一个量化对比,也许一个学科老师的教育学知识的总量远不能赶上其学科知识的总量。因为,我一贯主张,一个老师的教育学知识,请注意,我这里所说的教育学知识是纯粹通过阅读得来的,需要的并不是很多,而贵在精。也就是说,一个学科老师没必要把精力放在教育学书籍上广采博收,而更应该把有限的精力放到学科知识的学习和精进上。

王晓春回复:

飞雪残剑老师认为"一个数学老师的数学知识不见得比不上数学家",而且认为数学老师在数学知识方面可能超过数学家,这种说法我不知有何根据。据我所知,不管多么专门的数学家,他对数学整体的掌握都会超过中小学数学老师,很少例外。陈景润是专门研究哥德巴赫猜想的,你能想象他在初、高等数学方面不如一位中学老师吗?你能想象一位专门研究明朝断代史的历史学家对唐朝的了解就不如一位中学历史老师吗?认为自己的专业知识高于或宽于学科专家,这可能只是"关起门来,自我感觉良好",不可能得到学术界的认同。

但是飞雪老师的意见却很鲜明地反映了目前中小学教师中普遍存在的一种倾向:重教学轻教育,重学科知识轻教育专业知识。

数学家与数学教师不同在哪里?数学家离开学生仍然是数学家,数学教师离开学生就不是教师了。数学家主要与学科知识打交道,数学教师则主要与学生打交道,学科知识不过是载体。教师是面对活人的,教育的本质是人与人的交流,不是知识的流动。科学家安身立命之本是他的学术水平,教师的安身立命之本则是教育教学水平。所以陈景润尽管是一位不高明的中学数学教师(他在北京四中教过数学,效果不佳),却可以成为卓越的数学家;反过来说,陈景润虽然可以成为一名卓越的数学家,但是却不能成为一名优秀的中学数学教师。某人的教育教学水平不等于他的学科知识水平，这是有关联的两码事。

现在有一种非常奇怪的现象。中小学教师普遍对提高教育能力重视不够，然而事实上用在教育方面的时间却最多。尤其班主任，很多人跟我说连备课的时间都难以保证，每天忙忙叨叨都用来处理学生问题了。愚以为这是一种角色迷失。教师必须首先成为一个好的教育者，才有可能完成自己的教学任务，只有懂教育，他的学科知识才能派上用场。

提高广大教师的教育水平和教育能力，系统总结教师的教育经验并使之理论化，这不但是现实的需要，而且是一种"正名"，是一种"身份确认"。教师必须以教育为自己的中心任务，以教育专业知识为自己的主要专业知识，他才名副其实。

飞雪残剑回复：

WXCH老师，一个数学家的知识和一个优秀的中小学数学老师的数学知识总量，我以为是很难衡量的，可以确定的是，一个数学家在他那些研究的点上，其深度的确是超出一个数学老师的，但这和总量之间很难画等号。我说此点，只是论证你的观点有所谬误而已。

当然，这些或者都不重要。我承认你说的教育专业知识的重要，我也认可你的"目前中小学教师中普遍存在的一种倾向：重教学轻教育"的观点，但我还想说的是，一个老师的教育专业知识并不是纯粹从书本上得来的。我以为，对一个学科教师而言，需要看的教育类书籍或许并不是很多，但却要精。精是很重要的，但更重要的是要把这些所谓教育专业知识化成自己的教育实践知识（也就是教育经验）。

一个老师还是要把自己的求知重点放在学科专业知识的广搜博采上，而不必把有限的时间、精力放在教育学上。这对一个老师来说，是一个非常明智的选择。

我以为，我们更要防止的是某些所谓专家把教育专业知识吹得天花乱坠。教育专业知识是一个老师的标识不假，但这并不是说我们就要把自己的大部分精力放在教育专业知识的求索上。

王晓春回复：

为什么会"重教学轻教育"？

我想这首先是应试教育惹的祸。在应试教育中，只有考试分数是硬指标，而考试分数主要是由教学决定的，所以不管你在宣传上如何强调"育人"，教师的实际工作重点还是"育分"，或者说"培养能拿分的人（而不是全面发展的人）"。这样一来，教育的作用实际上就被降到了次要地位，主要起保证作用。也就是说，教育，只要能做到保证学生拼命抓分，抓到高分，就行了。教育成了教学的保镖，主次颠倒，喧宾夺主。

近些年有一个新情况是，学生越来越厌学，越来越逆反。本来教育还基本上能保证教学，现在保不住了，于是人们就对保镖的数量和质量提出了质疑，对教育越来越重视了。其实这并不是真正重视教育，只是为了更好地完成考试指标的应急措施，只是增加保镖人数和进行保镖培训。

所谓素质教育，就是要恢复教育的主体地位。教学只是育人的一个部分，考试要为育人服务，而不是像现在这样，育人为考试服务。

但是，教育被教学所欺，也不能光怪应试主义的外部环境，教育自己也实在没出息，难怪人家欺负它。请问师范生在学校里都学了什么教育专业知识？学了有用吗？所谓教育专业知识，如今只有干巴巴的几条筋。难怪飞雪老师说不需要读多少教育学的书。你多读几本又如何？还是那几句话，无非是互相抄来抄去。教育，既缺乏真正系统的理论，也缺乏可操作的方法，更缺乏理论与实践相结合的研究。难怪教育专家属于含金量最低的专家。

教育自己如此萎靡不振，只有花拳绣腿没有真功夫，自然就会有强势理念来占领它的地盘。于是我们看到，充斥学校的并不是教育，而是管理（这是从其他行业杀进来的），管理压倒了教育。具体到一个教师，除了按上级的指示办事（服从管理）之外，就只能凭他人或自己的经验甚至"脑门一热"来工作。教育专业既失语，又失职，把自己的差事拱手让给别人了。

所以，实事求是地说，我们的教育，教育含量实在不高，它早就变形了。

所以，真正忠于教育、真正热爱教育的人，一定要努力搞清楚，到底什么是教育专业知识，它包含哪些内容，如何使它既系统又具操作性。愚以为，心理学可能是它的主要支撑。我正在探索这件事。

以上说的是教师不喜欢做班主任的第一个原因——心底里不重视教育。

第二个原因是：班主任的生活质量不高。

我们目前的教育体制和有关领导，实际上并没有尊重班主任作为专业技术人员的主体性。哪个上级都可以一拍脑门拿出个计划来，班主任就得照办；哪位领导都可以心血来潮想出个办法来检查、评比，班主任都得应付；哪个领导机关都可以制定出个指标，教师都得完成。班主任工作，内容没有边际，责任没有边际，如同一个无底洞，如同一个不断加压的水压机。班主任的自我感觉是"干活的"，不需要策划，只需要落实，不需要动脑筋，只需要傻干、卖力气。这种低科技含量的"类体力劳动"使教师几乎只有疲劳感，很少有成就感，更很少有自我超越感。连很多屡得奖状的班主任都感觉，有成绩，工作过程无乐趣，有效果，自身素质无提高。他们不是在发展自我，而是在磨损自我。简而言之，班主任的生活质量不高。谁不愿意提高自己的生存质量呢？知识分子更是注重精神的满足。班主任工作如果不能带来这种满足，多数老师不愿意当班主任就是完全可以理解的了。

所以，要想让班主任工作成为吸引人的工作，必须改变当前的管理方法。

要制定班主任工作的较详细的专业法规，不但要规定他该做什么，还要规定他不必做什么，不但要规定他必须服从什么，还要规定他有权拒绝什么。绝不能允许什么人都来指挥班主任。对班主任的评价考核标准，必须经过论证，要开听证会，听证会必须有班主任代表参加，不允许任意出台评价、考核教师的标准和办法。对班主任的管理，应该抓大放小，尽可能让班主任自己做主，这样他才能真正负责任，而且称得上名副其实的专业人员。班主任应该用更多的时间开教育研讨会，而不是应付领导的检查。各种检查、评比应该减到最少。班主任能自主策划班级的管理和学生的教育（领导把住大原则），才能有成就感，才有可能真正进入研究状态。没有主体性的课题研究肯定是伪科研，现在伪科研太多了。

但是，请注意，一旦某领导真的这样做了，他却可能出乎意料地遭到很多班主任的反对。为什么？因为这些班主任已经习惯当"齿轮"和"螺丝钉"了，他们的独立思考能力严重退化了。他们的腿是软的（缺钙），你让他们站起来，他们站不起来。他们对领导的主观主义的瞎指挥既反感又依赖，嘴里怨气冲天，行动上又离不开。给他自由，他茫然不知所措。

所以，我们现在班主任工作的危机并不只是体制和领导造成的，此种体制有相当的群众基础：很多反对这种体制的人，其实正是这种体制的坚强支柱，只不过他自己并未意识到这一点。

这也可见，要改变目前这种状况，须从上下两个方向同时入手，而且不要幻想立竿见影。

作为一个班主任，埋怨是没有用的，除了呼吁体制改革之外，我看重点应该放在提高自身素质上。

班主任工作当然很辛苦，尤其是初学乍练的时候，但愚以为这是必须过的一关。许多当过多年班主任的老师，即使不再当班主任了，教课时仍然有班主任一样的威信，管理学生毫不困难；反之，许多从未当过班主任的人，即使教书多年，教学十分努力，也还是总觉得学生"不顺溜"，教学效果因此大打折扣，常常苦恼不堪。不当班主任，就不容易真正了解学生的心理，不容易深刻理解教师劳动的创造性，就很难真正掌握教育的艺术，也很难真正体会教师的幸福感和崇高感。有人甚至说，没当过班主任，就没有真正进入教师角色，这话有些道理。青年人千万不要目光短浅。年轻时不付出点辛苦，不学点真本领，永远是氢气球。所以，我常常劝青年教师们都主动承担班主任工作。没有这样的锻炼，就有可能终生是教育的外行；有了这样的锻炼，以后即使做行政工作、总务工作、团员工作，也都不隔膜。

为什么有一些老师喜欢当班主任呢？

我想，不光是因为他们对教育工作特别热爱。如果你仔细观察他们，就会发现这是一些主体性较强的人。他们即使在夹缝中，也尽可能保持着自己的独立性；即使在一片盲从中，也能保持一份清醒；即使在"类体力劳动"的包围之中，也能捍卫思想的权利和尊严。这种人，一旦体制宽松了，他们会更加如鱼得水，而不会茫然，因为他们的肩膀上，长着自己的脑袋。他们是一些真正把班主任工作当作专业的人。

我盼望这种班主任多起来。

我认真思考过，为什么我们的学校非要设置班主任？解放前我国学校是不设班主任的，据说设置班主任是向苏联学来的，这与经济体制有关，也与我们的传统文化有关。

设置班主任，意味着强调班级的行政色彩。我们的班级其实主要是行政单位而不是学习组织。你会发现，在学校里，年级组长的重要性一般要大于教研组长。也就是说，我们这里行政管理总是要压倒业务、压倒学术，这是我们的教师专业水平长期得不到明显提高的重要原因。

鉴于我国国情，这种局面很难立刻改变，也就是说，在可预见的将来，班主任的设置是不会取消的。这与班级学生人数也有关系，班级人数越多，就越要加强管理。但是，从长远角度看，我主张逐渐淡化班主任的管理职能。在遥远的未来，取消班主任也不是不可能的。

现在班主任几乎相当于学生的"顶头上司"，相当于学生的"公共家长"，这种体制肯定会强化学生的行政意识，对提高他们的学习意识和研究意识并不利。真正的学习意识和研究意识要在管理相当宽松的环境中才能形成，也就是说，任何人只要经常看着上级的脸色行事，他就很难进行真正意义上的思考和研究。人的智慧绝不是"管"出来的。

我们首先要面对现实，这样才能改造现实。班主任虽然是行政色彩很浓的职务，但它也是可以用科学方法加以研究的。

本书的写作宗旨是：尽量减少行政思维和行政语言，减少空话、大话、套话、废话，把班主任工作真正作为一个教育专业，进行学术研究，追究其理念，探索其规律，构建其体系，寻找其方法，从而使更多的班主任从"知之"走向"好之"和"乐之"。我看这是有希望的。

书中案例多来自网上，有文字的变动与删节。案例后的点评是我的一点浅见，与老师们讨论、交流，欢迎批评指正。

王晓春<br>2008年1月

# 第一章 班主任的角色要求

本书从班主任的角色要求谈起，因为，作为一个班主任，你得先知道自己是干什么的。不过，我们不是从行政角度给班主任定位或布置任务，我们是从专业角度来谈这个职务的。

这里说的"角色"是一个社会心理学概念，指社会角色。社会角色是指由人们的社会地位决定的、表现出符合社会期望的行为和态度的总模式。

一个人的自我角色定位（角色自我期待）非常重要，你把自己定位成什么角色，你就会自觉不自觉地扮演这种角色，于是你就会真的成为这种人。这也可以叫作自我暗示、自我角色引导。当然，这种角色定位指的是实际定位、真实想法，而不是口头宣言。

我们在后面第三章里把班主任分成九类，主要原因之一就是他们对自己的角色有不同的理解：觉得自己应该像学生的母亲，他就会逐渐变成"班妈"型班主任，觉得自己是学生的上级，"学生就得听我的"，他就会变成"班官"型的班主任。班主任在自己塑造自己。

那么，班主任应该具备怎样的角色意识才算是正确的呢？

这个问题不大好回答，因为班主任是一个复合角色，只有一种两种角色意识是不行的。据我看，今日要做好班主任，应该同时具备以下几种角色意识：教育型的管理者，学习指导者，学生的平等对话者，学习者，心理工作者，家庭教育指导者。至于这几种角色在某位班主任身上按什么样的比例搭配，那是无法统一要求的，而且正因为色调不同，才会造就各种不同风格的班主任，形成百花齐放的班主任舞台。

## 第一节 教育型的管理者

教育型的管理者这个角色，是从教育与管理的关系这一角度切入的。

我们得承认，对于学生来说，班主任首先是一个领导者、组织者、管理者，班主任工作躲不开行政色彩。"领导"强调的是把握方向和指挥，"组织"强调的是安排和凝聚，"管理"则包含计划、组织、指挥、控制、协调等职能，所以我认为，"管理者"一词更能概括一线班主任的工作特点，班主任应该是管理者。

但必须强调的是，班主任并非一般的管理者，他首先是一个教育者。他的工作对象不是成年人，而是少年儿童；他的任务不是短期的，而是长远的（百年树人）；他的工作环境不是社会，而是一个"准社会"。这些特点决定了班主任的"管理"与工厂、军队、公司、机关等不同。班主任当然可以借鉴机关、企业的一些管理经验，但班主任不是处长、局长、连排长，不是经理、董事长，绝不可以照搬他们的做法，因为他们不是教育者，他们的任务和学校不同。在公司里，迟到可以罚款，而在学校这样做就很可笑；公司招聘员工，考试不合格就不要你，从此和你没有任何瓜葛，学校里学生（特别是义务教育阶段的学生）考得多么差，你也不能赶他走，你还得耐心帮助他，因为你是教育者。

所以，班主任不是一般的管理者，他是"教育型的管理者"。

班主任没有不认同"管理者"这个角色的，但班主任对"管理"的理解却往往大相径庭。

有些班主任轻视管理，他们以为管理不过是"哄孩子"、当"孩子王"而已，他们不把管理看成一门学问。这种班主任就容易把班搞乱，甚至连正常的教学活动都无法进行。从某种意义上说，中小学教师的管理能力比教学能力和知识水平还重要。一位老师管理能力差，他有十分的知识也许只能教给学生三分，另一位老师管理能力强，有七分的知识能教给学生五分，从教学效果上看，后者可能比前者好。管理能力似乎是青年教师的弱项，他们学历往往比较高，但工作效果欠佳，原因之一是不善于管理。有的倒很能和学生"打成一片"，但说话学生不听，有的则与学生关系紧张，学生也是不听。有一位青年教师对我说："我在那儿讲得挺清楚，他们不听，我有什么办法？"好像维持课堂纪律是别人的事。有的则说："管孩子谁不会？我不愿受那份累就是了，不然，我也照样当先进！"这就属于说大话了。

我们看一个例子。

一位青年班主任监考。他走进考场，把卷子按行数成六份，开始往下发。刚发两行，出问题了。有一行最后一名同学没拿到卷子，这个学生就嚷："我没卷子！"老师说："你嚷什么？谁看见他的卷子了？"没人接茬。这位老师就走下讲台，一个学生一个学生地查问。刚查三个学生，其他四行没拿到卷子的学生急了："老师，怎么不发卷子呀？"老师又回过头来批评这边："捣什么乱！没看见这儿丢卷子了吗？"被批评者不服，一个个嘟嘟囔囔："谁捣乱了？考试不发卷子！""一会儿我答不完怎么办？""老师，怎么还不发呀？""这叫什么事！"有的声小，有的声大，开始乱起来了。本来就估计考不及格的问题生，这时自然觉得"气候宜人"，说俏皮话的，交头接耳的，伺机作弊的，全来了，好端端的课堂成了茶馆。老师好不容易找到了那张卷子，把考场稳定下来，三分钟过去了。学生的印象是：这老师管不住学生。教师呢，怨学生不懂事，怨班风太差，就是不想想自己管理能力方面的问题。

他应该怎么做呢？当发现缺一张卷子时，可以问一问谁多拿了一张。如果没人出声，就不要再追问了，立刻对那位没领到卷子的同学说："对不起，请你等一下，我把卷子发完再帮助你。"等发完了全班的卷子，大家都在答题，教室必定安静下来。这时，教师如果发现手里还有一张卷子，那是刚才数错了，发给那位同学，道一声歉，就可以了。若手里没有多余的卷子，那可能是有人拿了两张。这有两种可能：一种是不留神多拿了，另一种是有意多拿一张作弊用。这时教师可以从从容容地到同学座位上一个一个查，因为大局稳定。查出卷子，无论哪种情况，当时一律不批评，课下再说，若查不出来，那可能是卷子本来就少了一张，或某学生藏匿不交。可以让这个没领到卷子的同学自己去教导处领一张备用卷子，耽误的时间，用个别延长考试时间的办法补上，并向他道歉。问题课下再查。

假如这个没领卷子的学生恰好是个问题生，不由分说就非要卷子，怎么办？可以先给他一张，接着继续发卷子，找一位班干部或通情达理的学生，先不发他卷子，他不会闹的。等全班同学进入答卷状态以后，再给他补卷子，补时间，不让他吃亏。事后再调查此事。那位问题生怎么办？他不顾大局，要不要批评？不批评。因为在这件事上，他有把柄："别人有卷子，为什么偏偏我没有？"问题生很敏感，虽然他明知老师绝不会故意不发他卷子，还是觉得这么一来"跌份"了。你要批评他，等于给了他一次发泄的机会，所以不能批评。要是我，倒是愿意向他承认我工作的失误，这才能使他服气。这不是对他缺点的姑息吗？不，他的缺点是一定要批评的，但要换个时间，换个方式，绕个弯子。比如可以过两天在全班表扬那位先不领卷子的同学顾大局、识大体，这样的表扬，对全班同学是教育，对被表扬者是合情合理的称赞，对这位问题生则是明确的批评，但他找不到和老师顶撞的借口。所以我们处理课堂上的偶发事件，一要干净利落，速战速决，二要防止顶牛，三要使大部分同学切实受到教育，这才是教育型的管理和领导。

那位青年教师错在哪里呢？

他不知道课堂管理的一条基本原则：先稳面，后抓点。课堂上无论出什么问题，教师都要首先注意绝大多数同学，把他们稳定下来。有了"根据地"，什么事情都好办。若不注意大多数同学的情绪，只顾和个别生你来我往地争辩，班上非乱不可。许多老师都犯这个毛病。

可见，管理学生并不简单，这的确是一门学问。认为管理就是紧盯不放，就是让学生怕老师，或者就是哄得学生听话，都是不正确的。管理的目的不是为了使学生就范，而是使他们受到教育。

有些教师和家长认为，能管住学生就是好老师，就是有水平，这对吗？

能管住学生是一种本领，但不等于有水平。看一个教师是不是好教师，不能光看他是否管住了学生，还要看他的"管"中有多少教育因素。比如前面举的监考发卷子的例子，如果这位监考老师特别厉害，少一张卷子，同学刚一声明，老师一瞪眼，他就不敢言语了，然后老师再另想办法找一张卷子给他，这件事也处理得很平静。按一般人看来，这也算管住了学生，可是这里面就没有什么教育因素，老师这种"瞪眼法"也不属于教育方法。学生有理不敢说话，心里憋着不满，遇到另一位比较和气的老师，就可能发泄出来。所以这位厉害的老师实际上是为别的"不厉害"的老师埋伏了麻烦。当然，他不是有意的，但客观上的确是如此。因此，我们当老师的一定要记住，要教育学生服从真理，而不是怕某个人，否则就不是正确的管理方法，虽然表面上可以使学生服服帖帖。

管理与教育的关系问题很复杂，班主任在这个问题上常见的毛病是，他的角色不像个教育者，而像单纯管理者，但从管理角度看，他也不像个掌握全局的管理者，而像一个办事员，一个上级管理决策的具体执行者，他把管理缩小为管束，像一个保安，一个警察，一个管理员。这个问题我们在后面谈班级日常管理的时候还要涉及。

这里再举个有趣的例子。

### 现在的孩子不会谈恋爱怎么办？
#### ——一个苦恼人的问题

有一位大学生给我发电子邮件请求帮助，我觉得他的问题在今天不是个别现象。我们的教育中少了正常的异性交往辅导，孩子们不善于和异性交往，于是到了可以谈恋爱的年龄不会谈恋爱，更不会处理异性交往中的一些麻烦。下面是那位同学给我写的邮件的一部分，供大家讨论。

各位老师：

你们好。

我是大学二年级的学生。我进入大学的第一学期末，注意到了外国语学院的一个女孩子。她给我的第一印象特别好，我看到她时就感觉到她是我想要的那种女孩子，但我是一个很内向的人，一直没有向她表白。当然我也没机会接触她。我想我不可能走在路上把她拦住，赤裸裸地告诉她我喜欢她。就这样过了一段时间，我发现她的身边出现了另一个人，那当然是她的 boyfriend。我好难受。后来我知道了她的名字，正好我有一个高中的女同学在外院，我叫我的同学要她的电话号码和 OICQ 号码。OICQ 号码给，电话号码她不给，可她根本就很少上网，我在网上当然也见不到她。

　　我那个同学劝我放弃，可我真的好喜欢她。她很温柔，很善解人意。其实她并不是很漂亮，但是很可爱。我以前只在书上、电视上了解过这种感情，可我现在自己遇到了。我也知道"天涯何处无芳草"，可叫我放弃真的好难。如果放弃她，我到哪儿去找像她这样的女孩子呢？其实一个人能够真正地爱上另一个人是很难得的。每一个人接触的人是很多的，能够令他真正爱上的人却是很少的。我好难受。告诉我，我该怎么办！拜托了。

一个苦恼的人

　　今天我听到我的一位学生给他的女朋友打电话，要不是我预先知道他们是恋人关系，实在没有一句话让我感觉到他们是在谈恋爱。他就好像在训斥他的女儿一样，俨然是成了那位女朋友的老爸。我还曾经听到个别的恋人的对话，有的女大学生对待自己的男友像个老妈。

　　我觉得我们现在的学生在成长过程中没有得到过与异性交往的辅导，更缺乏进一步交流情感的知识和经验。他们在循着自己的感觉本能地进行交往，于是"恋父情结"和"恋母情结"便自然地表现出来。今天的孩子恋爱更加本能、冲动，而社会性的交往会相对削弱，这是非常可悲的现象。

教育在线·心理辅导与教育，陶新华

下面是我的读后感。

### "提前恋爱"与"不会恋爱"

　　正当教师、家长为孩子提前恋爱（早恋）发愁的时候，陶新华老师却提醒我们，还有一些到了恋爱年龄而不会恋爱的学生（大学生）。这些孩子也是从中学走过来的呀！想来他们当年在中学的时候一定是老师心目中"立场坚定"、"拒腐蚀，永不沾"的好学生。

　　中小学教育对于这种"花到时节不会开"的现象有没有责任呢？

　　愚以为，有责任。

　　陶老师说得非常好："今天的孩子恋爱更加本能、冲动，而社会性的交往会相对削弱。"

你去观察中小学生的"早恋"就会发现，其中大多数人其实没有多少"恋"的内容。他们的所谓"恋爱"，主要色彩一个是本能的冲动，另一个就是占有欲。所谓"早恋"者，不过是性本能冲动促使下的"抢人"而已。有真情的不多，真正互相理解、心心相印的更少。

为什么？

因为真情只能产生于沟通，沟通只能产生于交往，而我们现在的学校很少给孩子交往的机会，更没有教给他们交往的本领和艺术。

所以，孩子们的早恋固然主要源于社会影响，但是呈现如此浅薄的状态，与我们的教育是有关系的。他们不知道什么是爱，也不善于爱，家长、老师只会禁止他们爱，没有结合实际给他们讲过爱情。

孩子们缺乏交往机会，不懂得什么是爱，结果就是不善于爱。不善于爱向前发展，一个极端就是"乱爱"，胡来，游戏，另一个极端就是不敢爱，不会爱，不知道怎样向心仪的人示爱。陶老师说的，就是后一种情况。

可见，"提前恋爱"与"不会恋爱"这两种截然相反的现象却有一个共同的根源：孩子们缺乏社会交往，缺乏正确的爱情观。

这很值得教育者深思。

言归正传。如果单纯作为管理者，这位大学生的中小学老师在"早恋"问题上是出色地完成了任务的，他们成功地阻止了他的早恋，或者把它"消灭在萌芽状态"了。可是，如果这些老师意识到自己是教育者，他们恐怕就得承认，自己的教育在恋爱问题上是失败的。教育者和管理者任务不同，一个真正的教育者不但要防止学生"早恋"，同时还应该引导学生进行正常的异性交往，帮学生学会交往的艺术，树立正确的恋爱观，以便将来他们该恋爱的时候有所准备，而不至于束手无策。为什么呢？因为教育的目的是使学生一生幸福。难道爱情不是人生幸福的重要内容吗？虽然高考不考"恋爱学"，评比也没有这一项，但作为人生的必备知识，班主任是有责任教给学生的，这不是分外的工作。

这里就明显看出教育型管理者和单纯管理者的区别了：前者才是真正以人为本、真正为学生着想的，后者则几乎都是自我中心者，他们其实并没有真正替学生的成长着想，他们考虑得更多的，多半是自己的"业绩"。所以，我们看一个班主任的真正水平，往往要看他们如何对待"非评比"一类的问题。

我希望每个班主任都记住：您首先是个光荣的教育者，其次才是管理者，管理是为教育服务的，千万不要主次颠倒。

【思考题】

请举一个班主任工作中的案例，具体说明教育型管理与单纯管理的区别。

## 第二节 学习指导者

本节论述的是班主任的另一个重要角色——学习指导者。这个角色是从教育与教学的关系这一角度切入的。

班主任很少有不任课的，所以班主任不但是教育型的管理者，而且是一个知识传播者，一个教书的人，不是单纯做管理工作的人。大学里有单纯做管理工作的老师，有的叫班级辅导员，中小学没有这种人。在中小学，教育和教学不分家，这是一个很值得注意的特点。

你会发现，中小学学科带头人几乎都是优秀班主任，或者曾经是优秀班主任，而中小学的优秀班主任几乎都是教学能手。教育与教学，关系太密切了。中小学的教育活动主要是在教学中潜移默化进行的，而不是在教学之外单独进行的。当然也有一些主题班会或主题活动，有郊游、晚会之类，这些活动的教育作用也很大，应该加强，但是教育的主战场还是课堂，而在课堂上，你就是个教书的，你的教学角色和班主任角色搅在一起，无法分离。

你的书教得怎么样？教得好，学生觉得你有水平，学生佩服你，你有威信，你的班主任工作就会比较顺利。教得不好，学生觉得你水平不高，那你的班主任工作就会遇到困难。教学水平是班主任工作的学科业务支撑，班主任一定不要轻视自己"教书"的角色，一定要把这个角色演好。我们在前面说过，有些教师轻视管理工作，以为当班主任不过是做"孩子王"；这里我们要提醒的是，班主任也不要轻视学科教学，以为教书是简单的事情。

大家都说如今班主任越来越难当了，不错。为什么越来越难当？原因之一是班主任没有当年那么高的威信了。为什么没有当年的威信了？原因之一是教师的"知识垄断"地位被打破了。

当知识掌握在极少数人手里时，教书比较容易。过去在农村，十里八村有一个读书人，除了他别人都不识字，除了他别人手里也没有书，求学的人当然要拜他为师，而且唯教师之命是听，他于是享有极大的权威。城市里情况有些不同，但大学生也很少，所以，提起谁是大学生，人们还是要另眼相看。现在教育普及了，识字的人占绝大多数，中学生遍地都是，大学生如过江之鲫，博士都不属于"稀有动物"了。现在要上学，不进学校也行，有广播电视学校，有业余学校，有各种补习班，还可以请家教，更不用说上网了——什么都能查到。这些"平行学校"打破了正规学校对知识的垄断，也打破了少数人对知识的垄断。物以稀为贵，人亦如此。知识不神秘，知识的占有者自然也就不威严了。从传授知识的角度来看，教师头上的"灵光圈"消失了，知识占有者走下了神坛。记得我上小学时，拿老师当百科全书，从来不敢想象有哪种知识我知道而老师不知道。现在可不同了，学生从大众传播媒介获取大量的知识，许多知识学生知道而老师不知道，已经成了正常的现象。这就形成了所谓"知识倒挂"的局面。大众传媒一方面给学生带来了不少知识，另一方面也夺走了学生相当一部分注意力，给教学增加了前所未有的困难。显然，你讲课再生动，比不上赵本山的小品，内容再丰富，比不上电视连续剧，材料再新鲜，比不上电视上各种专题栏目。学习是艰苦的脑力劳动，科学本身在相当程度上是枯燥的。你有再大的本事，也没有办法把各门课程都变成故事和游戏。所以，在浅层次的吸引人方面，你竞争不过电视机，你注定要处于劣势。作为科任教师，你会感觉教书的自信在流失，与此同时，你作为管理者的自信也会流失的。

想当年，学生服老师，首先是服你的学科专业本领，你"只此一家，别无分号"。现在知识已经"进超市"了，哪里都能买得到，你作为知识传播者的重要性自然会降低。在这种情况下，教师要维持自己在知识学习方面的不可替代的作用，从而维持威信，就必须转变观念，转变角色，不能再简单地当"知识传播者"和"教书匠"，要成为学生的"学习指导者"，如此才能重建自己的竞争优势。

这是可能的吗？可能，但是需要教师增长本领，提高沟通能力和教学情境策划能力。

你别看传媒来势汹汹，它有一个致命的弱点：只有单向的传播，没有双向的交流。再糊涂的孩子也知道，那里面是画中人。老师对学生却不是画中人，他是触手可及的活生生的人。如果教师能在课堂上扮演学习指导者而不是照本宣科的教参"二传手"和"学习警察"，如果教师善于设计多种情境让尽可能多的学生找到学习成功和自我实现的感觉,那么任何传媒都是无法和你竞争的。

学校还有一个吸引学生之处,这里有同龄人,有小伙伴。人本来就是社会动物,交往的需要是每个人都有的,孩子更是强烈,而这种人与人面对面的交往,共同活动中的情感交流,是传媒无法提供的。你会发现,有的孩子在家里不好好吃饭,到同学家却吃得很香。他在同学家吃的不是饭,吃的是人际交往。我发现许多学习成绩很差的孩子,在学校受尽了贬斥,却仍然爱上学,只因为那里有小伙伴,有下课十分钟。交往的吸引力常常超过传媒,这是学校可以开发的重要资源。可惜现在许多教师还没有充分重视这一点。如果能在教学中搞许多符合少年儿童心理特点的、宽松的、自愿的活动,作为班主任肯定威信大增。

因为本书的内容是班主任工作而不是教学工作,所以这个问题就不展开来讨论了。总而言之,学习指导者是班主任必须演好的主要角色之一。应该注意的是,学习指导者并非传统的知识传播者,在这一点上,如果不能与时俱进,势必给班主任工作带来很大困难。

关于教育与教学的关系问题,还有一点值得注意:不要企图以教育手段解决教学问题,也不要企图以教学手段解决教育问题,二者虽然密切相关,毕竟不是一回事,对此要保持清醒的头脑。也就是说,班主任必须同时扮演管理者和学习指导者两种角色,但具体到应对某一个教育事件,你要搞清你的主要角色,不可以拿某一种角色的身份去处理本该另一种角色处理的问题。这是个角色冲突问题,我们后面还要涉及,此处仅举一个例子:

当学生上课不听讲的时候,怎么把他的思路拉回来?有些老师说,最好的方法就是向他提问,提醒他跟上班级的学习进程。他们认为,把提问作为管理手段不但是合理的,而且是巧妙的。

我不赞成这种看法。

提问本来是教学手段,可是有些老师却把它变成了管理手段。这样,提问就变质了。课堂提问的作用,主要是启发学生思考和检验教学效果。如此提问,教师的身份是学习指导者,但是当教师以提问为手段维护课堂纪律或者"修理"学生的时候,教师就成了管理者。惩罚式的提问降低了提问的学术含金量,增加了学生对思维的反感。大家都知道,年级越高,举手回答问题的人越少,惩罚式提问可能是造成这个结果的一个重要原因。如果回答老师提问的时候有一种类似等待审判的感觉,谁还愿意上前?如果教师提问谁,谁就可能是"不注意听讲"的"犯罪嫌疑人",谁还愿意被教师提问？所以，我坚决主张把教学提问和维持课堂纪律这两件事分开。提问就是提问，不要说什么纪律。如果某学生确实因为不听讲而答不上来问题，我当时也只说问题本身，至于纪律问题，课下再说。我可以批评他不守纪律，但是我明知道他可能答不上来问题，就不会刻意以问题让他出丑。经验告诉我们，让学生出丑多半只会增加学生对学习、对教师的厌恶，长远来看，弊大于利。这是一种短期行为。

有的老师会说：用提问警醒学生，行之有效，有何不可？

锤子是用来砸的，钳子是用来夹的。如果我用锤子用惯了，需要夹的时候（比如起钉子）我也锤，左锤右锤，钉子活动了，我把钉子起下来了，于是我就说："用锤子当钳子用，有何不可？"

学生不听讲，我用提问方式，当然也可以起到提醒作用，但如此我的问题本身已经变味了。它不再是对于问题的探究，而成了一个"警铃"。问题本来是对事的，我现在拿来对人了。这样，我就给学生做了一个坏榜样——我的问题的真实含义与表面意思是两回事。恕我直言，这不真诚，而且对于知识，这是一种不敬。以后我再提问，学生就得多一个心眼：老师这个问题到底是让我们探究知识呢，还是用来"修理"谁呢？显然，这是让学生分心，对教学没好处。教学问题只能引导学生进行知识性的思考，不能用来提醒学生遵守纪律，否则就是拿锤子当钳子用。提醒有多种方式，何必非用提问？这种提问，即使你面带微笑，即使你毫无批评，学生也明白你什么意思。我要是学生，我会想：您还不如直接批评我没注意听讲呢！绕什么弯子！至于那些确实听不懂的或者确实不想听的学生，用提问法就更无效了。其实用提问促使学生听讲和用罚抄促使学生努力学习思路是一样的——想用业务手段解决非业务问题，这叫作"德育的智育化"。教师不小心把自己的角色从管理者偷换成了知识传播者，想用教书的姿态解决纪律问题，班主任最容易犯这种毛病。

所以，我主张，知识问题用知识手段解决，纪律问题用管理和教育手段解决。二者混用，教师身份不明，效果不好。

可见，对很多长期流行在教师中的"高招"、"秘诀"，必须从教育理念上加以审视，否则谬种流传，青年教师还以为这是"先进经验"呢！

【思考题】

请举例谈谈您对教育与教学关系的理解。

## 第三节　学生的平等对话者

本节谈到的班主任角色——"学生的平等对话者",是从师生关系角度切入的。

本节标题,我原来拟定的是"学生的朋友",改成现在这种样子,是因为"朋友"的含义有些含混。不少班主任都自称是学生的朋友,但朋友有很多种,许多朋友之间的关系是不平等的,不对称的,甚至是一方支配另一方。"朋友"的提法和"爱"一样,可作多种解释甚至曲解。我们在生活中经常看到用"爱"压迫人(如父母对孩子)和用"爱"控制人(如夫妻之间)的现象,同样道理,朋友之间的所谓"友谊"也可以用来压迫人和控制人,比如所谓"哥们儿义气"就常常是这样。现代的师生关系,在我看来最重要的是平等和相互尊重,而不是"爱"和"友情",所以我还是决定用"平等对话者"这个提法。"平等对话者"这个角色比较难以冒充,有利于抵制假冒伪劣的师生"朋友"关系。

教师为什么非要做学生的平等对话者呢?维持自古以来居高临下的"传道"、"授业"、"解惑"的角色定位不就很好吗?

不行了,时代变了,老角色演不下去了,老调子唱下去没人听了。

记得我上初中(20世纪50年代)的时候,即使没犯错,看见老师也怕三分。有一回物理老师偶然和我们几个同学聊天,谈到她家兄弟姐妹的情况,我非常惊奇,至今不忘。那时,在我的眼里,老师似乎都是不食人间烟火的人,更不用说平等地和我们聊天了。如今,学生在教师节给老师写贺卡,称老师为朋友,老师会感觉很光荣。班主任头上的光圈没有了,不是坏事。本来我们就和学生一样是普通的人,何必端着架子生活呢?师生成为平等的对话者，对双方都是一种解放。

不与学生平等对话，师生之间就只有教与被教、管与被管的关系，学生不会对你讲心里话。教师不掌握学生心理，工作就是盲目的，无的放矢的，说教味儿十足，增加学生的反感。二十几年前，我在中学教课，有一次悄悄问一个学生："我发现你们女同学最近好像互相换衣服穿，换得还挺起劲，能告诉我这有什么伟大意义吗？"她笑着说："您等着，我去给您问问。"第二天，她兴冲冲地来找我，手里拿着一张纸，上面写着几条，一条一条地说给我听："第一，和别人换衣服穿，知道的说我人缘好，不知道的以为我衣服多，里外不吃亏。第二，我看别人穿件衣服挺好看，想试试我穿上好看不好看。第三，她穿这件衣服好看，我借来穿，让她好看不成。"我吃了一惊，没想到里面有这么些文章，更没想到初中生的心眼有这么多。显然，这个小材料对了解初中生的价值观念、人际交往心理特点都很有用。了解了这些，我再进行教育，就有可能说到他们心坎上了。我的这种谈话姿态，是不耻下问的姿态，不是打算教训人的姿态，愚以为此时我的角色比较像"平等的对话者"。

不过，如果我们充当学生平等的对话者只是为了把班主任工作做好，那就太狭隘了。不应该仅仅是为了工作，每个人平时都应该视别人为平等对话者，这才是合理的人际关系。这不是工作问题，而是人格问题，是现代人都应具备的价值观、人文精神。要做好班主任工作，前提是做一个合格的现代公民。

做学生平等对话者的角色要求，还来源于对教育本质的正确理解。

如果你承认教育的本质是人与人相互作用和交流信息，而不是简单地由某些人向另一些人灌输信息，那你就一定主张师生平等对话，因为很显然，最有利于人际交往和互通信息的关系是平等的关系。如果不平等，一高一低，就会很自然地造成控制和单向传递的局面。从这个意义上可以说，教育教学方法是由师生关系的性质决定的，有什么样的师生关系，就会有什么样的教育教学方法，现代化的教育教学方法必须以现代化的师生关系为基础。不能平等待人的教师，无论怎么在教法上翻花样，无论采用多么先进的视听设备，骨子里还是单向传递的老一套。

如果你承认学生的主体性，你也必定主张师生平等对话，因为很显然，这最有利于增强他的主体意识，调动他的热情和积极性。学生拿你当平等对话者，何愁上课不发言，何愁有问题不敢问？

"对话"似乎人人都会，然而人们对"对话"含义的理解可能相差甚远。许多班主任和学生的谈话号称"对话",其实内容往往只是单向的信息灌输,是"贯彻"老师的思想,是"做思想工作",目的是使对方和自己保持一致,这种谈话信息流动是不对称的。还有些班主任的所谓"对话",是指让学生向教师"坦白"、"交心"、"汇报思想"、"承认错误",这种谈话,信息流动也是不对称的。真正的对话应以各自独立为前提,进行平等的交流和讨论。对话的结果是整合,是求同存异,而不一定是"统一思想"。也就是说,在真正平等的对话中,双方都应该是开放的,都认真倾听对方的想法,都随时准备改变自己,每个人既想影响对方,也想接受对方的影响,如此心灵才有真正的碰撞。

我们来看一个师生对话的例子。

### 与"热恋"中学生的一次心灵对话

徐××一直是位品学兼优的好学生。高一的时候我是她的班主任,但是到了高二、高三,我不再教她,只偶尔关注一下她的情况。一次晚自修下课,我在操场上散步,顺便也留意一下学生的动态,结果发现她与一个男同学走得很近,看见了我,有些不好意思,跟我打了个招呼。我笑着问:"怎么了?聊天呢?是不是高考的压力很大?"她有些慌张,回应了几句就要走,我没有再说什么,只是有些担心。第二天,我找到她的班主任,了解她的情况,结果叫我怎么也不敢相信:她开始恋爱了,而且成绩直线下降。这对于离高考仅有一百来天的高三学生来说无疑是打击!曾经让我寄予深深厚望的徐××一落千丈。我没有再与她的班主任说什么。事后,我找到了与她同班的同学,也是我在高一的时候教过的,从这个学生那里我了解了一些较为详细的情况。最后,在一天下午的课外活动课,我把她叫了出来。路上我一言不发。她有些怕我,像老鼠见到猫,低着头跟着我。

到了操场上,我笑着问她:"在想些什么?老师看你有些累,约你出来散步,怎么不想放松一下?"

她小声回答:"在想你找我干什么。平时你很少找我的。"

我用温和的语气说:"平时很少找你,因为你表现得已无可挑剔啊,再者,我也没有什么时间啊。是不是有些怕我啊?"

"是。"

"哦,那你一定有什么事情瞒着我吧?我看了你的这次成绩,想帮你分析一下原因。我知道，成绩出来，你肯定也伤心过、痛苦过，我没有必要再往你的伤口上撒盐，但我很希望你振作起来！我印象中的你应该是很坚强的，成绩只能说明你的过去，让这次永远成为历史，找回学习上的那份豪情和自信。我不知道你准备好了没有？同时，似乎你分散了精力了吧？"我最后一句话加重了语气。

"老师，我知道你肯定要找我，因为我知道你的个性，高一的时候，你就不会放过任何一个细节。自从被你看见，我就有些担心，想找你谈谈，但又有些怕你，你太严肃了。高一的时候，你给我们留下的印象就是太严肃了，我们对你既敬又畏。"

我笑了笑说："有什么可怕的呢？你们有什么事情，可以来找我啊，我们可以谈谈心嘛。别忘了，我还是你的老师啊。"

接着，她向我说了事情的经过。首先跟我分析了这次考试失利的原因：与部分同学关系比较紧张，发现同学总是在背后议论她，让她感觉不自在，这样平时上课老是没有心情，心里浮躁，过得很压抑。而那个男同学一直很喜欢她，也很关心她，就这样走到了一起。

我没有批评她，但委婉地表明了我的态度。她问我："老师，你的意思是不是让我们不要来往？"我说："不是，好事情啊！你以前总是跟我说没朋友嘛，现在有朋友了，应该高兴啦。但是，我希望你们能正确区别什么是友情、什么是爱情、什么是朋友。喜欢一个人是很正常的，被人喜欢也是很幸福的。问题是你现在应该做什么，这个必须要明确。不要因为爱而忽略人生最重要也最有意义的事情啊。我们不要去想远方模糊的东西，关键是要做好手边清楚的事情。要知道，人生最要紧的只有几步，特别是年轻的时候。"

她说："找到了一个能交心的朋友，同时也带来了一些烦恼。"

"是啊，能找到一个知心的朋友当然值得高兴，自己的喜怒哀乐有人分享，但无论你还是他，都不希望你们的交往使对方受到伤害。现在是学习的冲刺阶段，如果同学的议论对你是一种伤害，你也应该好好想想，为什么会这样，不能找事情烦自己，影响了自己的学习状态。现阶段最大的痛苦莫过于遇到束手无策的难题，但你现在最大的痛苦却不是这样。其实你也有高兴的时候，本可以为突破了一道难题而高兴，但现在你最快乐的时候却是和别人说悄悄话，体验一种从没有过的兴奋。我可以肯定，当你清醒时，你会痛哭流涕，为逝去而无法弥补的岁月伤心。无论学习和生活都不能有太多的包袱，否则会束缚自己的手脚。经过这次的失利,不知你有何打算?"

"我准备和他保持距离,专心搞学习。"

"保不保持距离那是你的事,我不反对你们的交往,但不要因为一棵树而忽视了整片森林。无论你怎样处理你们俩的事,我都会尊重你的选择,因为你们都快成年了,也都很懂事,懂得怎样去把握机会。我相信你们一定会处理得非常妥当。"

随后几天我观察、了解,再也看不到他们形影不离的样子,她的学习也开始渐渐回升。

*教育在线·班主任论坛,朗兰兹纲领*

纲领老师很敬业,对学生很关心,发现问题敏锐,工作做得及时,态度也很诚恳。在这场谈话中,教师是自觉地要做学生的平等对话者。但是,这个谈话质量如何?达到"心灵碰撞"的目的了吗?

我们先假定这个学生的问题确实是"早恋",而早恋的原因也确实如她自己所说的那样,"与部分同学关系比较紧张,发现同学总是在背后议论她,让她感觉不自在,这样平时上课老是没有心情,心里浮躁,过得很压抑。而那个男同学一直很喜欢她,也很关心她,就这样走到了一起"。

据此我们大致可以判定,她的早恋属于"人际交往饥渴"型。就是说,在她需要朋友的时候,同学和她的关系却不好,她很失落,正好有个男生来"填补真空",于是二人就"恋"上了,合乎逻辑,顺理成章。

果真如此,对于这个姑娘来说,"早恋"就是果,人际交往饥渴才是因,那么,要解决她的早恋问题,要治本,就必须解决她的人际交往饥渴问题,必须帮她找到一些朋友,否则她为了满足自己的人际交往需要(这是正常的需要),别无选择,只好继续和这个男生来往,而这种来往要分清是友谊还是爱情,那是比较困难的。

可是,为什么同学和她的关系紧张呢?同学们为什么背后议论她呢?这些议论是空穴来风还是事出有因呢?这才是问题所在。如果能把这个问题搞清楚,她受了冤枉还她公道,她确有缺点帮她改正,她的人际关系才可能好转,也就不必到早恋中去寻找精神安慰了。

愚以为,这才是教师作为专业人员应有的思路。分析问题,研究问题,找到"病灶",从根上治疗。

可是纲领老师的思路却不是这样。纲领老师所做的事情无非是表示

"理解"（喜欢一个人是很正常的，被人喜欢也是很幸福的事情），给些提醒（正确区别什么是友情、什么是爱情。不要因为爱而忽略人生最重要也最有意义的事情），给予鼓励（我相信你们一定会处理得非常妥当）。愚以为，这些话，即使不是教师，只要素质稍高一点，就都会说的。这些话没有探究色彩，缺乏专业性。

特别值得注意的是，这种工作思路无助于教师本人素质的进一步提高。在处理这件事的过程中，教师实际上处于"非学习状态"，教师是把自己心中早就想好的话向学生宣讲，教师并没有研究什么。也就是说，教师在这次谈话之后，并没有比谈话之前变得更聪明，更有经验，没有学到什么新东西。我们甚至可以说，教师的态度并不是开放的。整个谈话更像是一场"教诲"，而不大像交流。

可见，班主任要真正进入"平等对话者"的角色，其实是很不容易的。他不但要有平等意识，而且要有学习和探究的心态，真正开放的现代人心态。

【思考题】

请具体回忆您和学生的某次谈话，自己分析一下，或者和同事们交流一下：这算不算是一次"平等"的对话？说明理由。

## 第四节 学习者

本节谈到的班主任角色——"学习者",是从教与学的关系角度切入的,这个角度长时间以来一直被人们所忽视。

教师这种职业对人最大的害处之一,是使他习惯于教训别人而不是提高自己,不断强化"教育者"的身份而淡化"学习者"的身份,最后使"活到老,学到老"沦为一句虚伪的谦辞。据我看这种问题在中小学班主任中是相当严重的。

对此,拙著《寻找素质教育的感觉》中曾举例说明。

我不得不遗憾地说,有些老师没有养成反思的习惯,却养成了不反思的习惯。他们练就了一身硬功夫,无论遇到什么事,绝不想想自己有什么不对的地方。你介绍外国的教育经验,他就说:"人家是外国,咱们是中国。"他就不想想,外国人起码有一点和中国人是相同的,那就是都属于人类。既然同属人类,就有可能互相学习,为什么不可以听一听呢?你介绍优秀教师的经验,他说:"人家的学生和家长素质高,我比得了吗?"你举一些教师失误的例子,他听了反感:"你干吗老举反面的例子?那是个别的。"你指出他自己的失误,他说:"谁不这样?都是领导逼的。"总之他老有理,战无不胜。

有一次我举一个例子说,某学生上课,手必须做小动作才能专心听讲,被老师误解为不守纪律,受了许多冤枉的批评。一位老师听了说:"这绝对是个别现象!"你看,他的思维习惯就是这样。听到一个他不喜欢或不习惯的信息,他不是先接纳它,研究它,而是条件反射一样地堵回去。你还没有细致调查研究，怎么知道准是个别现象？就算是个别现象，为什么就不可以研究呢？弗洛伊德不就是通过对精神病人的研究发现了所有人的无意识领域吗？精神病人绝对是个别的！如果一位老师具有反思精神，他听到这个例子，会这样想："哦，原来还有这种事！我会不会也犯过这样的错误呢？会不会还有个性特别的孩子我没发现？为什么我不能体察孩子的感觉呢？以后我要留心，多询问，不要急于下结论。"于是他的思想就前进了一步，这就是对自我的一次小小的超越，这种超越积累多了，他就会成为开放型的、科研型的教师，名副其实的优秀教师。

一些老师的反思精神之差，实在令人吃惊。有一位老师气愤地对我诉说，某学生在他的课上表现极差。我听了，也觉得这学生确实不像话。然而一打听，孩子在别的老师课上表现挺好。我就把这情况说了。按理这位老师起码应该稍微想一想自己是否有缺点，可他竟然毫不犹豫地下结论说："那是因为别的老师用了歪门邪道！"还有一次，我谈到，有些使学校非常头痛的学生在我们的培训班中发生了明显的变化。有的老师立刻说："你们培训班小班教学，那么多老师，孩子还能做游戏。我们平时上课行吗？"他说的有一定道理，问题是他缺乏一种开放的态度。他起码应该想想，这培训班有没有可借鉴的思路和方法，能迁移到自己的工作中去。他不习惯这样想事情，他似乎没有学点什么的愿望，而只有一股为自己辩解的怒气。按他的逻辑，不管你是什么专家，你都得在我这个班（否则经验不适合我），原封不动用我的办法（否则就可能是歪门邪道），立刻旧貌换新颜，或者你给我一些招数，我根本不必调整自己的观念和思维方式，只要拿你的招来一用，立刻大见成效，如此我才佩服你。这不是天方夜谭吗？他们丝毫不想改变自己，却总想改变别人。这种老师，真可以称之为封闭和僵化了，他们几乎失去学习和迁移的能力了。有趣的是，他们还总是说："其实我并不保守！"不保守尚且如此，真不知他们保守起来会是什么样子！

……

联合国教科文组织国际教育发展委员会编著的《学会生存》一书中有一句非常深刻的话："我们可以说，人永远不会变成一个成人，他的生存是一个无止境的完善过程和学习过程。人和其他生物的不同点主要就是他的未完成性。"用我们中国话来说，就是"活到老，学到老"。人的本性是未完成的，人应该永远处于开放的、学习的状态，不断超越自己，这才是合乎人性的。

这种"拒绝学习"的班主任，我见得真是不少。大家想想，这不就是典型的"厌学"吗？班主任自己都"厌学"，还怎么好意思责备学生"厌学"？

这是说的教育方面，教学方面亦是如此。

教学方法不当，例如采用注入式教学，与教师本人的学习方法有必然的联系。不信你观察、研究一下，凡是教学上惯用注入式方法的老师，他自己在学习上一定喜欢死记硬背。教学方法不过是一个教师自己的学习方法的翻版而已。人们总是自觉不自觉地按自己的形象来塑造下一代，所以对一个教师来说，他怎么学比他怎么教要重要得多。我们的教师当年做学生时，许多人受的就是填鸭式教育，死记硬背惯了，等到自己成了老师，当然很容易照方抓药，继续去填学生。所以，要变革的首先不是教师的教学方法，而是教师的学习方法。我是常常给教师讲课的。我喜欢让老师提问，喜欢讨论，可是我发现许多老师不高兴这样，他们说："王老师您就讲吧！您多讲点儿。"我由此就可以推断，这种老师自己给学生上课，大概也喜欢"多讲"。

心理学告诉我们，人们倾向于继续进行业已熟悉的活动，觉得有安全感，而不愿去进行那些不知其结果的活动。换句话说，人们习惯走老路，因为这省心，少冒风险。报载，有一位老师教了三十三年书，每天给学生留许多作业，一道题要算六至八遍。有位记者问他，这对孩子思维能力的培养是否有益，他回答说："我没想过，但是几十年来我就是这么教过来的。"这位老教师是只教不学的典型。一个人只有看到自己的不足，怀疑自己做法的正确性，才有可能去学习新东西，这正是真正的学习者的思维特点之一——批判性。这位老教师看来很缺乏此种思维习惯。他自己的思想就是在一个不变的层次上的简单重复，难怪他让学生一道题做六至八遍。他是让学生重演教师的简单重复的思维方式。

许多学生对学习没有兴趣，与教师本人对所教学科兴趣不浓大有关系。教师若热爱自己的学科，学得兴趣盎然，能解其中味，讲起课来自然兴致勃勃，如数家珍，触类旁通，轻车熟路，就是我们通常说的讲得"活"。讲课对于教师本人是享受，学生自然会受到感染，容易形成兴趣。反之，教师对自己的学科说不上热爱，也没有很深的研究，就只能干巴巴地说。不能深入则无法浅出，于是只好多用术语，越发枯燥。理解得不深就不敢越雷池一步，于是只好背教参，更加死板。又怕学生学不好，就只能往多留作业逼学生多练上使劲了。如此，学生的兴趣从何而来？只有爱才能唤起爱，教师本人不热爱自己的学科，却让学生有兴趣，这是行不通的。

于是你就明白为什么很多教师对"培养学生创造性"非常头痛了：他完全不知从何入手。为什么？因为他自己就没有什么创造性，他没有体验过创造的感觉，你让他怎么教别人？

德国哲学家海德格尔说："做一名教师仍然是很高尚的事。"他对教师的定位和作用作了很有趣的论述。

一个正在学造柜子的家具学徒，可以为例。他的学习不只是实践，去获得使用工具的熟巧，他也不仅仅是积累有关他要打造的东西通常款式方面的知识，如果他真要做一个名副其实的细木工，他必须使自己适应木头，对各种不同的木料以及潜伏在这些木料中各种不同的形式了然于胸，好像木头及其隐藏着的丰富本性透入了人的栖居。事实上，这种与木头的关系正是维持整个木工技艺的东西。没有这种关系，技艺就只是不必要的附加作业，而任何技艺活动也都将取决于商业的考虑。每一项手艺活，一切人类营生，都始终处于这样的危险中。写诗并不比运思更能免于这种危险。

一个木工学徒学习时，能否适应木头及其他木质东西的本质，显然取决于能够指导他如此这般的某个教师的在场。

确实如此。教比学难得多。我们深知此点，但我们很少思过此点。为什么教难于学？这并不是因为做教师必须腹笥宏富，常备不懈。教难于学，乃因教所要求的是：让学。实际上，称职的教师要求学生去学的东西首先就是学本身，而非旁的什么东西。因此，教师的行为常给人这样的印象，我们从他那里真的什么也没学到——假如我们现在自动把"学"仅仅理解为获得有用的信息的话。教师只是在这方面领先于学生，那他要学的东西可就比他们多得多了——他得学会让他们学。教师必须能够比他的学生更可教。教师对他的材料比那些前来学习的人对他们的材料更加没有把握。如果教者与学者之间的关系是本真的，那么就永远不会有万事通式的权威或代理人式的权威的一席之地了。所以，做一名教师仍然是件高尚的事，这与成为一名赫赫有名的教授全不相干。

[德] 海德格尔：《人，诗意地安居》，郜元宝译，1版，19~20页，广西师范大学出版社，2000。

海德格尔的著作艰涩难懂，但是上面的话我似乎看明白了一些。我的体会主要是以下几点：

● 教师应该是学习者，而且是比学生"更加没有把握"的学习者。

这有点骇人听闻，和我们老祖宗"传道"、"授业"、"解惑"的居高临下态度截然相反，却使我想起了苏格拉底对待学生的态度。海德格尔的意思可能是，教师应该比学生处于更积极的学习状态，而要维持这种学习状态，其前提条件是对所学习的东西比学生"更加没有把握"（知识越多，越发现自己无知）。海德格尔似乎不认为教师走上讲台时"胸有成竹"是多么好的事情，他认为，如果教师比学生带着更多的问号走上讲台，其实对学生的学习更加有利，因为学生首先要学的就是教师对待学习的态度。

现在我们许多教师走上讲台时的所谓"胸有成竹"，不过是"胸有腐竹"而已。他们装了一肚子多半是从教参中趸来的货色，在讲台上"隆重推出"。他自己就没给学生做出"学习"的榜样，他不是在"学习"，而是在"贯彻"。这样的人在海德格尔看来并不是"教师"，按我们的习惯语言，我觉得他们应该被称为"知识倒爷"。

● 教师不但是学习者，而且是能引导学生学习的人。他要有两套本领。

海德格尔认为教师做一个优秀的学习者还不够，他跟其他职业的学习者的区别在于，他还有推动、教会学生的任务。海德格尔把这称为"让学"。

教师要有双重身份：学习者和"让学"者。教师有两项任务：自己学习和让别人学习。所以海德格尔说："教比学难得多。"

请注意海德格尔这个"让"字。我理解"让"是引导、激励的意思。

我们这里"让学"是不多的，多的是"逼学"，"压学"，"命令学"。这样的人在海德格尔看来也不算教师。我一般把他们称为"教育监工"或"教书的警察"。

"学"和"让学"，兼有这两套本领才是真正的教师，而前者是后者的基础。如果一位教师自己都没找到过真正学习的感觉（"对他的材料比那些前来学习的人对他们的材料更加没有把握"），他当然不会引导学生，于是只能逼迫。但是教师光做一个会学习的人（所谓"学者型"教师）还不够，他还得有一套引导学生学习的本领，设计学习情境的本领，这才是教师区别于其他职业人员的专业能力，也是师范学校中真正应该教的东西。可惜这方面太薄弱了，所以我们就经常看到很多教师用生产队长"派活"的办法，经理管理打工仔的办法，局长指挥科长的办法，连长命令战士的办法……去"调动学生学习的积极性"。而我们的师范教育，恐怕也没做好它的"本职工作"。

● 教师要适应学生，像细木工"适应木头"那样。

海德格尔的这个提法使我想起了《庄子》中庖丁解牛的故事。人要对工作对象施加影响，首先要了解它，适应它。连木头你都要适应它，何况学生？

可是我们现在到处看到的情况正好相反。我们总是在片面强调让学生适应我们，我们总是不辞劳苦地制定各种规章制度，监督、检查、评比，只要学生不符合我们的想法，我们就不满意，好像学生就是为了让家长和老师满意而活着的。我们连木工尊重木头、庖丁尊重牛的生理解构的态度都没有。这种局面是应该改变了。

"学习者"并不是班主任的标志性角色，因为所有教师、所有从事脑力劳动的人都应该做"学习者"，扩大一点说，作为现代人，每个人都应该成为"学习者"。建立"学习型社会"，就是要把每个人都变成终生学习的人，要把"活到老，学到老"这个古老的格言真正落实下来，不再停留于口头。但在班主任的各种角色中，"学习者"是基础角色，是底色。一位班主任如果平日经常处于"非学习状态"，他的其他角色都演不好，他的生活会越来越单调，他的心灵会越来越干枯，他的心态会越来越疲劳、焦虑，他的面孔会固定成那种令人生厌的"教育脸"，他会感到自己"机器化"了，失去了生机。所以"学习者"这个角色非常重要，而这又正是很多老师没有意识到的。本书的全部目的即可概括成一句话——帮助班主任成为真正的"学习者"。

【思考题】

请回忆您一周内或者一个月内十件（班主任工作中）棘手的事情。想想当时您的反应主要是生气、埋怨还是冷静、反思，心里的主要问题是"怎么办"还是"为什么"。如果您的反应中后者（冷静、反思，问"为什么"）占到七次以上，您就算把握了"学习者"的角色定位，否则，您就还不算"学习者"，那您就要改变自己喽！

## 第五节　心理工作者

本节谈到的班主任角色——心理工作者，也是从师生关系角度切入的。这是一种新的角色，很多班主任还不熟悉。第三章"班主任的类型"中提到的"科学家"型的班主任，他的主要角色认定就是心理工作者。

有必要提出这样的角色要求吗？有必要。新形势要求教师有新本领，扮演新角色。

一个上小学的女孩对她奶奶说："奶奶！活着真没意思，我都不想活了！"这位奶奶大吃一惊，发感慨道："我小时候生活那么艰苦，上学那么难，都从来没想过要去死，现在的孩子生在蜜窝里，怎么反而不想活了？真是不可思议！"一个学生上课不好好听讲，教师问他为什么，学生答道："心情不好。"教师勃然大怒道："你天天吃饱了喝足了，你还心情不好，我看你是烧的！"从心理学的角度来看，这位家长，这位老师，说的都是外行话。心理学告诉我们，人的需要是分层次的，当低层次的需要（例如吃喝）有了保障的时候，高层次的需要（例如感情的需要，受人尊重的需要，自我实现的需要）就会突出出来。现在的学生，正因为不愁吃喝，才会有这么多的心理问题。认为有吃有喝就应一切知足，就是"身在福中"，那是经常担心得不到温饱的人才会有的心态，我们的孩子们没有此种经历，当然不会有此种心态，这有什么奇怪呢？

解放前不用去说它，20世纪60年代我刚教书时，学校在城乡结合部，不少学生家里都是五六个孩子，不但家长每天忙于谋生，连孩子们也要参加各种劳动，得到一点收入，以助家庭生活，还要哄弟弟妹妹。大部分家长的想法是能把孩子拉扯大就行，不敢有其他奢望。那时候，物质生活的压力很突出，精神方面的需要自然就居次要地位了，孩子们也没有时间和条件去"心情不好"。现在情况相反，物质压力大大减轻了，而精神压力却大大增加了。家长对孩子的期望值都高得离谱，个个望子成龙。电视、录音、录像层出不穷，不管适合不适合孩子的年龄，什么信息都有。孩子因为营养好，性成熟提前了好几年，但他们的心理成熟却因为家庭的娇惯而推迟了，于是周围五光十色的信息在他们的小脑袋里就乱了套，使他们有可能做出一些让家长、教师目瞪口呆的事情。总之，过去是"穷人的孩子早当家"，现在是"不当家不知柴米贵"，过去是"我要读书"，现在是"要我读书"，现在的孩子当然比过去的孩子难教育。过去家长、教师没有多少心理学知识也能过得去，现在就不行了。

为什么非得用心理治疗的方法？用传统的思想教育法就不行吗？

传统的教育方法比较注重外部灌输。它的指导思想是：只要把正确的道理、正确的行为规范给学生讲清楚，学生就会照着去做。心理治疗的方法则不同，它侧重于学生内心世界的研究和引导，鼓励学生自己认识自己。对待学生中出现的问题，传统的做法是首先作出外部的道德评价，分清是非曲直，搞清楚原因，判断其性质，说明其危害，最后找出纠正的方法。心理治疗则不同，它尽量避免作出评价，只引导学生分析自己的心理，由学生自己去判断是非，有时候则根本不论是非，只引导学生进行自我调节就可以了。

我举个例子：

有一次做课内练习，一个学生不写，在那儿干坐着，两眼发直。我走过去轻声问他："怎么啦？"他说："心里乱。"我问："能告诉我因为什么事吗？"他沉默了一会儿，肯定地说："不能。"我于是说："那你就休息一会儿。我和你一样，也有情绪不好、干不下去事的时候。你自己调整一下试试。"说完我就走开了。我看见他愣了一会儿，又在桌上趴了一会儿，终于打起精神来做练习了。

处理这件事，我既没指出他有什么错误，也没告诉他应该如何去做，只说了一句将心比心的话，于是他靠自己的力量扭转了情绪。这种办法类似心理治疗。这就可见，心理治疗要求教师作风更民主，更平等。如果我没有学过心理学，还沿用传统方式"管"他，或许也能"解决问题"，但实际上是给他造成了伤害，无助于他自身的成长。还有一种可能：学生和我顶起来了。因为他本来就心情不好，正好冲我发泄。就是说，如果一位新时代的班主任心目中完全没有"心理工作者"的角色意识，他就会做错很多事情而不自知，这还不算，他可能会发现他的老办法越来越不灵，学生不买他的账，而懂得心理学的其他班主任则能比较轻松地解决问题。于是他就会发现自己落伍了。在学生心理问题不十分突出的过去，这种落伍可能被掩盖过去，而现在则突出出来了，躲不开了。

我并不是说班主任应该总是持这样一种态度，好像永远不能批评学生，不是这个意思。班主任扮演着多种角色，问题是你要针对不同的情境转换角色。像这件事，就不适于采用管理者的角色去批评学生。你批评他不做练习错误，应该和大家一样专心做题，这不是废话吗？他并不是不懂这个道理，而只是控制不了情绪，所以此时教师扮演心理工作者，效果最好。

再举一个例子。

有位钟老师到K12网教育教学论坛的"王晓春交流平台"询问一个学生的问题如何解决，他说：

> 我班的一个男生很懂事，也很心细。记得有一次，我曾向我班一同学借用指甲剪（是课间，同学大都在玩），谁知，没过多久，正好遇上教师节，他竟然送了一个给我。不仅仅如此，在平时的生活中，据他家长反映，这样的细节也经常让家长感动。然而，就是这样一个心细的孩子，写起作业来，错字连篇，尤其是一些第一次写错的字，即使让他抄上百遍也无济于事，这也成了他每次试卷错误最多的地方。
>
> 面对他的这种不良习惯，我先是用"以抄纠错"的方式进行教育，但收效甚微。后来，我试着寻找他这种不良习惯形成的原因。在读幼儿园时，这孩子自控能力比较差，听家长讲是经常要到桌子下去找人，坐不住。一年级老师也没有纠正他的这种不良的坐姿，平时上课依然如此，写起生字是错字连篇。教师采取的方式大都是以罚纠错。在了解这个情况后，我和家长及时沟通，商量改变方法，"以奖纠错"，就是及时发现他的进步，如果听写中比上次少写了错字，及时给予表扬，平时学习中在书写上有进步也及时给予表扬。可是，经过一段时间的试验，成效还是很不理想。
>
> 他今年已经十岁了，读四年级。语文、数学成绩一般，而且很不稳定（语文每次80分左右，数学90分左右），数学出错的地方是一些较为简单的计算，语文失分最大的原因就是错字。二、三年级时比较活跃，但到了四年级就比较冷漠；遇到自己会的还是会举手发言，发言的质量也有所提升，原来纯粹是想到就说，说出来的往往是文不对题，现在基本能回答到点子上。阅读理解能力还行。他的课外阅读还

是不少，现在经常读课外书，而且也会做适量的摘抄。

从小到大和妈妈在一起过。父亲是生意人，初中文化，母亲是教师，中专文化。父亲的管教方式有不足，兴致来了，就会过问，要不一概不问。其母亲对此也花了不少心思（方式主要是以抄纠错，现在我们统一为尽量以奖纠错），甚是疲惫。他妈妈曾教他二、三年级数学，而且小时候在学习方面也有些马虎，所以有时候我也跟她开玩笑说："别怪小孩，都是基因惹的祸哦！"

下面是我给钟老师的回答。

您的叙述中隐含着一个推理：在人际关系方面细心的孩子，在学习上也该细心。这个推理恐怕不能成立。事实上处处细心的人是没有的，处处粗心的人也是很少见的。多数人的细心是有方向性的，比如很多科学家，生活方面就极其粗心。

这是为什么呢？

我想这与基因有关（人与人确实智能类型不同），也与后天的学习和训练有关。一般说来，在感兴趣或关乎生存的事情上，人们是不大容易粗心的。比如我个人记人的外貌的能力就极差，常常有见过好几次面甚至一起讨论过问题的人，后来见面还不知道对方是谁。这让我很难堪，可是很难纠正。但是我若在什么书上看到一个新鲜观点，只见一次，可以多年不忘。我好像理解性的记忆比较强。

我怀疑您说的这个孩子细节记忆能力差，如果他喜欢看课外书，那起码说明他大致能知道字的意思，这是整体记忆能力。他可能是大致记住字的模样，细节不在意，或记不住。如果他阅读理解还可以，那说明他可能也是理解记忆能力超过机械记忆能力，这种情况以抄纠错效果可能比较差。我建议跟孩子做"拆字"游戏试试。就是帮他学会把一个个的字拆成两三个部分（特别是部首），让他逐渐明白汉字常常是组合起来的，让他对汉字的"零件"（局部，细节）越来越敏感，而不是总把一个个字看成整体一片，这样他的错字或许会减少。此事不可着急，练习量不能大，最好结合一点文字学知识以引起兴趣。市场上有一些智力游戏的书，内容常有相似画面找出细微差别的，也可以让家长和孩子玩玩。总的感觉是您和家长解决问题的心情太急躁了，而方法又太一般化、太枯燥了。应该先诊断，然后根据他的"病情"对症下药。

我的分析不一定正确，但这种认知心理学的思路可供您参考。

钟老师的办法是传统的管理思路，先罚后赏，我的思路则是心理工作者的思路，先进行诊断，然后对症下药。后一种办法可能更专业一些。显然，要解决这个孩子的问题，传统的办法是不够了，而钟老师似乎缺乏"心理工作者"的角色意识，这种现象至今仍然很普遍。教师可能也学过一些心理学课程，但遇到具体问题往往用不上。我想，很可能当年的心理学课程结合实际不够，学的是死知识，这是师范教育的一个大问题。

把心理治疗引进教育科学是件很有意义的事情，是教育现代化、民主化、个性化的必然结果。心理治疗并不是天上掉下来的怪物，它本来就是从生活中提炼出来的，同时也是科学研究的成果。但是，不自觉地运用了心理治疗的方法与遵循心理学理论自觉地运用它，毕竟是两回事，就像人们不懂语法理论也可以说话、写文章，但学习了语法理论却可以使语言更准确、严密一样。

我们不应要求班主任做到专业的心理医生那样，就连对学校的心理教师也不能这样要求，因为心理医生的任务与教师有很大差别，还因为心理学理论是从西方引进的，有一个"中国化"的问题。有不少问题生家长告诉我，他们带孩子去看过心理医生，去的有的还是著名的大医院，效果并不好。我想，我们一定要注意防止照搬。心理学不等于教育学，我们也不是心理学家，把心理学"教育学"化，吸收其有用的东西为教育服务，是我们的艰巨任务。

心理治疗也不是万能的，不可以把它的作用夸大。心理治疗常常不能速效，有时则没有效果。心理治疗只是许多教育方式中的一种，而且心理学本身也有很多流派，各执一词，各有道理。心理治疗不能代替灌输式的教育，不能代替表扬、批评，不能代替纪律约束和惩罚，更不能代替潜移默化的影响、代替集体活动。心理治疗只是给我们提供了一种新的武器。然而，现在的问题是广大班主任对这件新武器太生疏了，很多人几乎完全没有"心理工作者"的角色意识，这是不行的。据我看这个武器的作用是巨大的，其作用充分发挥之日，就是班主任工作改变面貌之时。

【思考题】

请拿出一个教育案例，说明用传统思路怎样做，用"心理工作者"的思路又怎样做，说出二者的区别。

## 第六节　家庭教育指导者

本节谈到的班主任角色——家庭教育指导者，是从教师与家长的关系或者说家校关系切入的。这也是一个比较新的角色，因为按照我国的传统，家庭教育是家长自己的事情，教书先生并没有指导家庭教育的任务。

为什么如今的班主任要勉为其难地扮演家庭教育指导者的角色呢？原因很简单，班主任如果没有指导家庭教育的本领，工作就会遇到重重困难，有的简直就干不下去了——低水平的家庭教育培养出来的孩子实在太难教了，而现在这种孩子比例越来越大！美国心理学家哈里森说："帮助儿童的最佳途径是帮助父母……当今世界上许许多多包括儿童精神病学家和儿童心理学家在内的儿童教育专家，他们进行着各种各样的测验和试验。……除非父母同时再造，否则我认为多数这类努力都是无济于事的。"（《我好！你好》）可见，如果没有相当水平的家庭教育做基础，任何一个国家的学校教育都不会有多大成绩。我国中小学教育现在遇到的许多困难都与家庭教育的低水平有关。提高家庭教育水平，提高家长的素质，造就合格的父母，已成为我们社会迫切需要解决的任务了。

家庭教育水平滞后，也不能全怪家长，主要是社会变化太剧烈了，家长普遍跟不上形势，老祖宗传下来的家庭教育理念和策略，不适用、不够用了。

家庭教育正处于重要的转轨时期。

独生子女的家庭结构很容易带来孩子的个性问题、社会化障碍、非智力因素的欠缺；家庭富裕程度的提高很容易腐蚀孩子，造成他们畸形的消费欲和幸福观；传媒发达和信息爆炸很容易促使孩子畸形早熟，使他们见多识广因而胆大，使他们注意力分散，无法认真学习；社会的开放和宽松势必使今日学生的个性彰显；沉重的就业压力和激烈的竞争水涨船高地提升了家长对孩子的期望值，学校之间的应试竞赛又迫使学校不断向家长施压，孩子和家长都受到了史无前例的压力。

当年的家庭教育，只需要"管孩子"的简单策略就差不多了，当年的教师，用不着指导家庭教育也能教下去。过去的学生，绝没有现在这么多厌学的，没有这么多逆反的，更没有这么多跳楼的。过去的"代沟"也没有现在明显，亲子矛盾也没有现在尖锐。事实在教训我们，过去的一套，有些不管用了，有些用处不大了，有些你不用还好，用了反而更坏。

在这样的社会背景下，家长就会把很多"不合格产品"送到学校，搞得班主任们极其狼狈。很多孩子简直没有孩子样，任性，自我中心，不懂规矩，没有责任感，不会与人交往，不会注意听讲，不愿完成作业……这些毛病，根子都在家庭，可是这种孩子的家长往往并不知道自己究竟犯了什么错误，导致孩子成了这个样子，更不知道如何改正。他们还在指望班主任把他们的孩子调教过来呢！

班主任没有这种本事，因为"冰冻三尺，非一日之寒"，冰消雪化也就不是片刻之功。可是班主任却往往能"指挥"家长，打一个电话家长就不敢不来，因为在我们的学校教育与家庭教育的关系中，学校教育相对处于强势地位。那么班主任把家长请来干什么？就是"告状"，或者"派活"，你要监督孩子写作业，你要检查孩子的作业等等，总之是变家长为"二老师"，让家长帮助班主任完成学校教育的任务，进一步把家庭教育学校化。这是不符合家庭教育规律的，所以往往不但没有好的结果，反而造成家长与班主任关系紧张，有的甚至酿成事端，家长状告班主任的事情也时有发生。这里的关键是，家庭教育是一门独立的学问，班主任对此很可能并没有研究，许多班主任对自己的孩子都头痛不已，他们当然不会给家长"支招"了，只能不停地埋怨家长。

学校指导不了家庭教育，班主任不能胜任此项工作，社会上有些人就乘虚而入，掀起一浪接一浪的家庭教育指导浪潮。大批的"家庭教育专家"出现在报纸、电视和讲坛上，不知他们是何方神圣，也不知他们原来是干什么的，好像什么人都有，而且什么观点都有。家庭教育的书籍铺天盖地、充斥书店，说明很有市场，家长确实需要。这种局面倒也不是坏事，有人关注总比没人上心好，百花齐放总比万马齐喑好。然而信息如此庞杂和纷繁，可就难坏家长了：谁的理论正确呢？谁的办法适合我的孩子呢？问孩子班主任，班主任也拿不准，班主任自己还跟着那些流行语言起舞呢！

上述种种情况警示我们：班主任必须想办法真正变成家庭教育的内行，真正做到对家庭教育这门学问心中有数，脚下有根，否则完全无法应对目前的社会状况。这是家庭教育的需要，也是学校教育的需要。其实班主任在这件事上是有优势的，家长什么人的话都听一耳朵，但真正在意的还是孩子班主任的话，因为"县官不如现管"。所以，通过班主任指导家庭教育，其实是提高全民族家庭教育水平的一条捷径。有关领导看来已经注意到了这一点，于是学校纷纷办起了"家长学校"，可惜这些学校多半有名无实，因为办学校的关键不是挂牌子，而是要有高质量的教学人员。现在家长学校缺的就是这个。

因此首先需要对班主任进行家庭教育知识培训。

这里无法对家庭教育知识进行全面论述，我们只谈谈班主任日常工作中遇到最多的家庭教育个案指导问题。这种指导最具体，最切实，搞得好也最有效。它的过程大概是这样的：发现孩子问题—研究其家庭教育方面的原因—帮家长分析，给家长支招—结果反馈，继续指导。

家庭教育诊断的思路和步骤与问题生诊断的思路和步骤相似，在本书第七章中将有详细论述，这里只把框架罗列一下，把家庭教育诊断不同于问题生诊断的部分稍微说得具体一点。

1. 发现学生问题（略）

2. 提出假设，初步锁定问题（略）

3. 找出学生问题和家庭教育的内在联系

初步锁定学生问题之后，就要继续研究学生这个问题是否与家庭教育的失误有关，与家庭教育的何种失误有关。

比如问清楚学生上课不听讲是因为回家家长还要给讲一遍，那显然是家长在好心办错事，问题出在孩子身上，根子却在家长。比如某个学生上课不注意听讲是习惯性懒惰，那家长的问题就更大了。集中注意力是一件不容易的事情，很累人的，如果孩子从小就极其懒惰，遇事从不动脑筋想一想，永远在事物的表面现象上漂浮，那么他们是没有办法注意听讲的，甚至不能集中注意力听别人说完一段话。他们的脑袋里装了一大堆莫名其妙的"见闻"，杂乱地堆放着，给人的感觉是他们浮躁到了极点，完全不能静下心来，几乎完全不适合进行任何严肃的脑力劳动。这种毛病是怎样形成的呢？据我们的经验，这种学生的家长往往就是很浮躁的人，不好好听孩子说话。他们从来没有给孩子做过认真倾听的榜样，结果孩子压根儿就没找到过认真听别人说话和认真思考是什么感觉。从小的娇惯则破坏了孩子的意志，电视和卡通书在这方面也起了很不好的作用：强烈震撼的刺激性画面特别破坏人的敏感，这些东西几乎不需要认真倾听，因为它们已经把音量放到最大，灌到你耳朵里来了；它们也不需要思考，因为那都是一些作用你的感官的煽情，让你激动，不会使你冷静，而冷静是思考的前提。孩子接触这些东西多了，会变成一个感性的人，对任何理性的东西都不感兴趣。他们哪怕集中精力五分钟也会觉得很累，他们没有坚持学习的起码意志力，最严重者甚至上课完全不能进入学习状态。我们把这叫作习惯性的思想懒惰。可见，这种孩子不注意听讲的根子也是在家长，而这种家长可能完全没有意识到这一点，他以为孩子在家里的生活与在学校上课完全是两回事，中间没有联系。

4. 对家长的教育权威和教育能力进行评估（略）

5. 制定初步干预措施

查清了学生不注意听讲的家庭教育根源，基本上确诊，对家长的教育权威和教育能力也进行了评估，下一步就可以具体指导家长、实行干预措施了。比如遇到那种回家再给孩子讲一遍的家长，就可以告诉他：您很难做到从小学到高中都能给孩子讲。您为了提高孩子眼前的分数（孩子单独听家长讲，常常比在学校听讲效果好，这是完全可以理解的），培养成了孩子上课不好好听讲的坏习惯，一旦您无法再给孩子单独上课，孩子会非常失落，不知如何是好，成绩就可能一落千丈。对孩子的个性可以照顾，也应该照顾，但是必须认真评估，只照顾那确实需要照顾的地方。凡是能和多数学生保持一致的地方，绝不要过分照顾，否则就是溺爱，反社会化，助长孩子的无能。

那些习惯性懒惰的学生还有办法吗？如果他们是小学生，建议指导家长：以后不管工作多忙，一定要认真听孩子说话，家庭中可以专门讨论某个话题，每人发表意见的时候，他人必须认真听，然后拿出自己的意见。严格限制看电视，玩游戏机。还有一个办法是，家长每天督促孩子大声朗读十分钟严肃的作品，坚持一年左右，或有效果。如果孩子已经上了中学，就比较难办了，家长这时可能已经无能为力。若有条件，家长可以送孩子去一个素质较高的亲戚家，那里的人若比较沉静，喜欢理性地讨论问题，或许可以对孩子产生一些影响。教师对于这种习惯性懒惰的、不注意听讲的孩子要尽量少批评，他们没有听讲的能力，批评是不能增长这种能力的。对他们的要求，只能降低，你不降低也不行，能听多少是多少，慢慢提高他们的能力。

6. 在实施过程中检验诊断是否正确

教师通过调查研究锁定了学生的家庭教育问题之后，就要进行干预，即所谓治疗。要找家长谈，也要找学生谈。指导家长是一件很困难的事情，因为他们的观念和行为模式都是多年形成的，不易改变，有的甚至不想改变。许多家长向老师和专家求援，都抱着一种不合逻辑的幻想：他们不想改变自己，不想改变家庭有毛病的道德氛围、心理氛围和智力氛围，却希望别人把他们的孩子弄得符合他们的心愿。这怎么可能？所以，要指导家庭教育，说服家长是前提。如果家庭教育确实明显存在问题，而家长不承认，或者口头承认行动上不予改变，或者几个家长观念不一致，方法严重矛盾，那么教师或专家的指导所能起的作用是很有限的。

家庭教育总的来说还是属于私人的事情，外人不便干涉人家家庭内部事务，所以指导起来很棘手，只能建议。教师和专家对家庭教育的诊断，家长必须自愿，至于治疗，更是如此。俗话说，家丑不可外扬，教师要了解人家家里面的事情，很难得到全面、准确、真实的情况，再加上家庭教育情况非常复杂，孩子受到的不是某一个家长的影响，而是整个家庭氛围的影响，那个氛围则是家中所有成员影响的化合物，这种东西非常难以把握。所以，对家庭教育的诊断不可以把话说得过死，不可以下过于绝对的结论。要估计各种可能，开几种"药方"试一试。有效果，接着吃这种药，效果不明显，就再等一等，发现情况不对，赶紧换办法，必要的时候甚至要重新诊断，因为很可能孩子得的根本不是你想的那种"病"。

总之，家庭教育的指导者必须以最虚心的态度工作，随时准备调整自己的想法和行动，摸索出一条正确的路。而且这种指导一般不能一次完成，需要的是多次指导，跟踪指导。它的公式是：指导—反馈—再指导—再反馈—再指导。（以上摘自王晓春、孙阳立：《家教智慧从哪里来——家庭教育个案诊断》，9～19页，中国妇女出版社，2006。）

如果能这样做，班主任就是一个"家庭教育指导者"了。

【案例】

## 总有这样一些家长

　　总有这样一些家长,他们在家长会结束后不会马上随他人散去——并非被班主任留下来单独交流的。他们会将班主任老师围在中间,期待从班主任那里听到更多关于自己孩子的评价。他们有很强的耐性,等待老师和别人谈完话后再关注自己——他们不会计较老师最后一个和自己谈话。他们会等待,直到老师将笑脸转向他们。

　　这些家长是怎样的家长呢?他们的孩子在班级中又是怎样的学生呢?是学习成绩优异的学生吗?是中等生?还是那些在班级中比较活跃的学生?或者是那些"问题"学生?甚至是那些容易被我们遗忘的学生?

　　这些家长会用那么大的耐心等待老师和自己说话,他们会对老师说什么呢?是为了表示对教师的感谢吗?是宣泄为人父母的无奈吗?是渴望获得教师对他们的特殊关注吗?

　　当教师面对这些家长时,我们的心态、表情、语言、动作、行为……会有怎样的表现呢?我们会反感吗?会不厌其烦吗?会敷衍吗?会抱愧吗?

K12·班主任论坛,子夜听风

## 我的看法

　　子夜听风老师提出的问题很有研究价值,涉及班主任如何指导家庭教育的问题。

　　据我自己和家长打交道的经验,家长会后不走的家长大概有以下几种:

### 1. 对孩子期望值特别高的家长

　　他们永远不满意孩子的成绩,总想再跟老师多打听一点情况,对老师多提一点希望,渴望老师更严格地要求他们的孩子,使之完美。

　　这种家长,班主任应该引导他们实事求是地确定期望值,不能要求孩子完美。注意:在这种家长面前不要过多称赞孩子,以免刺激家长的"野心";也不要轻易说孩子的缺点,否则孩子就会倒霉。

2. 问题意识过强的家长

他们永远对孩子不放心，永远觉得孩子马上就要学坏，任何小缺点都会酿成大祸。他们还以为班主任一定向他们隐瞒了孩子的什么问题，所以前来刨根问底。这种家长其实心理不够健康，他们专门挑孩子的毛病，战战兢兢地试探老师对他们孩子的看法。

如果孩子本身没有什么大问题，我主张班主任老老实实告诉这种家长："您的孩子是正常儿童，您的问题意识太强了，草木皆兵。您这样会活得很累的，而且一定会遭到孩子的反对。"

3. 与孩子关系紧张的家长

这种家长实际上是到老师这里来告孩子的状，希望老师帮他整治孩子，缓和亲子关系。单亲家长这种情况较多。

我主张仔细倾听家长的倾诉，搞清家长和孩子闹矛盾的具体原因和各自的责任，分别做工作，力争缓和家庭矛盾。

4. 对学校教育过于迷信的家长

这种家长对教育孩子完全没有自信，以为只有教师才懂教育，老想听听老师的意见，以便照办。甚至在老师身边多待一会儿，他们都感到心里更踏实一些。

这种家长一般能力比较差，可以帮他们出点具体的主意，同时一定要鼓励他们："教育孩子要靠您自己。"

5. 想和班主任搞关系的家长

他们想和班主任混熟，搞好私人关系，以便班主任"照顾"他们的孩子。

这种家长，对他们客客气气、正正经经就行了。

6. 有独立见解的家长

这种家长对班主任的教育思想或方法有不同意见，他们是来和班主任商榷的。

我主张认真听取他们的意见，采纳他们的正确意见，如果有误会，要耐心解释。

总而言之，除了最后一种家长之外，留下来的家长差不多都是缺乏安全感的人。真正有水平、有主体性的家长一般是不会留下来的，除非有特殊事情。

针对这种情况，班主任在开家长会之前需要做什么工作吗？愚以为不必。家长会后不走，围着班主任，此事不必表扬和提倡，也不必阻止，听其自然就是了。对于班主任，这是一个了解家长心理的机会，一定要平和、耐心地应对。

分类很精彩，研究特透彻。记得第一次开家长会时就有不少家长留下来，几次家长会都留下来的家长慢慢地对其孩子也了解多了，并且，正如王老师所说，这些家长的孩子一般总体上在进步。但是，有些家长总是家长会一结束啥都不问，叼着烟就走人，后来再开家长会就来得越来越少了。你把他们喊到学校谈孩子问题，一副漠不关心的样子。这很让班主任烦恼：自己的亲生孩子是啥样子根本不关心。班主任遇到这样的家长该怎么办呢？该放弃这些孩子吗？

庆龙梦幻之地

## 答庆龙老师

上次我只分析了留下来的家长的心理，没分析未留下来的家长的心理。

实事求是地说，家长开完会离开会场回家是比较正常的，若全体都留下来，等于接着开会了。

没有留下来的家长，情况大致如下：有的是自主性很强，心中有数，自然不必非向班主任讨教；有的是觉得没有什么必要找老师单独谈；也有的是不好意思找老师，他们来开会可能就不情愿，好容易散会了，赶紧溜走，不想在这儿丢人了，他们的孩子，往往是"拿不出手"的；还有的家长不留下来，是因为他们觉得留下来没用，他们认定老师不会给出什么高招，只会讲点空洞的道理，甚至指责他们一番；当然，也有的家长是单位或家中有事，赶紧去办。

庆龙老师所说的"叼着烟"、"漠不关心"的家长，据我看多数并不是不关心孩子，而是绝望了，灰心了。这种家长，如果你能给他们出一些具体的主意，让他们看到点希望，他们的态度会变的。真正不关心孩子的极个别家长，开会是不会来的。

总而言之，家长开完会离去还是留下来，都不能轻易说是好事还是坏事。看待这件事不要单纯站在教师的立场，要学会替家长想一想。教师不也都是家长吗？您给孩子开完家长会，留下来吗？

我们不能要求每个班主任都成为指导家庭教育的专家，但是起码大家都应该具备一些基础知识，能够在一定程度上进入"家庭教育指导者"的角色，而且最好每个学校能有几位专家型的班主任，以便应对一些棘手的案例或难缠的家长。这种专家型的班主任是需要专门培训的。

【思考题】

1. 请回顾一下自己的班主任工作，看看自己是否扮演了"家庭教育指导者"的角色，并考虑一下以后怎么办。

2. 请拿出一个同学做案例，和同事讨论一下，如何诊断和指导这个学生的家庭教育。

## 第七节　班主任的角色模糊和角色冲突现象

前面我们列举了做一个班主任需要扮演的六种角色：教育型的管理者，这个角色是从教育与管理的关系角度切入的；学习指导者，这个角色是从教育与教学的关系角度切入的；学生的平等对话者，这个角色是从师生关系角度切入的；学习者，这个角色是从教与学的关系角度切入的；心理工作者，这个角色也是从师生关系角度切入的；家庭教育指导者，这个角色是从班主任与家长的关系或者说家校关系角度切入的。

其实班主任的角色不止上述六种。比如，我们从班主任和科任教师关系的角度来看，班主任还要承担类似"监护人"的角色。学生戏称班主任为"亲老师"，班主任戏称自己班的学生为"亲学生"，不是偶然的。当年我的学生曾多次脱口而出叫我"妈"，"爸"，甚至"奶奶"，"姥姥"。有个学生是姑奶奶带大的，她常常不小心叫我"姑奶奶"，然后发现连性别都不对，就吐吐舌头。我至今想起这些镜头，还觉得很温馨。班主任在某种程度上也确实是父母的代理人，这是你躲不开的一种角色，科任教师这种感觉就少一些。可见，许多人成为"班妈"型的班主任，实在是事出有因。再比如，学生有时会向班主任撒娇，不顺心拿你出气，这其实是把你当亲人的表现，你不可以轻易板起面孔训他们。这时，班主任就扮演了某种"出气筒"的角色。我见过一本美国的教育心理学教材，就堂而皇之地把"出气筒"列为教师的一种功能。再比如从目前班主任与学校领导的关系角度看，班主任又在很大程度上是一个校长意志的"执行者"，这更是你躲不开的角色。所以，请看，班主任该是何等全能的演员啊！

班主任要同时扮演这么多角色，其角色负荷确实是很重的。难怪有的心理学家说，教师的角色是"弥漫性"的，也就是说，他要认同的角色之多，简直没有界限，其他哪种职业也没有这么多的角色期待。这也就是班主任都活得很累、教师往往不爱当班主任的重要原因。

班主任要完整地"认识"这么多种角色已经很不容易了，更不用说完整地"进入"这些角色了。认识不清、顾此失彼的现象是难免的，在心理学中，这种现象被称为角色模糊。

班主任的角色模糊可以分成两类。第一类是班主任本人对某种应该扮演的角色缺乏认识，不知道自己还有这样一种角色任务，没有这样的自我期待，这是一种角色缺失。第二类是班主任知道自己该扮演某种角色，能自觉地扮演，但是他对这个角色的内涵理解不准确，或者不知道这个角色的内涵已经因时代不同而发生了变化，他还在坚持原来的角色内涵，这也会造成他的自我期待与班主任工作客观需要的落差，形成角色模糊。

比如，我们在前面谈到有些班主任重教学轻教育，认为班主任不过是"孩子王"而已，这就是没有意识到班主任"教育型的管理者"的角色，属于第一类角色模糊。这种班主任幻想教书不教人。他会发现自己管不住学生，控制不住局面，教学达不到预期效果。更多的班主任很清楚自己是管理者，非常重视管理，但是他们没有认识到班主任作为管理者与一般管理者的区别，于是他们就会把工厂、公司、机关甚至军队的管理办法简单搬到学校，拿来管理学生。这类班主任给人的感觉就不像老师，而像经理、董事长、警察、官员。这属于第二类角色模糊，对角色理解得不准确。

"学习指导者"这个角色过去我是称之为"知识传播者"的，也就是"教书的"，这是教师最古老的角色。没有一个教师不认同这个角色，班主任当然也不例外。问题是这种提法可能被解释成"传道"、"授业"、"解惑"，那就成单向传递了，那就失去学生的主体性、主动性了，所以我采用了新的提法——"学习指导者"。如此，教师在学习方面主要的职责就不再是传递知识，而是激励、引导、点拨、创造情境帮助学生学习，这才是现代教师的角色。如果还固守教师中心的"知识传播者"身份，那也是一种角色模糊，第二类模糊。这种模糊肯定会对班主任工作造成负面影响。

"学生的平等对话者"这个角色，我原来称之为"学生的朋友"，之所以改成现在这种提法，是因为"朋友"一词解释空间太大。生活中我们经常看到教师自以为是学生的朋友而学生并不认可的情况。教师与学生在一起时，双方都感到不自然，学生想赶快离开老师，老师也想赶快离开学生。哪有这样的"朋友"？所以我想，与其大唱"朋友"的高调，不如先放下架子,老老实实做学生的平等对话者。

"学习者"的角色,情况与"平等对话者"类似,大家口头上都承认,但实际上并未扮演这个角色。大多数班主任在日常工作中基本上处于非学习状态,他们每日的活动都是"出口"大于"进口",致力于改变别人而不是提高自己。为什么?因为他们并没有经常把自己定位成"学习者",这是一种相当严重的角色模糊。也有的班主任只有在特定情况下才想起自己是个"学习者",比如遇到难题向别人请教的时候,参加班主任培训的时候,参加教师继续教育的时候,但这是临时的"学习者",这种"学习"往往是形势所迫,为拿学分不得已而为之,不是自愿的。俗语说,"要想当先生,先要当学生",这是一句非常重要的话。可惜班主任们往往只把它看成一句谦辞,真正经常保持一种自然的学习心态的人是很少的。

"心理工作者"和"家庭教育指导者"这两种角色就更不用说了,大多数班主任并没有意识到这是自己应该扮演的角色,又很缺乏这方面的专业知识,于是这两种角色对多数班主任连"模糊"都说不上,干脆就是缺项。

俗话说,"干什么吆喝什么"。班主任连自己该扮演的角色都不清楚,若明若暗,模糊一片,在其"位"而不知该谋何"政",糊里糊涂干工作,心情肯定好不了。他们会觉得自己一天忙到晚,不知干了些什么,他们会觉得自己无法适应环境,进又进不去,出又出不来,于是怨天尤人,自贬自抑,时而怒气冲冲,时而顾影自怜。这类现象,在我们周围是常见的。角色模糊实际上是一种盲目性,班主任只有克服盲目性,增强自觉性,下决心搞清现代教育对班主任的角色要求,一步步进入角色,才能成为一个有水平的、快乐的班主任。

上面说的是班主任的角色模糊现象,下面谈班主任的角色冲突现象。

什么叫角色冲突?

当某种身份具有几种互相矛盾的角色期待时,就会产生角色冲突。比如说,对于母亲,我的角色是儿子,对于儿子,我的角色是父亲。我对母亲应当恭敬,对孩子应当和气,但孩子有了错,我有权严厉地批评他,然而若我母亲也在场,我就产生了角色冲突。当着母亲的面板起面孔来,虽然是冲着儿子,也总觉得有些不妥,所以我只好把孩子叫到另一间屋子去单独批评他。在那里,我只有父亲一种角色,就好办了。母亲在场时,我同时具有父亲和儿子两种角色,两种角色有两种期待,互不一致,我因此说话不易掌握分寸,这就是角色冲突。

前面我们谈了对班主任的六种角色要求,或叫六种角色期待。这六种期待在总的方向上是一致的，相辅相成的，但它们之间也有互相矛盾的地方，这些矛盾之处，就造成了班主任的角色冲突。

比如教育型的管理者和平等对话者这两种角色就有冲突，前者强调理智而后者侧重感情，前者可以下命令而后者只能协商，前者是上级而后者与学生地位平等。我们要求班主任既做学生的管理者又做他们的平等对话者，这就不大好办了。管理者和学习指导者两种角色也有冲突。你作为学习指导者正在台上讲得入情入境、陶醉其中的时候，忽然下面两个学生打起来了，强迫你立刻变换角色，成为管理者，这多么扫兴！可也没办法。等你处理完纪律问题要恢复学习指导者的角色时，讲课思路接不上了，令人恼火。管理者和学习者这两种角色也有冲突。作为管理者，你要强调纪律，对少年儿童，不盯紧点确实不行，但作为学习者，你却希望有更多的时间供自己读书和思考，于是时间分配就成了问题。作为学习者，你必定强调学生的创造性，而作为管理者，你必然更重视分数指标。所以应试教育与素质教育之争，从某种意义上说就是管理者与学习者之争。管理者和心理工作者两种角色也有冲突。心理治疗的原则之一是对患者不加褒贬，而作为班级的领导者，为树立正气，必须是非分明。学习指导者和学习者这两种角色也有冲突，前者侧重教育别人，后者侧重提高自己，你学习者味儿太浓了，校长会说你"抓工作不落实"，反之，你若学习者味儿太淡了，校长又会说你"经验型"、"上升不到理论"，如此等等。这些是班主任日常工作中都会遇到的角色冲突现象，只不过我们没有从心理学理论上加以理解而已。

解决角色冲突的办法是什么？

我想有两条。第一条，掌握角色分寸，第二条，注意角色变换。前面谈到的六种角色，每一种对班主任都有特定的内涵，超出其内涵就会出问题。比如教师的角色之一是心理工作者，但教师的职业毕竟不是心理医生，学校也不是医院，所以教师只能在一定范围内、在某些问题上对学生进行心理治疗，其方法也与医院有所不同，更具教育色彩。这些角色，都必须掌握分寸，否则就会加剧角色冲突。

再谈角色转换。在实际工作中，常常要求班主任迅速从一种角色转换到另一种角色，这时班主任必须善于控制自己的思想感情，机动灵活地选取适当的角色。当年我教中学的时候，有一次我们班开主题班会，有许多老师来参加。班会即将开始时，主持者团支书却对我说她干不了。我问她为什么，她说："我一上台就哆嗦。"这时，作为管理者，我可以批评她临阵逃脱，作为平等对话者，我可以劝她放心，有我撑腰没问题，可是这两种角色都不能解决问题，因为她的问题既不是拒绝服从领导造成的，也不是没人关心造成的，这基本上是个心理问题。于是我选用了心理工作者的角色。我笑着（自己先放松，感染对方）说："我批准你上台以后先哆嗦几分钟，然后再开口。怎么样？"一下子把她逗笑了。结果她把班会主持得很好。我用了情绪感染法和注意力转移法，化紧张为轻松，问题就解决了。当然，我当时并没有想什么角色问题，只是灵机一动就这么办了。但你要注意，倘若没有平时的理论学习与实践经验，灵机一动是"动"不起来的。这件事，我若选用管理者的角色处理，后果可想而知。角色变换是一种教育机智，是需要学习的本领，提高角色变换能力，也是班主任的一个重要学习任务。

最后再看一个有趣的例子。

一位网名"红泥小炉"的网友发来某老师的课堂教学片段，希望我谈谈看法。这是一堂公开课。

### 语文课《白鹭》的教学片段

师：黄昏的空中，一群白鹭低低飞过。忙完一天的功课、散学回家的孩子看见了，会说——

生：白鹭也要回家了。

师：多温馨呀！

生Z：我要把它红烧了吃，清蒸了吃！

师：请你到前面来，在黑板上写下你的名字。

生Z（写）：张××。

师：同学们同意吗？

生：这样太残忍了。

师：你可以和同学们交流对话（说着把话筒送给他）。

生Z：不是有很多人吃动物吗？

生：动物能吃吗？

生Z：能！有很多人吃完了一级保护动物后再吃二级保护动物呢！

生：如果你是白鹭呢？

生Z：我愿意让别人吃！

生：吃保护动物是违法的！

生Z：那又怎么样？

生：违法要坐牢的！

生：坐牢你不怕吗？

生Z：坐牢有什么？还可以悔过嘛。

师：本来好好的，怎么偏偏要这样折腾？

生Z：我并没有违法啊！

生：你吃白鹭就是违法。

生Z：我吃的是老死的白鹭。

师：请问，张××同学，你爸爸是做什么的？

生Z：做什么材料的。

师：你妈妈呢？

生Z：工程师。

师：多优秀的爸爸妈妈。刚才你和同学们的对话还记得吗？回去和爸爸妈妈讲一讲，听他们怎么说。然后，把你和爸爸妈妈的交流通过邮件发给我，好吗？

生：好！

师：刚才张××同学毫无保留地说出自己此时此刻的想法，很坦诚，很率真！他可能站在一定的角度，利用"第一人称"，在述说一种现实；当然，也可能是实话实说。请你站起来！（走近他）虽然我不同意你红烧、清蒸白鹭的想法，但我捍卫你发表自己意见的权利！

师（说完）：我和意见相左的同学真诚拥抱！

下面是我的回复。

这位老师处理此事，有不足之处。

人家烧香，他来拆庙。这个学生跳出来煞风景，当然必须回应，而且此事最好速决，不宜拖延。夜长梦多，拖延就可能出现无法预料的事情，拖延破坏教学气氛、影响学生情绪。

问题在于如何回应。愚以为这位老师第一步棋就走错了。这步棋奠定了处理问题的基调，这个基调有毛病。

他的第一步棋是："请你到前面来，在黑板上写下你的名字。"

这分明是"示众"。这是威胁，这是施加压力。

其实一种观点正确与否与出自谁的口是两码事。我们不能以人废言,也不能以言废人。教师这样轻易把全班学生的注意力从问题本身转移到学生本身,显然不合适。这种办法最容易激起煞风景者的逆反心理。这个孩子既然敢于挑战舆论,他一定是作好了战斗准备的。果然,他毫不畏惧地写出了自己的名字。教师第一招无效,没压回去。

于是教师走出第二步棋:"同学们同意吗?"这是调动集体舆论压他,恕我直言,有股"文革"的味道。果然,同学们开始对这个学生进行"大批判"。同学们的发言,总倾向不能算错,但是没有什么水平,有的话还缺乏常识("动物能吃吗")。大家沿用教师的惯常思路,用"违法"、"坐牢"来吓唬他,都不管事。这一招也不灵。

教师只好亲自上阵了。教师的第三步棋是什么呢?"本来好好的,怎么偏偏要这样折腾?"这是撤退的姿态,打算由压服走向劝阻。可惜这位挑战者还是不领情,宁可胡搅蛮缠("我吃的是老死的白鹭")也不认错。这可怎么办?

教师又出第四招:"你爸爸是做什么的?"这是教师的常见办法,学校解决不了的问题,给家长打电话。这倒是个办法,起码是把球踢出去了,从学校踢到家庭,避免了继续在课堂上纠缠,避免浪费时间。

剩下的事情就是教师下台阶了。这位老师以赞扬该生的父母缓和气氛,以捍卫对方的发言权展示胸怀,以拥抱结束战斗,可是已经耽误不少时间了。

总起来说,这位老师处理此事还算有风度,但是骨子里是不够民主的,有压服倾向,而且拖泥带水。

我若面对此事,会如何处理?

我会说下面的话。

你听说过"焚琴煮鹤"(板书)的成语吗?是说拿琴当柴火烧,把鹤煮着吃。古人认为这是大煞风景、糟蹋美好事物。与焚琴煮鹤相类似的事情,古人还列举出"清泉濯足,花上晒裈,对花啜茶,松下喝道"等(板书)。"清泉濯足"是在清泉中洗脚丫子,"花上晒裈"是在花朵上晒裤衩子,"对花啜茶"是对着花儿张嘴喝茶,"松下喝道"是在松树下面高喊"让道!让道!"在古人看来,这些都是很不文雅的事情,有教养的人不会这样做的。你刚才说要把白鹭"红烧了吃,清蒸了吃",我觉得这与焚琴煮鹤意思差不多。我劝你放弃这个想法。如果你坚持自己的意见,当然你也可以试一试,不过我估计你会遇到一系列障碍。首先，你不一定能抓住白鹭，它不会待在那儿等你抓的，而且说不定没等你抓住白鹭，就有人把你抓住了。其次，你抓住了白鹭，谁会帮你把它"红烧了"、"清蒸了"？我估计你母亲不会帮你。再其次，即使你找人把白鹭做成了一盘菜，恐怕也很难有人和你共享。总之你会麻烦不断的。但是，你若坚持这么做，我也没有办法，只能祝你"不成功"。

说完这段话，我就继续讲课。

我这样做，不脱离语文教学，还趁机讲了几个成语，不脱离美育，与课文有所衔接。我明确表示了反对的态度，但是没有压服他；我作了回应，但是不和他纠缠，避免节外生枝、耽误时间；我从成语知识说起，缓和气氛，减弱他的"斗志"；我的口气是半开玩笑的，不容易激起他的逆反心理。

这个案例，本质上是个教育问题，而不是个教学问题。这个学生可能心理有些毛病（例如表现欲、人际交往障碍、攻击性、焦虑、青春期问题），课上教师只是暂时把他稳住，课下应该做个案诊疗，否则这种事情还会在其他课堂发生。

现在我们再从教师角色角度看看这个案例。

教师在讲课，他的角色是"学习指导者"，忽然一个学生捣乱（这明显是捣乱），教师迅速转换角色，变成了一个管理者。这里最大的问题是，这是在上课，不是课下个别谈话。此事只要拖长，教师的角色就尴尬了：你在语文课上到底是讲语文还是做思想工作？你总不能在上文化课的时候没完没了地教育一个学生吧？就是说，你不能在语文课上长时间扮演管理者。可是这位老师能不理这个学生的挑战、若无其事地继续讲课吗？不能，因为这个学生逆流而上，不给教师下台阶的机会，教师要恢复自己"学习指导者"的角色很困难。教师扮演哪个角色都不妥。怎么办呢？

我们要注意，这个学生挑战是从教学内容切入的，这是一个打着教学旗号的教育事件，所以比较好的应对方式是以其人之道还治其人之身——我也从教学内容切入。你不是用语文方式进攻吗？我就用语文方式回答你。就是说，教师最好选取这样的角色定位——既是"学习指导者"，又是"管理者"，把这两种角色结合起来。我的应对方案就是这样设计的。

【思考题】

请选择您班主任工作中典型的一天,看看您在这一天中实际上扮演了哪些角色,再反思一下您本该扮演哪些角色,其中有没有角色模糊与角色冲突的地方,考虑一下应该如何解决。

# 第二章

## 班主任影响学生的手段

　　这一章我们要讨论的是，班主任靠什么完成自己的任务，他手中都有哪些武器。"工欲善其事，必先利其器"，班主任在做事之前，当然先要把手头的工具盘点一下。

　　设置教师这样一种职业，就是请他来影响学生的。教书也好，育人也好，总之是要对学生施加影响，而且这种影响是有计划、有目的的，不是任意的。一个人影响另一个人的方式方法是很多的，赵本山、刘德华对孩子也有影响，孩子的家长和同学对孩子更有影响，但他们影响孩子的方式与教师就有很大差别。这里要讨论的是，班主任可以通过哪些手段影响学生。

　　这绝不是个简单的方法问题。班主任影响学生的手段很多，他侧重使用什么手段，就决定了他扮演的角色，决定了他是什么类型的班主任。比如：一位班主任侧重用规章制度和评比管理学生，他的主要角色就是管理者，他就是一个"班官"型的班主任；一位班主任侧重用师爱影响学生，其主要角色就可能像学生的母亲，于是就可能成为"班妈"型的班主任。反过来也一样，班主任对自己有什么样的角色期待，他就会自觉不自觉地采用相应的手段来影响学生。比如：某班主任老觉得自己是学生的"上司"，"学生就应该听我的"，他肯定会较多采用定规矩、下命令等教育手段；某班主任若觉得自己是学生的大哥哥、大姐姐，他就可能会更多采用沟通、对话的手段。总之，您觉得自己是什么人，您就会运用什么武器，您经常运用什么武器，反过来它也会把您塑造成什么人，班主任的角色定位和他的教育手段是互为因果的。

## 第一节　定规矩

"没有规矩，不成方圆"，这大概是老师们最爱说的一句话了。可是，我觉得，多数校长和班主任只是用这句话为自己任意出台各种"土政策"找借口，很少有人认真探究，所谓"规矩"是怎么产生的，它的使用范围多大，实际效果如何。

首先一个问题就是规矩的合法性问题。

我们知道，在现代，教育不是私人的事情。教师是由国家委派的，教师代表国家、代表社会对下一代进行教育。国家不但规定了教师的地位和职责，而且规定了学生守则、学生行为规范，各校又有课堂常规等等。于是许多老师（尤其是班主任）就误以为，既然国家赋予了教师权力，教师无论说什么学生都应该照办。他们不明白，教师只有在按照国家的有关规定管理学生时，他才代表国家，超出这个范围向学生提要求，就没有法理依据了，这时他就不代表国家和社会了，只代表他自己。比如，有的老师强制学生订报、订参考资料，强制学生交班费，要求学生在教师节必须给教师送礼物或写信，或让学生为教师干私事，这就没有法理依据。有的教师甚至把权力运用到知识领域来，就更离谱了。有个学生对老师讲课中的一个问题提出了不同的意见，老师驳不倒学生，竟说："在我这庙里，就得念我的经！你不听我的，可以走啊！"这样用行政手段给知识问题作结论，就属于滥用权力了。我们通常说的"人治"就是指的这种情况。这样的班主任，就不像教育者，而像"寨主"。

当年我做班主任的时候，常常对学生这样说："我对你们提的要求，凡是带强制性的，都是国家和社会对你们的要求，不是我个人的意见。比如你们必须来上学,这是义务教育法规定的,不能迟到早退,不许打架骂人,不准吸烟喝酒,这都是学生守则规定的。我个人对你们没有任何强制性的要求,只有建议。比如你运动会报什么项目,参加哪个课外小组,用什么学习方法,当不当班干部,愿不愿做老师的朋友,中考报什么志愿,喜欢订哪一种杂志,这些我只能建议,不能强迫你听我的。我尤其不能要求每个同学都和我保持情绪上的一致,因为我无权这样做。今天我情绪特别不好,偏偏你很高兴,笑逐颜开,我可以少看你两眼,但不可以找碴批评你;今天我情绪甚佳,偏偏有个同学整天哭丧着脸,我也不可以认为他扫了我的兴。但是,不管你情绪如何,也不管我情绪如何,你要是早晨迟到、不交作业、和同学打架,这我都得管。为什么?因为这是我的工作,我在执行公务。"

我这样讲的好处是:当学生违反课堂纪律你批评他时,他不会和你闹对立,因为他知道,你是在履行自己的职责;当你给他们提个人的建议时,他们会感到你平等待人,反而比较容易接受你的建议,不容易逆反。逆反都是强迫命令造成的。我们要尽量把"公务"和"私人意见"分清楚,这是"法治"和"人治"的主要区别之一。区分了这二者,就避免了学生"给老师守纪律"、"给老师当干部"等想法,增强了学生的主动性和自觉性。

许多教师缺乏区分这二者的自觉性和习惯。比如,有人动不动就压堂,下课铃响还讲课,弄得孩子连课间上厕所的时间都没有了,这是不应该的。课间十分钟是国家规定的休息时间,老师无权占用。当然,偶尔一两次也问题不大,但经常如此,就是把个人意见当成法权了。这是一种"土政策"。这种事,我个人当年是这样处理的:下课铃响了,我还剩几句话没讲完,我必定问学生:"还有几句,讲完好不好?"学生同意,我再讲。因为,延长上课时间属于我个人意见,没有法理支持,我就必须和学生商量。但我不会用商量的口吻问学生:"你不旷课行不行?"这是不容商量的,这不是我个人的意见。班主任不分清法权和个人意见的界限,一味强调"我说了算",学生就会把学校的一切要求都看成教师个人的意见,他若反对,矛头就只能指向老师,因而造成师生对立。教师把一切强制性的要求都揽在自己身上是不明智的,也不符合实际。

常常听到班主任说这类的话:"当老师的有什么权呀!打不得骂不得,说话过火一点都要挨校长的批评。明明他不想念书,你还得上家里去请他!什么条条框框都是限制老师的,这工作没法干了!"他的意思是,给他更多的权力,他才能管住学生。这是教育意识比较差的班主任,他认为教师的任务就是"管"学生。怎样才能"管"好呢？关键是手里要有一把尚方宝剑。他不知道或者不清楚，教师还有许多更重要的影响学生的手段。这样的老师最容易滥用权力。有位心理学家说：教师中最迫切地要求权力的人往往是最不善于使用权力的人。此话值得深思。

很多班主任特别重视班规。可不可以通过班规教育学生呢？可以。不过，我们一定要注意，不可以拿班规体现班主任的个人意志。实际上效果最好的班规应该是班主任意见和各类学生意见互相妥协的产物，看起来似乎谁都对班规不满意，但绝大多数人又都可以接受这些规定，这其实是比较好的。让班主任个人完全满意的班规很少能贯彻下去，往往成为一纸空文。班规最好条文不要太多，不要喊口号，内容要切实可行，好操作。

不少班主任都有一种幻想：制定了班规，人人照办，于是班集体旧貌换新颜……事实上很少有这种事情。据我看，一个新制定的班规如果绝大多数人能够执行，少数人偶尔违反，个别人经常违反，这可能是最正常的情况。如果一个班规出台后无人违反，很可能它的要求太低了，脱离实际了；如果一个班规出台之后违反的人数超过四分之一甚至三分之一，那可能说明这个班规要求太高了，也是脱离实际的。恰到好处的班规是那种大多数人能做到、少数人违反的，然后通过教育处罚等手段，把违反的人数减到极少，这才是班规的功用。班规到了无人违反的时候，它的生命就结束了，或许又该制定新的班规了。

关于养成教育，我还想说几句。我觉得中国教育界流行着一种对养成教育的迷信。很多人都以为，只要班主任制定一系列的行为规范，迫使学生照着做，一遍一遍地做，千遍万遍地重复，学生习惯又习惯，就变成他们人格的一部分了。有人称之为"行为冻结"。

这种看法的理论基础是心理学上的行为主义理论，它当然有一定道理，也有一定效果，但是我必须指出，它的作用是有限的。你不能奢望用这种办法解决多数教育问题，更不用说一切教育问题了。你能冻结行为，不大能冻结思想；你能冻结出整齐划一，不能冻结出个性；最重要的是，你没法冻结出创造来。恰恰相反，创造之所以为创造，就在于它冲破了某种冻结的东西。所以，教育者迷信冻结，有可能压抑和扼杀创造性，不管他主观愿望多么美好。而且，时至今日，你想让学生如何如何做，他常常不理睬你，你推不动他。不用等你来"冻结"，他自己已经先"冻"住了，可奈何？

所以，对养成教育，对冻结教育，对训练，都不可迷信，都不能夸大它们的作用。千万不要以为"我定规矩,你成方圆",这就是教育了。教育要是如此简单,它就不是一门科学了。

**【思考题】**

请您班的学生把他们能想到的需要遵守的所有规矩都写出来,然后您仔细研究一下,哪些属于国家的要求,哪些属于学校的校规,哪些是班里的要求,哪些纯属您个人的建议,把研究结果向学生公布。

## 第二节 评 比

定了规矩之后，怎么落实呢？班主任的首选措施往往是评比，评小红花，插红旗。这不但是班主任的主要常规武器，而且是校长的主要常规武器。走进中小学大门，总会有一个大的评比表格赫然出现在你面前，各班高低一览无余。

说实话，每当我看到这种评比表，都会有一种悲哀涌上心头。据我看，这是教育思想滞后的明显标志。

请看我几年前写的一篇文章。

评比，评比，评比……

我到某区去给教师讲课。我说："我要办学校，绝不搞班级评比。"结果惹了祸，有老师拿我的话做理由，反对学校的评比，学校领导于是打电话向教育局诉苦说："王老师这么讲，我们工作没法做了！"

评比就这么重要吗？离了评比就没法活了？

孔夫子不搞评比，陶行知不搞评比（他提倡学生自治），西方国家学校没听说搞多少评比，他们的教育怎么不崩溃呢？记得我五六十年代上小学、中学，那时没有多少评比，教育也没有垮掉呀！

教育界，一个孩子的世界，这个世界充满评比是反常的、病态的，评比很少才是正常的、健康的。

评比就是要分出个先进落后，就是要分出个好学生坏学生，就是要把班级分成三六九等，把人分成三六九等，它是和我们老祖宗的封建等级观念接轨的，对孩子的健康成长是不利的。

评比就是制造紧张空气，就是主要靠外部压力来推动工作。评比的潜台词是："人没压力轻飘飘。"评比给所有人带来心理负担，给多数人带来失败。哪里热衷于评比，哪里师生的心理健康就会成问题。

评比就是大量挤占师生的私人空间和时间，就是引导师生眼睛盯着上级的指标，而不是发挥自己的主体性，就是按照上级的具体要求塑造自己，而不是注重自我的发展。所以，哪里热衷于评比，哪里的师生就必然缺乏主体性，哪里的领导准爱埋怨师生"自觉性差"。这是完全合乎逻辑的，因为评比培养的不是"自主性"，而是"他主性"，评比是主体性的杀手。一边大搞评比，一边高呼"以学生为主体"，这是幽默小品。

评比不是"发展"师生的积极性，而是"调动"师生的积极性。也就是说，评比所需要的积极性不是师生自主的、蓬勃的生命力和创造性，而是"响应号召"，是"领导挥手我前进"、"执行命令不走样"。这是一种"伪积极性"，和当年的"群众运动"相似。不信你去观察，哪里热衷于评比，哪里就会有阵发性的突击场面，像发高烧一样，虽不是"大跃进"，也可以算是"小跃进"。

评比的结果是排序，一定要排出个一二三四来。排在前面有实惠，排在后面要吃亏。有了利益导向，难免出现虚伪，有些评比实际是搞得下级不得不作弊。哪里热衷于评比，哪里就会盛行形式主义，评比和形式主义是孪生兄弟。

可见，现在中小学盛行的评比弊大于利。学生负担过重，主要来源于评比和排队。要减轻负担，必须减少评比，改变评比理念。

如果有人声称不让他搞评比他就没法工作了，我们可以断定，此人基本上不懂教育。

教育本质上不是管理，它的产品不是机器，而是活人，它不注重具体的指标，而注重人的发展方向。教育是人与人之间的交流与合作，是心灵与心灵的碰撞。用评比的方法是无法实现心灵碰撞的，恰恰相反，评比造成的是人与人的疏离，甚至是矛盾和仇恨。现行评比方法的致命弱点是情感含量太低，它事实上是把人看成了执行某种任务、实现某种目标的工具，它想让孩子奉命长大。用评比的方法鉴定无生命的产品，是好办法，确实行之有效，然而，用来鉴定万物之灵，却实在是不自量力。

师生的人性正在评比的压力下流失。

减少了评比，才会有真正的教育。

减少评比不但对下级是解放，对主持评比者也是一种解放。给别人制造压力的人，自己也得不到放松；天天琢磨怎样"管"别人，绝对成不了学者。

减少了评比，领导者才能抽出更多的精力，作为一个活生生的人和被领导者交流，才能想出办法去创造更多的情境，以利于被领导者的发展，才能给被领导者以许多具体的指导。注意，我说的是指导而不是指挥，一般说来，指导的科技含量和人文精神含量要比指挥高得多。很多领导之所以热衷于布置任务、检查、评比，和他们自己懒得动脑筋、不善于给教师出主意有关，检查、评比虽然也累，但毕竟省脑筋，不要求多少创造性。经常搞评比确实降低了领导和教师的智商，现在许多校长和教师连遇到一个普通的教育教学问题如何深入研究下去都没有思路，真的是让评比给评傻了。大家都只会从上级那儿领任务，布置任务，然后检查、评比，奖勤罚懒，然后接受上一级的检查、评比，其他工作似乎都不会了。这样我们每个人不都变成一个自上而下传递压力的齿轮了吗？需要什么主体性？需要什么研究？需要什么创造？都不需要。

师生的创造性正在评比的压力下流失。

上级和下级，谁更热爱评比？上级。因为评比可以有效地把自己承受的压力分解，转嫁到下面去，还可以评出政绩，评出乌纱帽。评比压力的最终承受者是孩子，他们无法把压力转嫁给别人，只好消极怠工，这就是所谓"厌学"。

厌学与评比呈正相关。评比不减，厌学必增。

我的意思并不是说要取消一切评比，我只是说，要尽量减少它，把它降到最低限度，而且要"评"多于"比"。"评"是为了了解和帮助，"比"则往往是为了施加压力，二者路子不一样。

现在我们的教育行政工作几乎是靠评比支撑着，许多人已经太习惯干这件事了，人们见怪不怪，反常成了正常。减少评比对许多领导者来说，竟跟下岗差不多，所以减少评比和减少官僚主义难度相仿。但是，减少评比、增加教师与学生的主体性、创造宽松的育人环境毕竟是大趋势，不可阻挡，所以我们还是乐观的。

王晓春：《开辟素质教育的绿地》，长春出版社，2000。

有位中国教育者到美国考察教育后写道：

……在美国考驾照，80分就可以合格。所以，当你在计算机上完成了80分的时候，计算机即自动关闭，其他题目无须再答了，即使你渴望考个满分都没有机会。

李希贵：《36天，我的美国教育之旅》，1版，96页，华东师范大学出版社，2006。

我觉得美国人的做法有道理。我们学校中的评比主要是纪律、出勤、卫生、仪容等方面，这些东西有必要评出个高低来吗？我想应该像考驾照一样，够格就行了，没必要把孩子的注意力吸引到这些事情上来。比如，我是一个从来不迟到早退的学生，班主任却经常在班里强调出勤的重要性，公布各小组出勤情况，每次我都得洗耳恭听，凭什么？他迟到，这是他的错误，班主任应该找他谈，何必让我陪着"受教育"？所以，这种评比其实是绝大多数人为极少数犯错误的人"陪绑"，这是对多数学生权利的一种侵犯。

为什么很多校领导和班主任要这样做呢？他们的想法可能是这样的：你们班的学生出现问题，这是你们全班的责任，指出你们班比人家落后，就逼得你们不得不做工作了。这种想法也不是完全没有道理，问题是你可以把某班落后的情况通知班主任本人，督促他做工作，不该在全校公布，刺激无辜的其他同学。所以，愚以为，纪律、出勤、卫生、仪容等情况都应该有记录，但是像考试分数一样，不宜公之于众。

再有，严重违反校规、班规的，都是所谓问题生，解决问题生的问题主要应该靠个案诊疗，用集体压力的办法一般是不能奏效的，反而常常造成问题生和班集体的尖锐对立。所以，评比往往是矛盾下放的办法，不是解决问题的办法。

有人声称不搞这样的评比就不能培养学生的竞争意识，这是说不通的。竞争什么？比赛哪个班红领巾戴得齐？比赛哪个班校服穿得齐？比赛这些东西，不也太泄气了点吗？都穿齐了就说明这个班学生竞争力强？我不是说这些事情不该抓，我的意思是谁有问题抓谁，没必要把大部分学生的注意往这些事情上吸引。把他们的精力真正用在提高素质上，才能真正提高他们的竞争力。

评比的办法还可不可以用呢？愚以为，对班主任来说，只有班中一半左右同学尚未做到的事情，才可以用小组竞赛和评比的办法刺激学生去做，凡是绝大多数人都已经能做到的事情，就没必要评比，谁做不到抓谁就是了。

【思考题】

请具体分析校内或班内的一个评比项目，看看它有多少合理性，想想如果不用评比的办法能不能解决问题。

## 第三节　批　评

批评是教师对学生施加影响的一种不可缺少的重要方式。

关于批评，人们谈得太多了，主要意见无非是教师应少批评、多表扬。批评这种教育方式名声不大好，可是在实际生活中，这种方法却运用得数量最大、频率最高，于是批评就成了臭豆腐——闻起来臭，吃起来香。教师的这种毛病光靠领导在大会上批评几句或作几条规定是解决不了的。再说，想用批评的方式解决教师爱批评学生的问题，领导首先就自己打自己的嘴巴了。我们应该进到班主任的灵魂深处，看看他们为什么这么偏爱批评法，找到原因，引导教师自己纠正，而且还要告诉大家一些具体办法，将批评转化为别的影响方式，以减少批评，提高工作效率。

爱批评学生的老师，其实并未搞清楚批评的根本目的。

批评对于被批评者来说，有两种作用，一种是改变他的外部行动，另一种是改变他的想法。哪个是根本目的？后者。但现在有不少老师只满足于用严厉的态度、锋利的语言暂时制止学生的某种错误行为，而没有考虑或很少考虑自己的批评是否在学生心中激起了波澜。因为批评的质量不高，只好以数量取胜，于是批评越来越多。有一次，我见到一位老师严厉训斥某学生，这学生说一句顶一句，态度之蛮横和恶劣震惊四座，把老师气得脸色发白。事后，我问这学生："你这样和老师顶嘴，你有理吗？"他低头不语。我又问："你不害怕？"他说："怎么不怕！这要是给我个处分，我有什么辙呀！"我又问："那你为什么还那么横？"他说："唉！您没看见我那几个哥们儿在办公室外面盯着我吗！我要是服软了，他们指不定怎么踩咕我呢！"原来问题在这里。当时老师如果这样说，"你态度这么恶劣，是做给什么人看的吧?"不用疾言厉色,这学生也会泄气的。可惜的是,老师虽然声色俱厉,却未打中要害,没有引起学生思想的震动。所以,这样的批评是吃力不讨好的。老师批评学生的话,贵在打中十环,而不在滔滔不绝。批评只在表面上做文章,只考虑让学生行动上听我指挥就行了,而没有着眼于引起他思想的变化,严格地说,这不是批评,只是制止,不是教育,而是呵斥。说这种班主任并不知道批评的根本目的,恐怕不是冤枉他们。批评,若不能引起学生的自我批评,它的含金量就是很低的。

如果你仔细观察、认真分析,还会发现班主任对学生的有些"批评"其实根本不是郑重的工作方法,而只是教师心理能量的释放。比如上课提问,学生站起来答不出,样子很尴尬,于是老师发火了:"瞧你那模样!傻里傻气的!"如此说话已经失去了教育者的身份。这不是教育,只是一种不负责任的评头品足,和街头巷尾的闲谈属于同一档次。许多教师对学生的讽刺、挖苦都是这种东西。教师修养不高,不善于控制自己的情绪,才会如此。如果他还认为这是在批评学生,那是名不副实的。这叫发泄,与批评无关。

我们把问题再说深一点。有些教师对学生的批评根本就不应该"出台",也就是说,学生根本没有错误,甚至错在老师,结果他却反把学生批一顿。比如,有的老师下课铃响了半天还在讲,某学生等得不耐烦,在下面嘟囔几句,把老师激怒了,偏不下课,也不讲了,改为训这学生。"瞧你这学习态度!""上课不积极,下课你可来劲了。""不爱上学,明儿让你爸爸把你领走!"如此等等,把这孩子的缺点全勾起来了,尽情地数落一顿,才算解气,全班同学几乎"陪训"到下一节上课。据我看这学生在这种事上没有错误,倒是老师错了:首先他不该压堂,其次他不该对学生发脾气,更不该为了自己的心理平衡耽误那么多同学的时间。至于这个学生平日学习态度不好,成绩不好,那是另一回事。他并不因为有缺点就失去了给老师提意见的权利,老师也不该抓人家的小辫子堵人家的嘴。

再举一个例子。有个小学生写了一篇作文,点名说她有个同桌,个子小又瘦瘦的,不会跳绳,于是作文者就发扬了团结友爱的精神,耐心帮助这个小个子同学学会了跳绳,使她非常快乐。文章写得有声有色,大受老师青睐,被选为范文。老师正在课上津津有味地宣读此文时,作者同桌,这个瘦弱的小女孩,忽然举手说:"老师,我早就会跳绳,同桌从来没教过我。您说过写作文应该真实,这篇作文是编的。"老师勃然大怒,道:"你有什么了不起的!同学写作文还不许写你啦?那好,以后全班同学写作文谁也别提她！"请看，本该作自我批评的事，这位老师竟反过来批评学生！这样批评人，孩子一辈子都不会服气的。当然，这种事不会很多，但也不见得特别少，应引以为戒。

可见，一些班主任之所以对学生批评过多，一是不明白批评的根本目的，二是不善于控制自己的情绪，三是缺乏自我批评精神。还有一个原因是，他们对影响学生的其他方式不熟悉，也不学习，只会这一招。有位心理学家说："如果你手里只有一把锤子，你就会把一切都变成钉子。"确实如此。真有这种老师，处理学生纪律问题，你若不许他用批评法，他就不知道怎么办了。建议他们也试着搞个"无批评日"、"无批评周"，强迫自己改变一下习惯思路。

许多班主任都是"批评爱好者"，他们手里似乎真的只有一把锤子，你不让他用锤子敲打学生，就必须同时交给他几件别的武器，否则就只是在制止他，而不是在帮助他，那就等于你自己手里也只有一把对付教师的锤子了。必须举具体的例子，说明在他们看来该批评的事，有些可以变为提醒，有些可以变为分析，有些可以变为理解，有的甚至可以变为表扬，实际真正需要批评的比例并不大。这样才可能说服他们。下面我们就试试。

有相当多的批评可以变为提醒。比如学生课上不守纪律的现象，看他一眼，用手指他一下，甚至只要语气中断，就可以解决问题。有些偶发事件，看来是大事，其实不是，提醒一下，就可以了。想当年，有一次我正讲着课，有个女同学突然涨红着脸下了座位，冲到前面两行，照一个男同学踢了一脚，然后返回座位，坐在那儿生气。那个男生则毫不反抗。这女生的大胆举动把全班同学都惊呆了，几十双眼睛一齐看着我，鸦雀无声。我知道这个女生从未在课上违反过纪律，而那个男生则是无事生非的调皮鬼。我估计他准是往后传小纸条给这女生起外号什么的把她激怒了，于是我没事一样，照常讲课。下了课，我对那男生说："你以后别瞎招了，行不行？"他笑着点点头。我又对那女同学说："你可真够勇敢的，不能控制自己的情绪吗？"她也笑了。以后这种事就再没有过。像这样的事我以为不需要大费唇舌去批评，尤其不必上纲上线去讲大道理。对学生中的各种偶发事件都非要挖出个思想根源来，愚以为是一种神经质。不信你回忆一下自己的少年时代就明白了。

有些事，确实得让学生认识到自己的毛病，那也宁可用分析法而不用批评法。有个初一的小姑娘，因为爱说谎，同学都不理她，她很痛苦，找我来谈，边说边哭。我劝她想想同学为什么不理她。她回家不好好思考自己的缺点，却想出个馊主意，花钱买了好多吃的，分送同学，结果同学吃了她的东西，还是不跟她好。她无法忍受，又找我来哭。我没有批评她花钱收买人心，而是对她说："你呀，不愿付出艰苦的努力来改正自己的缺点，而想用省事的办法快速博得同学的好感，这条路走不通。同学不喜欢你，是因为你爱说瞎话，这毛病不改，就不能从根本上解决问题，你说是不是？改变别人对自己的印象可不是短时间能办到的，你若能用一个学期的时间打开新的局面，就很不错了。"后来她照我说的去做，一年以后，群众关系好多了。我对她的教育，是把批评变成了分析和建议。

请注意，如果一个学生犯了错误，他完全知道这是错的，批评的时候就不要告诉他"你错了"，那是在做无用功。如果他明明知道这样做后果严重，你就不要用什么"受处分"、"进监狱"来吓唬他，那也没有用。这时需要做的事情是帮他分析，是哪些因素促使他非犯这个错误不可，有没有办法改变这些因素，以便下次避免这个错误。也就是说，批评必须给学生提供新信息，必须让学生明白一点原来不明白的东西。不提供新信息的批评是缺乏教育因素的"单纯管理"型的批评。

还可以把批评变为理解。有一年冬天，下第一场大雪那日，全校沸腾。我是第二节课，走进教室一看，可热闹了。地上，桌子上，窗台上，全有雪团或水痕。不少同学头上冒着热气，有用嘴哈手的，有往别人脖子里塞雪团的，还有的手执雪球做投掷状，对方当然是躲避姿势。桌子也歪了，椅子也倒了，简直是忘了有上课这么一回事了。起立以后，仍得不到安静，这样下去，课是不好上了。我站在讲台上静观，一声不响。等同学稍微安静了一点，我突然说："昨天天气预报错了！"大家都安静下来，想听怎么错了。我说："应该这样报：明天，阴有小雪，人心浮动，教室大乱。"同学们都笑了，注意力也都吸引过来了。我接着说："今天的雪不错。我小时候，一下雪也像你们这样兴奋，不过咱们不能因为下雪耽误正事呀！下面咱们上课，好不好？"同学们齐答："好！"结果这堂课上得很安静，没什么问题。遇到这件事，我发一顿脾气也不能算错，我把它转化成了幽默和理解，就避免了批评和训斥。

批评甚至可以变为表扬。我也举个例子。有一次，在班级篮球比赛即将开始的时候，我们班的女篮球队长气呼呼地来找我，声称不当队长了。问她原因，她说是有队员反对她当队长。这我当然有权批评她了。我可以批评她不顾大局，不识大体，害怕困难，回避矛盾，不热爱集体，个人主义，等等。当了这么多年老师，要批评学生，词儿有的是，一口气训她半个钟头没问题。可是我没这么做。我控制住自己的情绪，想出了另一种办法。我问她："你们篮球队有多少人？"她说有十几个人。我又问："有几个人反对你当队长？"她一下子愣住了，若有所悟。我笑着问："明白了吗？"她也笑了："老师我明白了。"我追问："你明白什么了？"她说："我应该看多数，不应该因为极少数人反对就闹情绪。"我说："好，你真聪明！"问题就解决了。就这样，我从思想方法角度进行引导，把很容易弄成一顿批评的问题转化成了相反的东西——表扬。

可是，有的学生提醒不管用，分析他不听，理解不领情，表扬不动心，只认批评，批评轻了还不行，必须说得很难听，强刺激，才能管事。这怎么办？这种现象，一般都是学生受的批评太多造成的，可以称为批评中毒。老批评老批评，学生脸皮就越来越厚，老师只好越说越狠，结果是学生脸皮更厚，恶性循环，到最后，你说得多尖锐他都刀枪不入了。这种学生，你即使不用批评，换别的办法，也可能不顶事，甚至可能你退一步，他倒进一步，因为他的自尊心已经很差了。这时务必耐心，千万不要认定这个学生不可救药，因而加大刺激量，走上老路。挨批评和吸烟一样，也会"上瘾"的。一贯挨批评的学生，你不批评他就会生事，这是过去批评过多的后遗症，不是你改变教育方法造成的，不能因为一个人戒烟难忍就认为吸烟合理，也不能因为某学生不狠批不管事就认为经常的训斥是正确的方法。这种学生需要的是个案诊疗，一般的批评是不起作用的。

必要的批评永远不会废止，不过，把它减到最少是我们的任务。

【思考题】

1. 请选择典型的一天，记录下你对学生的所有批评，然后一个一个分析，哪个是必要的，哪个是不必要的，其中有几个可以转换为提醒、分析、理解、表扬等方式。

2. 搞一个"无批评日"试试（不必向学生宣布，自己暗下决心就是了），然后总结一下经验教训。您可能会发现，大幅度减少批评，并不是一件很困难的事情。

## 第四节 惩　罚

惩罚是班主任影响学生的重要手段，但是，关于惩罚争议很大。

在网上搜索"教育惩罚"，你会看到很多很多文章。有喊"放下你的鞭子"的，有认定"没有惩罚的教育是软弱的教育"的，有论述"惩罚与赏识同样重要"的，有提倡"理性惩罚"的，有主张"让惩罚更加美丽"的……议论滔滔，义形于色，据我看都是空话。岂止是空话，正是这类清谈转移了人们的视线，掩盖了学校真实的教育惩罚行为。这类争论，班主任往往不予理睬，厉害的班主任该怎么罚还怎么罚，胆小的老师则越来越不敢罚。为什么？因为这种无谓争论既不能帮那些厉害的班主任学会用非惩罚手段解决问题，也没有教会胆小的班主任怎样适当使用惩罚。大家都在那里"制定宏观政策"，或者拿一个案例来发泄情绪，成为七嘴八舌对一件新闻的表态，都不是在认真研究问题。

教育惩罚根本就不是需要不需要的问题，更不是存在不存在的问题，而是一个规范化、具体化、情境化的问题。我在网上极少见到有人对教育惩罚进行细致的分类和研究，而这才是最需要的。

让我们躲开那些高谈阔论，来看看中小学班主任实际上常用的惩罚措施。

### 一、可以适当采用的惩罚

我认为以下各种惩罚是可以适当采用的，但要予以必要的限制。

1. 剥夺型惩罚

这类惩罚的特点是暂时剥夺学生某些权利，以示警戒。要注意，剥夺是暂时的。

(1) 取消发言权

比如学生上课乱说话或者发言过多，侵占了他人的发言机会，教师可以暂时禁止他发言。但是这种禁止不宜任意延长到下一课。只有他连续犯同类错误，才可以把这种禁令延长一些。

(2) 不准进教室

学生无故迟到，或者不经允许闯入课堂，可以罚他在门口等待几分钟。但是，要注意：第一，一定要先询问迟到原因，如果他迟到有特殊原因，并非过错，就可以不惩罚，但要向全班同学说明，以避偏向之嫌。第二，时间一般不要超过十分钟，小学生更应酌减。

(3) 请出教室

学生上课不但自己不听讲，而且扰乱他人，或者故意与讲课教师顶嘴，致使教学无法正常进行，可以请学生离开教室。有些学校硬性规定教师不准轰学生出教室，这是行不通的，但是确实有很多情况是不必这样做的，教师轰学生走，只为泄一时之愤。还有，有些学生是轰不动的，硬轰会酿成事端。所以，这个惩罚措施应该进行专题研究，分成多种情况，制定各种应对方案。笼统地说允许不允许没有意义。

(4) 回家取东西

学生多次忘记带作业、学具等，班主任可以令他回家去取，但是一定要问清学生住家远近、有没有钥匙、路上有没有完全问题等等。小学生一般不能这样做，中学有些本来就喜欢逃学的孩子，用这招则等于放马归山。

(5) 放学不让回家

需要补写作业，或者进行个别谈话，可以在放学时不让学生回家。学生称受这种惩罚为"挨留"。需要注意的是时间不可过长，而且要跟家长打个招呼，以免家长着急。一般不要耽误孩子午饭、晚饭，而且，如果此法采用三次仍不见效，就要考虑换方法。

(6) 停课

学生犯了严重错误，或者学生之间、师生之间冲突激烈，确实需要暂时回避，可以停学生的课。我认为，应该规定班主任最多有权停学生三天课，而且要报学校备案，再长一些应该经学校批准。停课必须事先通知家长。

（7）调座位

调离原来的座位，换一个靠前（便于教师监督）、靠后或单独（不易影响他人）的座位，这种惩罚方式也是必要的。此种惩罚的意图可以明确告诉本人，但是最好不要在全班宣布，以保护孩子的自尊心。还有，要注意的是，新座位一定要保证他能正常学习。比如他是近视，就不能把他放到后面去，即使他经常不注意听讲也是如此，否则就有放弃之嫌，会激化学生、家长与班主任的矛盾。

（8）没收物品

学生上课玩东西，屡次提醒无效，或者学生把学校禁止的物品带进校园，教师有权没收。但是一定要注意，上课没收的东西，一般下课就要归还，一时不便归还的，要明确告诉学生何时归还。所谓没收，只是暂为保管而已，教师不可收来扔在办公室就忘记了，不管物品价值高低。有些不该还给学生的物品（如刀子），要通知本人后上交学校。

（9）取消参加活动权

可以取消学生参加某种活动的权利，以示惩罚，当然这个活动应该是受罚者喜欢参加的，否则达不到惩罚目的。（惩罚只有恰到好处地使受罚者"难受"，才成其为惩罚）需要注意的是，其理由应该是与本次活动有关的。如果因为某学生不完成作业就罚他不准参加集体生日（这是他渴望的活动），那就不合适。经验告诉我们，这种惩罚结果往往适得其反。

（10）（干部）停职、撤职

学生干部犯严重错误，可以停职、撤职，但轻易不要这么做，因为经验告诉我们，很少有好的效果。比较好的办法是留职不动，安排另一个同学实际上接过他的工作，待下学期选举时自然更换。有些班主任会因为不大的事情一怒之下公开宣布撤掉某干部的职务，这种办法很不好。

2. 偿还型惩罚

这类惩罚的特点是要求犯错误的学生对所犯错误给予某种回应和补偿，表示有所悔悟，愿意改正。

（1）要求道歉

损害他人利益，道歉是必要的。要注意的是，不一定非要学生当时、当场道歉，因为，人在冲动的时候难以认错，非要他当场道歉，有时会激化矛盾。

（2）赔偿

损坏他人东西或公物，要赔偿。

（3）罚抄作业

不完成作业，抄袭他人作业，作业态度极不认真，教师可以罚其抄几遍。注意：千万不要遍数太多，一般最多不要超过八遍，否则不但没有学习效果，而且会激起学生对学习的仇恨。

（4）强制补课

补课一般是自愿的，但对于个别同学，也可以强制，迫使他完成本该完成的学业。但是，如果次数较多，应征得家长同意，而且不能时间太多，不可收费。

（5）写检查

很多班主任动不动就让学生写检查，基本上属于浪费大家精力。写检查的办法只适用于那些很少写过检查而且头脑比较清楚的学生。检查内容重点不应该是认错表态，而应该是反思自己犯错误的过程。

（6）当众检讨

这种惩罚只适合那种已经震动全班的错误，为了消除影响，需要学生在全班检查。

3. 吃苦型惩罚

这类惩罚的特点是让学生身体"吃苦"，以达到惩罚的目的，属于轻微的"体罚"。我认为这种惩罚是必要的，但是一定要掌握分寸，注意因人而异。

（1）罚站

罚站最好不当众进行，找个地方让他站在那里反省为好。时间长短根据年龄情况而定，小学生几分钟就好，中学生也不要超过半小时。

（2）罚劳动

罚做值日，罚为同学服务，对于那些特别懒惰和自私的学生是必要的。注意，其强度要因人而异，必要时可以有人陪着。

（3）罚跑步等

有些班主任采用罚操场跑圈、做俯卧撑等办法惩罚学生，也是可以的，也要注意强度。

4. 冷淡式惩罚

这是一种特殊的惩罚方式，就是"我不理你"，北京方言称为"臊着他"。经验告诉我们，这对有些屡教不改的学生、特有表现欲的孩子和对班主任有点情感依赖的学生是有效的。不管你如何耍猴，我连看都不往你那儿看，这招也是很厉害的。但要指出的是，此法不可长时间使用，用一段时间，见好就收。

5. 间接惩罚

这是指报告家长。这种办法目前被班主任用得很滥，效果很差，甚至引起相反效果。我主张轻易不要给家长打电话，但对有些学生，可以以此吓唬他，必要时再使用这个武器。如果发现家长对孩子已经失控，没有权威，那就千万不要用这招，用了只能降低班主任的威信。

6. 升级型惩罚

这类惩罚的特点是超出了班主任的管辖范围，上升到了学校一级，不消说，这应该是问题很严重了。

（1）报教务处

有些班主任动辄把学生问题上交学校，这是很不明智的，会降低自己的威信，对工作有害。确实需要报教务处处理的事情应该是很严重的、班主任处理不了的，或者是涉及到外班、校外人员的。还要考虑教务处工作人员的水平，如果教务处人员能力并不比班主任强，那就更要少找他们了。

（2）给予纪律处分

确实该处分的学生一定要处分，不可姑息，否则会打击班主任的工作积极性，助长歪风邪气。当然，处分学生应该慎重，要全面征求教师意见，事先通知家长和学生本人。

## 二、应该禁止的惩罚

我认为下面这些惩罚方式是应该禁止的。班主任如果使用下述方式惩罚学生，应该加以提醒，或适当批评。对学生的惩罚是否得当，应该成为考核班主任的标准之一。

1. 讽刺贬损

学校应该把本校教师常用的贬损语言（各地贬损语言有所不同）综合起来，印发班主任，加以禁止。

2. 打骂

有些学校，教师打骂学生，学校睁一只眼闭一只眼，等到出了状况，却把责任一股脑儿推给教师，这是不负责任的。学校平时就要经常和班主任一起研究不用打骂而能解决问题的多种方法，这样才能减少打骂现象。打骂学生的班主任多数是走投无路或者情绪失控了，能用别的办法解决问题，他们不会这样冒险的。

3. 侮辱性惩罚

有辱人格的惩罚现在还有不少。比如小学生上课说话，有的班主任就强迫学生戴口罩，甚至还有给学生嘴上贴封条的。

4. 公布隐私

学生日记，来往信件（小条），尤其是涉及早恋的，绝对不可以公之于众，那是非常错误、非常冒险的。

5. 孤立犯错者

命令学生，"谁都不要理他！谁也不准和他说话！"这是很残酷的，不允许的。

6. 不平等惩罚

犯同样错误，有人惩罚，有人不惩罚，这属于不平等惩罚，是人治而非法治。

7. 无关联惩罚

学生在此事上犯了错误，在彼事上惩罚，这种惩罚给人的感觉不像是教育，而像是报复，这是不允许的。网上有个例子，说是某学校规定期末考试时上学不穿校服就禁止参加考试。愚以为穿校服应该平时抓，平时抓得好，考试自不必在校服上大做文章，如果平时没抓好，想用考试当杀手锏，迫使学生不得不穿校服，在学期最后几天得到一个全校学生"无一例外穿校服"的成果，这有什么意思？自我安慰而已。这种做法适足以使人对该校领导的管理能力产生怀疑。

8. 学生"连坐"

一个学生犯错，全小组学生甚至全班学生挨罚，这是封建社会"保甲连坐"制度的残余，实际上是班主任缺乏个案诊疗能力的表现。后面有个例子，说是一个学生把空牛奶罐扔在地上，班主任查不出是谁，就迁怒全班，决定把这个有味的奶罐在每个人的座位上摆一天，以示惩罚。这是完全没有道理的。凭什么别人犯错误我要受惩罚？凭什么别人得病让我吃药？"连坐"现象现在还比较普遍，是班主任无能的典型症状。

9. 家长"连坐"

学生有错，殃及家长。有些班主任在批评学生的时候，讽刺家长，甚至当众这样做。这是不能允许的，特别容易激化矛盾。学生的错误当然可能与家长的教育失误有关，但这应该单独找家长谈，不能在学生面前贬损家长。

总之，班主任对学生的适当惩罚是必要的，但不能乱来。在目前的中小学，不敢理直气壮地惩罚学生和任意惩罚学生这两种现象并存，基本原因就是惩罚缺乏规范，"撑死胆大的，饿死胆小的"，处于失控状态。改变这种状况的方法应该是，索性大大方方地把惩罚作为一个科研课题来认真讨论，不要回避它，要制定出具体条文来规范惩罚，这样才可以使胡来的班主任少犯错误，使胆小的班主任有所凭依，不致失去一件重要的教育武器。

【案例】

王老师，下面又是一个真实的案例，也不知道是否跟班风有关，可我只有通过这种方式和您联系，向您请教，请原谅我的冒昧。本文是我在学校班主任论坛的发言稿，许多老师都说好！可领导的态度有点暧昧，让我吃不准。我通过这种方式去引导、教育学生，难道不算是成功的吗？

一个偶然的机会，我发现了我的学生竟然辱骂他的老师。

一天，学生上专业课，教室里空无一人。我坐在小洁的座位上改作业，在他的课桌上，我看到了一行用小刀刻出的歪歪扭扭却十分清晰的小字：吴××是王八蛋！

"这小子，竟敢对他的班主任进行人身攻击，我饶不了他！"我恨不得立刻把他从专业教室拉回来，狠狠地收拾一顿。面对学生的谩骂，我会愤怒，因为我是一个有自尊心的普通人，但多年的教育理性和习惯强迫自己必须冷静下来：我必须克制自己不大发脾气，因为我是一名教师。"在发火之前，我得先弄清楚原因呀！"我这样安慰着自己。

接下来的几天，我努力控制着自己，表面上毫无动作，就像没有这回事一样，任由那一行字在小洁的课桌上躺着睡大觉，暗地里却在紧锣密鼓地调查事情的来龙去脉。

结果大大出乎我的意料。上周二，体育老师请假，学校安排我代课。临近期中考试，恰好前段时间我外出学习，落下了不少课，便没有像已往那样带领学生进行户外活动，而是把全体学生留在教室补了一节语文课。当时有个别学生不太高兴，其中就包括小洁，他还提出强烈的抗议。我就让全体学生举手，以三分之二的表决票数否决了他的抗议。没想到他刻字辱骂老师竟然就为这一点点小事。事情没出一天，他自己也早把它忘到九霄云外去了。原来看似大逆不道的不尊师行为背后的原因竟如此简单，简单得似乎不值一提。我庆幸自己当时的冷静，不然发火毁掉的可能不仅是学生的阳光心理，也是学生对老师的信任。

事情过去了几周，又是一节体育代课，我照例带孩子们进行户外活动，并且活动内容是小洁最喜欢也最引以为傲的篮球比赛。他率领一批他亲自挑选的班内篮球精英又一次向我发出挑战。我感觉"整"他的机会来了，便跟他订立赛前约定，输一分做一个俯卧撑（以往是输一局做一个）。也许是因为他自信，也许是还没意识到我的"阴谋"，他很爽快地答应了我开出的条件。我特地换上了球衣球裤，率领几个他挑剩下的"老弱残兵"和他率领的"精兵强将"进行了几番厮杀，让他们败得目瞪口呆，做俯卧撑的次数绝不下于200次，累得瘫到地上，硬是没能赢一局（平常比赛，我都会有意无意让他们赢上几局，最后的结果往往是以和为贵，我认为这样的结果有利于学生自信心的培养，也有助于融洽师生关系）。

球场一端，小洁半躺在我身边，手脚都软了，半觍着脸说："吴老师，今天你好猛啊！目光凶得好像要把我们这一队的人全给杀了。平常也没见你这么厉害呀？"

"是呀！这叫真人不露相，哪像你半瓶水直晃荡。怎么样？服不服？要不要再来呀？"

"不来了，不来了，我从头到脚都认输了，再输，我是连一个俯卧撑都起不来了！早知如此，还不如乖乖地留在教室复习语文……"他还心有余悸。

"我可不敢再留你们了！要不然，某些同志发起性子来，再在桌子上刻下一两句难听的话来，我可没有再次容忍的肚量了……"我有意识地给他施加了一点压力。

"噢！那事呀！吴老师，你都知道了呀！我早忘了！我不是成心要骂你的，只是一时之气。"他好像一点也不在乎。

"你忘了，我可没忘！桌子也没忘！要不是看在你是个小屁孩的分儿上，我早揍你了。老师是那么好骂的吗？"我加重了语气。

他似乎也感觉到形势不妙，赶紧道歉："别别别，我瘦小的身躯可承受不住您的铁拳。我认错，我道歉，都是我不好！我做事太冲动了！我改还不行吗！我以后再也不敢了。"

"改？别光说不练啊！怎么恢复我的名誉？损坏的桌子怎么办？"我提出了具体的改错要求。

"这事就我们几个打篮球的知道，绝没有外传。您让我们做了200多个俯卧撑还不解气呀！至于桌子上的那行字，您放心，我一定会妥善处理的！"

第二天，小洁的课桌上贴上了一幅美丽的图画，谁也不让揭！第二周，小洁把桌子带回家，重新油漆了一遍。

K12·班主任论坛，班级学生故事

## 真正的教育是活人与活人的交流

吴老师遇事不慌，受辱不惊，先查明情况（研究意识）再出击，剑走偏锋，出其不意，很高明。

这是正牌的教育吗？

我怀疑，吴老师的领导态度暧昧，心中就是这个问题。

可能在他们的心目中，正牌的教育必须遵循以下套路：学生犯错误—教师指出其错误的性质、危害—学生承认错误—学生改正错误。

谁规定的学生犯了错误只能按这样的模式教育？

没人规定。事实上正相反，所有的教育学教科书都指出，教育是一种创造性的工作。

之所以形成现在死板的套路，甚至很多人以为这种套路才是正宗，只是由于（恕我冒犯）我们自己思想僵化、缺乏创造性而已。

我们来看这位小洁同学。他为什么骂老师？很简单（孩子常常就是这样简单），老师剥夺了他一次打篮球的机会。他骂老师是什么问题？与其说是品德问题，不如说是一时之愤（轻微心理问题）。他不是故意挑战老师，也不是一贯目中无人。他知道不知道骂老师不对？绝对知道。如此，老师若把他找来，指出他骂老师属于没礼貌，就纯属废话，做无用功，而且，从某种意义上说是小题大做。你当然可以把他压服，让他当众检查，但是以后的师生关系呢？恐怕就会留下一道伤痕。而且，这个学生看来还有一定的号召力，跟他搞不好关系，以后班级工作会有阻力。

可是，他对老师如此无理，不给他点教训是不行的。老师岂能随便骂？

问题是，他这种性质的骂老师，他这样的影响面，惩罚到什么分寸比较合适。

吴老师的高明之处是分寸掌握得好，办法也巧妙。

吴老师发挥了自己的强项（篮球），选择了学生喜爱的活动，在活动中"整"对方（并没有伤害他）。结果不但使学生改正了错误，而且增强了师生友情，化干戈为玉帛，建和谐之班风。

不是每个人都能想出这种办法的，这需要教育机智，需要创造性。

当然，换一位老师，可能就无法用这个办法了。你可以想别的招呀！各自发挥各自的优势，百花齐放，才是真正的个性化教育。

教育不是千篇一律的模式化操作，教育是生活，教育是活人与活人的交流。活人都是有个性的，教育自然应该色彩斑斓。现在的教育色彩如此单调，如此千篇一律、死气沉沉，正是教师个性被压抑的结果。

吴老师可能是一个有个性而且倾向于顽强保持个性的人。我希望这种老师多起来，也希望有关领导不要压抑这种老师。

没有创造就没有教育的勃勃生机，而没有个性就谈不上创造。

【思考题】

请把您平日经常采用的惩罚手段一一写在纸上，加以分类，然后自己进行一下评估。

## 第五节 说 服

说服，所谓"动之以情，晓之以理"，是班主任影响学生的重要手段。但是，现在较为常见的现象是，老师们往往把说服看成教师对学生的单向"训导"，而不是双向的交流，于是教师"说服"学生的姿态就和"授课"差不多了。而且，许多班主任对说服期望值过高，看不到说服的局限性，他们竟然以为：我一"说"，你就应该"服"，既然我说得对，你为什么不听？不听就生气。应该告诉这种班主任，您对"说服"的期望脱离实际了。请看网上一位教师的发言。

### 说理教育不是万能钥匙
——学生不良行为的种类及其应对策略（摘录）

当学生出现不良行为时，老师们习惯的做法是找学生谈话，以期通过晓之以理来改变学生的行为。可实际教育效果并不理想，有的谈话十几次或几个星期甚至几个月都收效甚微。为什么许多时候说理教育难奏效呢？这涉及学生不良行为的种类问题，不同类型的不良行为，需要用不同的教育策略来应对。

一、由认识问题导致的不良行为

如果学生的不良行为还处于偶发和初始阶段，还没有形成顽固性的习惯，也没有相应的人格问题，一般只要通过改变认识就可能达到改变不良行为的目的。

## 二、需要意志努力才能克服的不良行为

学生身上有些不良行为的形成已经有一定的时日，这些行为的改变往往需要自制力、坚持性等意志品质，比如上网成瘾、打架成性、自由散漫等。对于因意志力不够而难以改变的行为来说，说理的作用是非常有限的，以单向输出为主的谈话教育并不是上策。要让学生克服这类不良行为，可尝试以下三方面的策略：

自我教育策略（略）

他律—自律策略（略）

体验教育策略（略）

## 三、由心理问题导致的不良行为

在教育实践中，存在心理问题与品德问题相混淆的现象，责成心理异常的学生写检查甚至给予处分的情况都曾经发生过。用德育手段对待心理问题，其结果是可想而知的。为此，当学生出现不良行为时，要注意把心理问题和品德问题区别开来，不能把由心理问题引起的不良行为当作品德问题来处理。

实践表明，学生中的有些不良行为与其深层的心理或与其早期生活经历相关。比如，有的好打架，有的喜窃物，有的爱逃学，且屡教不改，可能背后隐藏着不平常的故事。应对这类行为的策略是：帮助学生挖掘出潜在的心理原因。

## 四、与习惯、人格相关的不良行为

这一类行为，由于已经成了习惯或某种人格特征的外部表现，具有相当的稳定性，因而矫正难度也往往较大，有时用传统的德育方法还很难见效。应对人格问题所致的不良行为的教育策略为：对学生进行人格教育或人格矫正。

由上可见，以晓之以理为主的谈话教育或说理教育并不是万能钥匙，它只适宜于改变第一类不良行为——由于认识模糊或错误引起的偶发或初始行为，且只适用于这种行为的改变并不需要太多意志努力的时候。还必须指出，说理教育的形式应该追求多样化（讨论式对话、辩论等），尽量避免单向输入式的晓之以理。至于那些已经成为习惯或与人格特征相关的不良行为，由心理问题导致的不良行为，说理教育并不是理想的选择。此外，上述四类不良行为的划分不是绝对的，如

第二类和第四类行为就存在着相互交叉的关系。因此，选择教育策略时，要有一定的灵活性。

教育在线·班主任论坛·嵊州班主任工作室，一路追梦

一路追梦老师的上述说法提供了新的视角，能打破很多教师思维定势。

我们很多老师对"说服"太迷信了，他们竟然以为，凡是学生犯错，都是因为他不懂道理，一旦你把他说明白了，他就一定会认错，然后就改正。世界上哪有这样方便的事情！所以他们老碰钉子。事实上，学生的问题只有一部分是认识错误造成的，只有这一部分能用"晓之以理"来解决。教师如果只会这一招，那就等于使用单一武器来对付多种多样的问题，肯定捉襟见肘。

很多班主任热衷于用名言警句说服学生，教室里贴，班会上讲，个别谈话时经常引用。这实际上是借名人的嘴说服学生。对此，我想稍微泼点冷水。

我绝不反对名言警句。名言警句虽然有的意思不大，有些比较片面，但总的来看，仍然可以说是语言的精华、智慧的结晶。它们对我们的启迪常常是很大的。我反对的是：第一，名言警句用得太多太滥；第二，对名言警句期望值过高；第三，拿名言警句当万灵药，忽略许多更重要的教育方法的使用，阻碍教师专业水平的提高。

许多老师似乎有一种幻想。他们以为，只要学生读了这些警句，就会记住，就会照着去做，于是教育目的就达到了。他们实际上是把学生当成了机器人，把读名言警句看成了输入指令，指令一输入，机器人照办不误。也有的人把名言警句看成"潜伏指令"，他们主张，不管孩子懂不懂，先让他背下来，将来某一天，这个名言就会像电脑病毒发作一样在学生头脑中启动，于是他就大彻大悟了。这种想法也不是一点道理都没有，因为我们的老祖宗常常就是这样教育孩子的。背《四书》、《五经》不就是背名言警句吗？今日主张诵读文化经典的人，其实也还是遵循这条老而又老的思路。

可惜的是，事实不支持这种主观的想法。

请想一想：为什么同是一个班的学生，有人对这一句名言印象深刻，有人就对另一句名言印象深刻呢？为什么有些学生正经名言左耳朵听右耳朵冒，而对"学习苦，学习累，不如加入黑社会"这样的顺口溜却一下子就心领神会了呢？为什么很多人把某些名言警句倒背如流，行动上却绝不

落实之呢？

　　铁的事实告诉我们，问题主要不在于学生"听说过什么名言"，而在于他"经历过什么事情"，问题不在于他"记住了什么名言"，而在于他"对生活的真实感受"。如果一个学生从小经常受骗，你让他背一万遍"诚信为本"也是没有用的。从某种意义上可以说，并不是名言教育了我们，而是我们选择了名言。我在生活中有了某种感悟，但是我不能清楚地表达出来，这时候，我忽然看到一句名言，正好说出了我心中想说的话，于是"心有灵犀一点通"，我会觉得醍醐灌顶，如梦初醒。如果我心中没有感悟的种子在先，多么伟大的名言也不会在我的心田发芽的。这才是名言教育作用的真实机制。名言之所以能教育人，是受教育者头脑中整合各种信息的结果，是一种非常复杂的建构过程，绝不是简单的"输入—执行"过程。

　　所以，教育的真谛就不是"输入真理"，而是"组织教育生活"。活动比死知识重要。教师的主要任务不是宣讲真理，而是创设各种有助于学生成长的情境，让他们体验人生，而不是背诵人生。

　　名言警句通常还有一个致命的弱点——没有论证过程。它只是把一个现成的结论抛给你。如果我们只会把它转抛给学生，不允许学生质疑和讨论，有时会弊大于利的。而且，恕我直言，收集、选择名言警句，把它们宣讲给学生，这是含金量很低的工作，这种工作对教师专业素质的提高用处不大。我主张教师多在策划"教育活动"上做文章，而只把名言警句作为一种辅助的教育工具。

　　其实教师经常挂在嘴边的名言警句学生往往都已经耳熟能详，教师还在那里一遍一遍地重复，效果可想而知。这里就涉及了说服教育的一条重要原则：说服学生的时候，教师的语言必须提供新信息。也就是说，你必须说出点学生没听说过、没想到过的东西，否则你的谈话信息量等于零，那是难以达到说服目的的。有些班主任找学生谈话，学生早就知道教师会说什么、怎么说，甚至连教师的语调都能准确预报。这种谈话还有什么意义呢？

　　说服教育还有一条原则是，要从学生的看法出发，而不是从教师的看法出发。说服并不是教师向学生宣讲自己的正确观点，以置换学生脑子里的错误观点，不是这样的，说服应该是先接纳学生的观点（不管正确与否），然后从这个观点出发，进行讨论，帮助学生自己认识到自己的观点有毛病，加以调整。苏格拉底和学生讨论问题，用的就是这种方法。最高明的说服教育给学生的感觉不是"老师对了，我错了，老师真有水平"，而是

"我原来错了，现在自己想明白了，我还行"。

说服教育的另一条原则是：要把说服和必要的处理分开。说服只解决认识问题，也就是说，说服中不要动用权力，说服中动用权力就是压服了。比如学生对他人施暴，我在说服的时候，就不要提什么处分呀、进监狱呀等事情，我只全力帮他分析施暴的心路历程，让他了解自己为什么会这样行事（这不是偶然的，一定合乎他本人的性格逻辑），找到解决的办法。至于该不该给纪律处分，应该单说，不要和说理过程搅到一起。

教师中还有一种"伪说服"是应该提到的。"伪说服"不是平等地和学生讨论问题，而是用侮辱性、斥责性或者诡辩式的语言搞得学生无法回嘴，北京话叫"噎人"，实际是一种语言暴力，不是说服，学生不会服气的。比如教师批评学生："你总是不交作业！"学生申辩道："我这个学期才两次没交。"教师说："两次你嫌少是怎么的？那你以后甭交了！"学生被噎回去了，教师获胜，但这不是教育语言。学生不交作业固然不对，但他有申辩的权利。犯罪嫌疑人还有申辩的权利呢，学生为何不行？教师开头的批评确实是以偏概全了，应该作点自我批评。

最后我来举一个自己说服学生的例子，这是多年前的事情了。有个学生，非常任性，爱顶撞老师，把这看成表现自己的机会，还扬言："我这人就是吃软不吃硬！"有一回他课上和我顶撞，下课我把他叫到办公室。他站在我面前，梗着脖子，一副剑拔弩张的样子。我不慌不忙地说："你承认你任性，可是你并不知道任性是怎么一回事。"他瞪着我，一声不吭，表情稍有放松，但仍带警惕。我接着说："任性，表面上是老师管不住你，实质是你自己管不住自己，表面上是你对老师总不满意，实质是你对自己总不满意。你恨自己为什么管不住自己，你甚至有些讨厌自己，可是你却把这股火发向别人，发向老师，对不对？"他没想到我说出这样的话，愣住了。我观察他的表情，知道他内心在斗争，就等着。过了一会儿，他带着几分沮丧诚恳地说："我也想改，老是改不了。"我说："你当然不会一下改掉。我也有好多缺点，我也没办法一下子都改掉。但是你应该相信，只要不断努力，日有所进，你最终能解决这个问题。你现在不就比刚才进办公室时好多了吗？好好干，前途光明！"他很高兴，后来也确有进步。很多学生都是这样，用抗拒批评来掩盖心灵深处的自卑。他们是把本来应该朝内的矛头转而向外了，为的是减轻自我的心理压力。我的说服方式是把他的矛头扭回去，朝向他自己，他就没办法冲我发脾气了，只好认真想想自己。

我的这个说服方式，从学生的看法出发，提供了新信息，引起了他的思考，比较有效，且不易激化矛盾。我的经验，真正的说服教育与心理治疗是比较接近的。

【思考题】

　　本节提出了几条说服教育的原则（提供新信息，从学生的看法出发，说服中不动用权力），说说您是否赞成这几条原则，为什么。您能提出新的原则吗？

## 第六节 表 扬

表扬是一种十分重要的教育手段，可惜它和"爱"一样，现在已经被某些人忽悠得乱了套了。于是，我们不得不提醒各位班主任：当心表扬（赏识与表扬意义相近，都有夸赞的意思）被品牌化，巫术化，简单化，形式化，表演化。

表扬本来不过是很多教育方法中的一种，十八般武器中的一样，可是有人把它单抽出来，孤立地加以吹捧，一招独大，好像它已经不再和批评、惩罚、说服、心理治疗等教育方法平起平坐了，它成了高高在上的"贵族"，它似乎从战术手段升格成了战略方针了。

表扬，赏识，赞美，被吹成了灵丹妙药，包治百病，像跳大神一样灵验，像气功师发功一样有效。据说，你夸孩子是什么人，他就会变成什么人。这种东西分明是近些年来非理性思潮对教育的入侵，是阿Q精神的表现（阿Q是最善于赏识自己的，境界极高），是一种教育迷信。

迷信征服人的重要手段是声称简单易行，因为迷信的人头脑总是简单的，你要告诉他一种思路让他自己动脑筋去分析研究，他就不耐烦了。现在有些所谓教育专家把教育极端简单化了，形式化了，表演化了。你只要不疲倦地吹捧孩子就行了，这还不好办吗？不需要你改变自我，不需要你具体问题具体分析，不需要对症下药，甭管什么病，只要吃一种药——马屁大力丸，包好！包好！

美国有一位父亲，给一个男孩取名为"成功者"，给另一个男孩取名"失败者"。几十年后，"成功者"成了一名罪犯，至少有三十一次被捕记录，而"失败者"则毕业于名牌大学，成为一名大侦探。（见2007年6月

16日《北京晚报》10版）这两兄弟的成长史告诉我们，赞扬不一定使人出息，贬斥也不一定使人消沉，情况是非常复杂的，有多种因素的影响，需要具体分析。教育最可怕的是把某种理念、某种方法绝对化，教育者，尤其是班主任，对此一定要警惕。

当然，我们也不能因为有人神化表扬就贬低表扬的作用。人的本性中确实有一种根深蒂固的需要，那就是希望受到赞扬、得到肯定，希望别人承认自己的价值。每个人都如此。我们很多班主任确实忽略了学生的许多优点，把它们视为理所当然而不用表扬加以强化，结果它们往往就弱化了。而对学生的任何缺点，我们都视为反常，迅速加以指斥。其实有不少毛病，按学生的年龄来看，倒是正常的，不必大惊小怪。明于知瑕而暗于知瑜，是我们许多班主任的突出的缺点，我把这称为"救火队员思维"。改正了这个缺点，你就会发现自己好像进入了一个新的世界，同一个学生，你再看他，就好像是另一个人了。

多年前我做班主任的时候，有一个问题生常在我的课上出问题。我做了几次工作，他不闹了，我的注意力就转移到别人身上去，把他忘了。过了一两周，他旧病复发，又影响我讲课，我才又注意到他。这件事引起了我的深思：为什么我对学生的退步这样敏感，立刻作出反应，而对他的进步却这样麻木，不加注意、不加表扬呢？我的任务到底是培养学生成才，还是只管维持秩序、不出事就得了呢？由此我又想起了从书上看到的一件事。一位家长由于孩子吵闹不休而火冒三丈："你们从来都不能安安静静地玩一会儿！"一个孩子答道："我们当然能。只不过我们安静的时候你根本没注意罢了。"这位家长很受震撼，他说："我决心以后不再把孩子们的好举止视为理所当然了。"

某工读学校有两个学生，一个在弹吉他，另一个想借，前者不给，后者硬要，打起来了，一同去找老师评理。老师听了他们的陈述，开口就说："看到你们的进步，我很高兴。"二人莫名其妙。老师接着说："第一，你们都想弹吉他，这是好事。第二，你们没有继续打下去，说明你们用武力解决问题的愿望被压下去了，这是进步。第三，你们来找老师评理，说明你们心中有老师，有真理，这是了不起的进步。"两个学生本准备各挨一顿批，没想到都受了表扬，立刻主动和好了。在这位老师眼里，两个学生是正在进步中的同学，如果老师思想方法不对头，一听说打架，他就可能想，"又给我找事，屡教不改！"于是在他眼里，这两个学生就完全成了另一种人，变成"惹事包"了。人的认识在反映客观事物时总是带着主观色彩的，如果你习惯于看事物的阴暗面，你就总是瞧不出学生有什么可表扬的地方。如此形成思维定势，那是很可怕的。有些老师见到学生就一脑门子官司，你建议他注意学生的优点，他就说，"我的学生跟人家的不一样！"其实是他的思维方式与人家不一样。

但表扬绝不是随便夸奖。表扬不可简单化、表面化。如果你的表扬面很窄，总是那么几条，总停留在表面现象上，什么不迟到不早退啊，分数高啊，上课不说话啊，拾金不昧啊，认真完成作业啊，做操用力啊，积极参加集体活动啊，等等，表扬内容老是这样，表扬方法也不加变化，时间长了，学生就会厌烦的。班主任要善于发现学生的优点，特别是发现那些连他自己都不曾觉察的优点，以免自己的表扬长时间地停留在低层次的简单重复上。有的孩子有同情心，有的富于正义感，有的思维敏捷，有的质朴诚实，有的孝敬父母，有的善解人意，有的长于人际交往，有的办事果断，有的意志坚强……如此等等，凡是社会公认的好品质，都在表扬之列，绝不能只围绕着学校的常规管理来表扬。增加表扬的教育色彩，减少表扬的管理色彩，是必须注意的一个问题。

多年前，我们学校组织学生学跳芭蕾舞《白毛女》，我找到一个女同学，说："你身材好，动作也灵活，去不去跳舞？"她大吃一惊："王老师，我长这么大也没跳过舞呀！不会不会，您别找我！"可是我看得出，她很高兴。我说："我觉得你可能行（我没有说"你一定行"，我认为那不是科学态度），你去试试，好不好？"她壮着胆子去了。因为没有跳舞基础，学得比别人慢，她很难堪，要打退堂鼓。我又表扬说："我看过你练习，你虽然学得慢，但动作很不错，有潜力。你再试试，怎么样？"她坚持下去了，而且越跳越有兴趣，后来终于在"大红枣"一段扮演了一个角色，而大家反映，在同舞的几个人中，她动作最好看。我的这种表扬，是发现式的表扬。这种表扬绝不会给她拍马屁哄小孩的感觉，因为我通过表扬使她对自己的认识前进了一步，看到了自己还有舞蹈潜能。表扬有个动机问题。如果表扬仅仅是为了哄孩子高兴，以便他听我指挥，那是比较庸俗的。表扬的真正目的应该是使学生提高自我认识水平，增强自信心。

表扬要真诚。过头的表扬就成了讽刺，被表扬者会有被愚弄的感觉，那是很不好的。不过，表扬中可以有提高式的引导。比如某同学在排座位时把好座位让给了一个爱计较的同学，在他本人，可能觉得无所谓，教师却可以表扬他顾大局、能谦让。这样的表扬不属于夸张，但对他本人是一种提高，他认识到了自己优点的实质，就可能在更自觉的基础上去发扬它。

所以，不应该把表扬看作静态的确认事实，发布新闻，而应看作动态的教育过程。

表扬可以分两类。第一类是所谓"官方"的表扬，教师以领导者的身份出现，郑重其事地表彰学生合乎国家有关规范的优点。第二类表扬则有私人赞许的性质，教师以学生的朋友或近似朋友的身份出现，对学生的优点表示由衷的欣赏以至钦佩。两类表扬各有各的用处，但我觉得后一种更重要。在日常生活中，第二类表扬最好多用一些，因为经验证明，它更有人情味，常常能得到更令人满意的结果。前面我讲的跳芭蕾舞的例子就有私人性质，我的语气不像领导布置任务，而像朋友的私下劝说。有些学生对正式的表扬很害怕，甚至反感（怕招来嫉妒和讽刺），但对教师私人的赞许却欣然接受，几乎没有例外，可见这种方法的威力。

要警惕学生"表扬中毒"。教师、家长如果一味用夸奖的办法，什么都赏识，学生"嘴里吃的是蜜糖，耳朵里听的是颂歌"，久而久之，他就只能听赞扬，听不得一点批评了。他或者不夸两句就支使不动，或者目空一切，或者眼高手低，或者经受不起一点挫折……这就是"表扬中毒"了。这是教师的失误，是表扬中的短期行为造成的必然结果，不能单方面怪学生"骄傲"，"老虎屁股摸不得"，"抗挫折能力差"。迷信"赏识"的家长也会犯这种错误，而等他们发现自己失误的时候往往悔之晚矣，因为孩子已经很脆弱，一旦不能"人前显贵"就一蹶不振了，恢复信心相当困难。我们指导家庭教育常常遇到这种孩子，深感迷信赞美和迷信批评一样，可以把挺好的孩子毁掉。我们千万要注意：表扬也好，批评也好，都是为了帮学生更准确地认识自我（知己），既然如此，就必须实事求是。无论夸大他们的优点还是夸大他们的缺点，都会蒙蔽孩子，而教育者是不能蒙人的，咱们可不是大忽悠。

总而言之，表扬是一门很深的学问，值得认真研究的地方很多。目前研究的深度和广度还很不够，可惜的是静下心来研究的人很少，很多人轻浮地把表扬当一个广告来宣传，当一面旗帜来挥舞。希望班主任对此保持清醒。

最后我们来看一份美国教师总结出的表扬用语。

### 表扬孩子的101种方法

1. 哇                  2. 就这样干

3. 你很特别
4. 你是优异的
5. 非常好
6. 好极了
7. 好
8. 利索
9. 干得好
10. 杰出的
11. 我知道你能做好
12. 我为你感到骄傲
13. 超级巨星
14. 干得漂亮
15. 看上去很不错
16. 你是最棒的
17. 你很受欢迎
18. 你做到了
19. 多么聪明
20. 做得不错
21. 太出乎意料了
22. 太惊人了
23. 出色的工作
24. 你很漂亮
25. 你是个赢家
26. 你让我快乐
27. 好，好
28. 太好了
29. 你很重要
30. 你很有价值
31. 你很美丽
32. 你很迷人
33. 你已选准目标
34. 你正在实现自己
35. 你多么完美
36. 你很与众不同
37. 你使人很愉快
38. 很棒
39. 极好的工作
40. 让人满意的工作
41. 你真好
42. 现在没有什么能阻碍你了
43. 精力充沛
44. 你太棒了
45. 你让人敬畏
46. 你很宝贵
47. 非常棒的工作
48. 你发现它的奥妙了
49. 看，太好了
50. 伟大的发现
51. 你很有责任心
52. 你使人激动
53. 你很有趣
54. 你是真正的男士
55. 神奇
56. 了不起
57. 你在长大
58. 做得很好
59. 你很努力
60. 你完成了
61. 你是个好听众
62. 你是一笔财富
63. 你让我收获很多
64. 你是个好朋友
65. 太对了
66. 给你一个热烈的拥抱
67. 想象力太丰富了
68. 你掌握得很准确

69. 你很惊人
70. 你现在飞一般进步
71. 你真勇敢
72. 漂亮
73. 我喜欢你
74. 我崇拜你
75. 你很棒
76. 你真伟大
77. 不一般
78. 很称职
79. 为你喝彩
80. 你是与众不同的
81. 你很细心
82. 有创意
83. 成功属于你
84. 你照亮了我的生活
85. 做得极好
86. 那最好
87. 你创造了我的生活
88. 我爱你
89. 美好的分享
90. 你是我的全部
91. 你很重要
92. 你是我最棒的朋友
93. 你是个快乐的小精灵
94. 你让我笑了
95. 孩子，你是我的宝贝
96. 我相信你
97. 你很完美
98. 你很出色
99. 来个吻
100. 突出的表现
101. 请记住，一个微笑可抵一百句话

李希贵：《36天——我的美国教育之旅》，1版，60～61页，<br>华东师范大学出版社，2006。

中美两国文化背景不同，这些话语当然不可照搬，但是我觉得，他们是实实在在总结表扬用语，竭力避免表扬语言的简单化，这个路子还是值得借鉴的。

**【思考题】**

请回忆一周内您作为班主任对本班学生的表扬次数和情节，然后作一番自我分析，看表扬方式在您各种教育方式中占多大比例，您的用语是否单调，效果如何。

## 第七节 榜 样

教育界有一句流行语："榜样的力量是无穷的。"很多班主任不加分析地迷信这句话，用主题班会、黑板报、平日谈话等方式，大力向学生宣传正面榜样，效果常常很不理想，于是他们大失所望："不是说榜样的力量是无穷的吗，怎么对于现在的学生，榜样的力量是无用的？"

他们不知道，"榜样的力量是无穷的"这句话并非严格的科学语言。榜样的力量确实很大，但要有前提条件，绝不是说在任何情况下学生都会认同老师给他们树立的榜样。要真是那样，教育也未免太简单、太容易了，还需要什么专业知识？只要选几个榜样推荐给学生就行了。

而且，各位班主任要注意，在您给学生树立光辉榜样之前，学生的头脑中并非"榜样空白"。家长早就有意无意给孩子树立榜样了，小伙伴之间也早就议论过自己的崇拜对象了，传媒更是一刻也没有停止过给学生树立榜样，所以，教师推荐给学生的榜样，不过是孩子见到的"榜样系列"中几个成员而已，就像超市里琳琅满目的商品中的一两件，你怎么敢保证你推荐的榜样就最有竞争力？不错，青少年从来都是追星族，但是，他们追什么星，这可不是单单班主任能决定的。

所以，我们应该做的是，冷静研究一下，到底教师树立的榜样在什么样的情况下对学生影响最大。掌握了这个规律，才好恰当发挥榜样的作用去影响学生。榜样当然是班主任影响学生的一个重要手段，我们绝不能放弃这个武器，问题是要学会正确和巧妙地使用这个武器。主观盲目地向学生推荐榜样，学生不买账就怨天尤人，这相当于上战场抄起一把大刀就胡乱挥舞，砍不着敌人就抱怨刀非好刀。

**榜样在什么情况下比较容易被学生接受呢？**

1. 与学生的价值观比较一致

学生虽然年龄小，也有一定的价值观（中学），或者至少也有价值观的萌芽（小学）。这个价值观的底色一般来源于家庭影响。比如，某个学生的家长总是在家里用羡慕的语气和流口水的表情谈论大款，那么这个孩子的价值观就可能倾向于拜金主义，对于这种孩子，教师树立雷锋的榜样恐怕就没有多大作用，因为雷锋不是有钱人。古今中外的榜样形形色色，孩子总是会选择比较合乎自己价值观的榜样，而不一定认可老师的推荐，这一点都不奇怪。在这个问题上，教师常常是竞争不过家长的，所以教师没有必要把榜样教育失败的责任都揽在自己身上。学生年龄越大，越是如此。照这么说，难道班主任应该鼓动学生当大款吗？倒也不必。教育不能向不良价值观投降，但是我们可以灵活一点。比如向学生推荐比尔·盖茨做慈善捐款，这对崇拜大款的学生就是一种引导。我们不一定能改变一些学生的不良价值观，但是我们可以动摇它，让孩子多一种选择——你是做比尔·盖茨呢，还是做葛朗台呢？这其实就是对他们很大的帮助了。

2. 与社会风气比较一致

学校并非处在真空中，社会风气对孩子的影响常常大于学校。当电视上连篇累牍追捧歌星、竞选超女的时候，很多孩子以他们为榜样，而对班主任推荐的英雄人物表示冷淡或敬而远之，这也是可以理解的。那么教师怎么办呢？鼓励学生当追星族吗？当然不行。有意和电视台对着干吗？效果肯定不好。可以考虑的策略是对流行风气加以改造性的引导。要知道歌星和超女也不一定是坏人，他们往往也有一些优点和好品质，他们往往也努力奋斗过，这些东西，是可以用为教育资源的。同一个榜样，你看见他舞台上的风光，我却可以看见他舞台下的辛劳，你看到的是他的外表之帅，我却可以提醒你注意他的智慧。班主任只要不盲目跟着社会风气跑，也不盲目和社会风气作对，在榜样问题上还是可以有所作为的，这样学生比较容易接受。当然，我们不能因为有些学生冷淡雷锋就不加以宣传，只是宣传方式要有所调整，不要死板灌输就是了，不要喋喋不休就是了，不要期望值太高就是了。

3. 与学生的"重要他人"的看法比较一致

所谓"重要他人"，是指学生最敬重、最在意、最愿意倾听其意见的人。小学生的重要他人常常是长辈或老师，而中学生的重要他人则多是朋友。所以，教师所宣扬的榜样，小学生的接受程度往往高于中学生。所以，给中学生树立榜样，最好到同学中去调查一下，他们现在正谈论什么人，崇拜什么人，从中寻找教育契机。比如某班学生近来迷恋武侠小说，班主任就不妨选择一两个武侠小说中的正面人物推荐给学生，效果可能比较好。请各位班主任注意，常见的影视、文学作品不大可能公然宣扬假恶丑的东西，其中总会有一些可挖掘的正面教育因素，我们要善于运用它。当然，这种榜样很可能不如雷锋高大，但是，你只会宣传雷锋，学生抵触，可奈何？所以榜样教育必须从学生的实际情况出发，因势利导，不能只从教师的善良愿望或个人好恶出发。

4. 推荐榜样，而不是命令学生学习某个榜样

如果班主任的榜样教育带有某种强制性，或者给人以压力，学生会抵制的。反之，班主任若采取建议、推荐的态度，允许学生自主选择，效果会好一些。特别应该避免树立"压迫型"榜样。班主任在树立某个榜样的同时，用对比的方法批评学生，则不管这个榜样本身多么好，学生都会反感。这种榜样，我称之为"压迫型榜样"。比如我刚介绍完陈景润的事迹，话锋一转就批评本班同学学习不刻苦，结果可能使有些同学从此失去对陈景润的兴趣。切忌把榜样放在学生的对立面来宣传。

5. 通过学习榜样，能得到快乐

学生相信了班主任的话，向班主任树立的榜样学习，如果能得到真实的快乐，他会越学越起劲，反之，如果他学习了榜样却遭到了同学的讽刺，吃了很大的亏，或者费时费力发现自己毫无希望，离榜样越来越远，他就会泄气。所以，我们不要总是树立高不可攀的榜样，不要让上进的同学遭到过多打击，要让他们感受到同学的支持（光有老师的支持不够，特别是中学生）和个人精神提升的快乐。要让学生明白，给明星当粉丝得到的并非真实的快乐，而只是一种虚拟的快乐（替人家高兴）。超越了自我，做到了自己原来没有做到的事情，才是真正的快乐。从这点上可以说，人也可以拿自己做榜样，用曾有的成功鼓励自己获得更大的成功。

以上说的是什么样的榜样学生比较容易接受。还有一个问题是特别值得一提的，就是班主任本人的榜样作用，即所谓以身作则。

教师没有反对以身作则的，可是我发现许多班主任对这种榜样作用的

理解相当狭窄。我听过许多班主任介绍经验。在谈到以身作则时，一般都是：让学生七点到校，教师六点五十到，风雨无阻；早锻炼让学生跑四圈，教师虽年老体弱，也坚持完成四圈；要求学生写字认真，教师的板书先做表率。都是这类的事。然而，他们常常在另一些重要的事情上给学生做了不良的榜样却不自知，这是令人遗憾的。比如说：挖苦、讽刺学生，是做了不尊重人的坏榜样；随便打断学生的话，或者学生说话根本不注意听，是做了不遵守人际交往规范的坏榜样；为一点小事就发脾气，是做了不善于控制情绪的坏榜样；天天皱着眉头，难得有笑脸，是做了心理不健康的坏榜样；总是看学生缺点多、优点少，是做了思想方式片面的坏榜样；只按主观想法说和做，很少站在学生的立场上考虑问题，是做了不善于将心比心的坏榜样。如此等等。

我们不应该把以身作则只看作带动学生的手段，而应该看成教师的本色。教育如果不与教师的自我教育相一致，就不是真正的教育。教师不刻意给学生做榜样而不知不觉地起了表率作用，是最理想的。

有的老师说："我这么认真地教，学生却不好好学，我做表率有什么用？"教师认真教，他做的是努力工作的榜样，而不是努力学习的榜样，教与学不完全是一回事。教师要想真的给学生做努力学习的榜样，就得有不断拓展知识的愿望和行动，也就是要有点学者气质，要扮演好"学习者"的角色，否则学生就可能感觉您是一个"学习监工"。一位班主任，除了应付眼前工作的必不可少的知识以外，并没有表现出心灵对知识的渴望，如此怎能要求学生热爱学习？

远在天边，近在眼前。班主任千万不要只是从书本上找来古今中外的名人给学生做榜样，请别忘了您自己时时刻刻在给学生做着榜样。

【思考题】

请选择一个学期为例，总结一下，您作为班主任，一共给学生树立了哪些榜样。编一个"榜样花名册"，然后分析一下，效果如何，经验教训是什么。

## 第八节　集体舆论

前面几节谈到的班主任影响学生的手段（定规矩、评比、批评、惩罚、说服、表扬、榜样）都属于"显性武器"，班主任可以大大方方地公开使用这些武器。从这一节开始谈到的几种班主任影响学生的手段（集体舆论、师爱、威信）则不同。它们虽然作用并不亚于前面七种武器，却不宜公开使用，因为它们属于"隐性武器"。最好让它们悄悄起作用，公开使用效果未必好。

本节先谈集体舆论的作用。

某同学屡犯错误，而这个同学又是不得人心的、大家对他比较有意见的，而且是老师教育不大管事的，遇到这种情况，班主任就有可能调动集体舆论批评他。大家七嘴八舌，你一言我一语，有谴责的，有揭老底的，有表示义愤的，有劝诫的，总之给这个学生一种感觉：你要再不改，就可能"没人理你"了。人很少有不怕孤立的，青少年尤其害怕失去朋友，所以班主任这一招有时有奇效。

这显然是在有意识地调动集体舆论影响学生。

如何评价这种做法？

集体舆论作用确实重要，是一种武器，但属于"隐性武器"，最好让它自然发生作用。此种武器班主任不宜当众挥舞，否则有操纵舆论的嫌疑。

从某种意义上可以说，舆论之所以有不可替代的作用，就是因为它的"民间性质"。有些学生并不害怕"官方"的批评，甚至连处分都不在乎，但是他们却害怕同学的私下议论，这才是舆论的威力所在。班主任站出来公然调动舆论批评学生，一下就把舆论的最大优势（民间性）给抹杀了，实际上可能把这个武器毁掉。孩子年龄小的时候，老师说什么是什么，跟着老师的指挥棒起舞，班主任就以为"民心可用"了，殊不知孩子年龄一大，要让集体舆论和班主任保持相当程度的一致，就不容易了，很多班主任根本做不到这一点。你发动同学批评一个人，大家不表态，或者勉强说两句，不疼不痒，或者课上说了几句，课下偷偷去道歉。总之班主任常常左右不了舆论，于是这个武器就用砸了。所以，聪明的班主任运用舆论武器教育学生，尽可能间接使用，引导而不带领舆论，至于公开摆阵施加舆论压力，就更要慎重了，没有相当巩固的群众基础，切不可贸然行事。

运用集体舆论教育学生，班主任有一个常用语，"不要给班集体抹黑"。这个口号很有研究价值。拙著《寻找素质教育的感觉》曾有一篇文章专门讨论这个问题，下面是摘录。

"别给班集体抹黑"是许多教师的口头禅，而且被认为是集体主义教育的重要内容。

我想这种说法也还是需要的，但说多了就不好了，应该大大减少。

这种教育是外部控制型的，靠舆论压力"管"学生。时间长了，学生有大量的他律道德的体验，却严重缺乏自律道德的体验，于是他们的道德水平就不能顺利地从他律道德过渡到自律道德。老师和家长其实都知道孩子的这种毛病，总是埋怨孩子"不自觉"、"长不大"，但他们不晓得，这正是"集体舆论"过于强大的结果之一。教师的本意是通过集体舆论促进学生道德发展，做得过了头，就起了相反作用，阻碍了学生道德的发展。

这种教育是消极防守型的，它侧重告诉学生"你不要做什么"或者"别人做什么你也好好做"，如此就可以"不给班集体抹黑"了。它总是要求学生自我约束（这也是很必要的），却很少引导学生自我发展。所以孩子就总结出了经验，要做好学生，听话就行，少出圈最好，否则"出头的椽子先烂"。这对培养孩子的创新能力显然是极为不利的。

这种教育是非主体性的。它不侧重孩子自身的道德体验，而引导孩子注意"别人在干什么"，因为，只要和别人保持一致，就能保证自己的安全。于是孩子小小年纪就学会了见风使舵、察言观色，道德方面的晚熟与世故方面的早熟相映成趣。这种从众心理、盲从心理非常危险。

这种教育容易流于形式主义。它注重外表的一致而忽视学生内心的真实想法。它的逻辑是：只要"协力"，必然"齐心"；只有"齐心"，才能"协力"。其实，在多数情况下，"协力"未必"齐心"，"协力"也不见得非"齐心"不可。明明不"齐心"，非要"统一认识"，明明不"协力"，非要装出一副"协力"的样子，这就必然造成学生的虚伪，造成所谓"两面派"。道德教育却导致了非道德的结果，这大概是主持者始料不及的吧？

特别值得注意的是，这种"抹黑"论很容易成为压制不同意见的借口，因为教师有很方便的条件，可以把个人的愿望说成是"班集体的利益"。学生若有不同的意见，立刻就可以扣上"给集体抹黑"的帽子。要知道，我们的口号是"集体利益高于一切"，谁不怕背上反对集体的罪名呢？于是校园民主就很难落实了。

我常常怀疑，有些老师的所谓"集体主义"教育，骨子里其实是"小团体主义"教育。我们确实见到不少这样的事情：在学校是卫生标兵，在大街上却乱扔果皮。为什么？因为在大街上没有值周生检查，不会给班集体"抹黑"。如此双重标准说明正确的道德观念并没有内化为学生的人格，道德走向反面，成了道德表演。这种所谓的"集体主义"其实包含了最狭隘的、最怯懦的个人打算。"集体主义"的教育却得到了自私自利的结果，这也是主持者始料不及的吧？

集体舆论不但可以阻止学生做错事，也可以引导学生做好事，大家都说这样好，你可能很自然地就这样去做了。舆论是班风的重要方面，但是如何形成某种舆论是很复杂的事情，绝不是班主任经常赞美什么，学生就赞成什么，班主任经常批评什么，学生就反对什么。我宁可相信，一个班的集体舆论，是师生价值观互相碰撞的结果，是班级各个小群体价值观互相整合的结果，还有校风和社会风气作为其背景，班主任在其中究竟起多大作用，与他的人格、个人魅力和能力有关，差别是很大的。很多班主任都抱怨自己的班没有正气，这种情况不能轻易断定是怪学生还是怪班主任。经验告诉我们，引领舆论需要很高的素质，不是每个班主任都能做到的。

有人主张"巧妙地将教师本人对某一学生、某一事件的褒贬转化为集体舆论对之的褒贬"，我对此有些疑虑，这就有"人治"的味道了。实际上这是要求学生用教师个人的道德眼睛观察世界，把学生一个个变成教师的化身，像孙悟空揪一把汗毛变成一帮孙悟空那样。这种复制实在太难了，即使真的能做到，我也认为不妥。我并不能保证自己对班级事情的褒贬绝对正确（事实上班主任经常出错），所以，我不能要求学生和我保持一致。一个班级有多种声音才正常。我只希望多数人的看法比较合理，至于是否和我的想法一致，倒不是最要紧的。比如我不喜欢一个学生，同学们却说他不错，我就不应急忙劝说同学接受我的意见，而应先去听听他们的看法。如果他们说的也有道理，我就要调整我的看法——我可能有偏见。如果我坚持引导学生和我保持一致，就可能是误导舆论了。放弃舆论引导和舆论误导，都是我们应该反对的。

在本节最后，我们再看一个关于舆论的案例。

【案例】

我在学生面前哭了

那一天，我在学生面前号啕大哭。

原因其实很简单。一个学生上课时将英语老师气走了，英语老师来找我，正赶上又有一个家长来家访，于是最后一堂语文课我便让学生自习。结果，等那位家长走了之后，我到班上，一片喧哗声。

我突然想起这两个月来我在班上所付出的一切：比任何一个班主任都早到，比任何一个都晚走，关心学生的衣食住行……可是最后的结果竟然是这样！

我开始向学生发火，可是才讲了一句话，我的泪就不由自主地下来了，于是我干脆一股脑儿将我这个月来所有的付出与收到的不公平的回报讲给学生听，慢慢地有学生同我一起哭起来，开始只是女生，后来竟然有男生……而事情的最后，大部分的学生都没有去吃午饭，直到我吃了为止。

事情并没有这样就结束。中午的自习课，班上有四个最调皮的男生红着眼睛来向我道歉，事后我才知道这不光是他们愿来的，更是全班集体舆论的结果。当时我特别激动，看看红着眼睛的他们，心又软了。

到了下午第一节课，班长又过来了，递给我一张纸条，上面有全班同学的签名，"老师，以后我们再也不让您操心了"，后面是一句大大的英语"US LOVE YOU"（由于他们是初一年级，所以语法有错误）。看到了这句话，我的泪又下来了。

从那天之后，班上的纪律明显有了好转，每个班委都知道尽自己的全力去管理好整个班级。

于是，我便想：这种让学生也知道老师情感的方法是否可以用到教育教学中去？当然我不是说一定要去大哭一场，而是让学生进行情感迁移，体会老师的心情，然后调整自己的行为。有时候教师完全不必要将自己装得非常神，可以让学生知道老师也是一个人，也是有情感的。兴许这也是一种管理方法。

很不好意思，兴许丢了教师"师道尊严"的脸了。

K12·班主任论坛，漂流萍

我不赞成这种办法，因为这样一来班主任就在某种程度上成了"精神乞丐"，也就是在学生面前做可怜状，以博得学生的同情。这完全没有专业技术含量。这样做了之后，班主任的业务能力并没有任何提高。这种做法，用在小孩子身上或许还有些效果，高年级这么办，恐怕学生会反感。教师在学生面前固然不必端着架子活着，但是也要尽量避免失态。明明这是班主任心理不健康、情绪失控的表现，还要把它说成一种管理方式，愚以为欠妥。同时，这也是班主任公然调动学生对老师的"爱"来控制学生，也属于武器使用方法不当。舆论不可以这样引导的。

【思考题】

针对班里发生的一件比较典型的事情，做一次民意测验（可以无记名写小条），然后进行分类，看看学生的反应与班主任的预测是否一致，为什么。并想一想，以后怎么办。

## 第九节 师 爱

爱本不是手段，也不是武器，但是爱确实可以影响人，而且影响力很大，所以你就会看见，每当班主任写总结或介绍经验的时候，都会大谈特谈师爱——爱能融化坚冰，爱能点石成金，于是师爱俨然成了一种武器，而且是常规武器。

其实，到底什么是师爱，恐怕很多班主任并未认真想过；甭说师爱，就连"爱"这个词，在很多人心中的含义也是若明若暗的，怎么理解的都有。这与汉语"爱"一词的笼统性和模糊性有很大关系。请看台湾大学哲学系教授傅佩荣先生的论述。

"爱"这个字在希腊文中有三种不同的写法，以 Philia、Eros、Agape 三个字为代表，分别指涉三种不同的情怀。一般人比较熟悉的应该是 Eros，其形容词是 erotic，中文一般翻译为"情色"。

Eros 是指"情爱"，代表一种出于本能的感性冲动及浪漫的情怀。它是人类与生俱有的。一个人有情爱的欲望是正常的，因为若没有这种能力，两性就不可能结合而且繁衍后代。Philia 则是"友爱"，它和 Philoe 是同一个字根。第三种爱叫作 Agape，代表了"博爱"，也就是宗教里面所讲的无私的爱。

在中文里，"爱"这个字往往显得浮泛，因此需要特别标明是友爱，情爱，博爱，或者是亲子之爱，夫妻之爱，家庭之爱，国家之爱等，借此加以分别。在希腊文中则是直接使用不同的字，以避免让"爱"这个字混淆了，因为爱有很多种，譬如：有些人为了爱，可以牺牲奉献；有些人为了爱，执著地要去杀人或自杀；也有些人为了爱，达成自我实现。

哲学所谈论的"爱"，重点在于"友爱"。友爱是温和而理性的，从互相欣赏与尊重开始，进而彼此砥砺，一起走上人生的路。换句话说，一个人在爱好智慧的时候，并不是一种Eros，好像男欢女爱一般，狂热到不能静止，也不是Agape那种泛爱一切、没有任何差等的博爱（宗教里面喜欢强调博爱，譬如佛教有一句话，"无缘大慈，同体大悲"，这即是博爱的意思。如果你对一个毫无关系的陌生人好，就叫作无缘大慈；相反的，对自己的兄弟、同学好，则叫作有缘小慈。举例来说，当土耳其发生地震时，你捐钱给他们，这是无缘大慈，因为你完全不认识土耳其人，这样做是出于一种宗教情怀。然而，如果你捐钱给"9·21"地震的南投灾民，则是介于大慈和小慈之间，因为我们都生活在同一个岛上，因此能够深刻地感受到有一种共同命运），而是Philia，一种温和而理性的爱，是我们对于智慧采取比较正确的态度。

傅佩荣：《哲学与人生》，2版，3页，东方出版社，2006。

因为"爱"字在汉语中含义比较模糊、浮泛，所以我们就容易把什么都解释成"爱"，所谓"打是疼，骂是爱，喜欢急了拿脚踹"。在我国，最流行的是缺乏尊重的"爱"。比如家长，谁不爱自己的孩子？但谈到尊重，那可就难说了。包办婚姻的家长，主观上也是爱孩子的，但他们毫不尊重孩子的感情，爱与尊重脱节了。再说教师，缺乏尊重的爱在教师中也极普遍。因为我爱你，我是为你好，所以我训你时，无论怎样与事实不符，语言不雅，你都得接受；因为我爱你，所以只准我批评你，不准你挑我的毛病，你也甭管我态度如何，否则你就是没良心，白眼狼；因为我爱你，所以我总是有理。你看，互相尊重没有了，平等的师生关系没有了，只剩下教师的"爱"飞流直下，砸在学生的头上。爱成了进攻性武器，成了教师免遭学生反驳的温柔的盾牌，成了阻碍教师反思和自求进步的羁绊。有的老师一贯用简单粗暴的方式对待学生，他的辩解就是"我这是为学生好！"一句话挡住了所有的批评，但此话不通。您爱学生，不等于您的言行没有失误，这是两码事。再说，一个真正爱学生的老师，必然严于律己，宽以待人，必然对自己的失误十分敏感和内疚，而且会尽快改正。若一味固执己见，那恐怕只能说明一个人的爱不够纯净，含着杂质，也就是说，你与其说爱学生，不如说更爱自己。这种爱，我们可以称之为居高临下的爱，强加于人的爱。

还有些教师和班主任有意无意地把爱看成一种投资，付出爱就要求回报，而且要求很高的回报率。比如，某位老师某日下午把学生领到多媒体教室看动画片，看了好长时间，晚上布置的作业比平日少得多，她就以为这是对学生的"爱"，学生该感激不尽，充分回报。结果却出乎意料，有的学生连这么点作业也没做。老师大怒："气死我了。这帮学生真是不领情！"然而一打听，原来这几位没有完成作业的同学并非初犯，也就是说，他们学习习惯有问题。一种不良习惯能通过老师的一次"示爱"就改正过来吗？这位老师没有思考过这个问题。她把事情想得太简单了。此事与其说是学生不领情，不如说是教师对学生"回报"的期望脱离实际了，把"爱"的作用估得太高了。我们可以称这种爱为投资型的爱。

还有很多校长、教师以为师爱能解决一切问题，成了一种迷信。我们来看一个案例。

【案例】

### 想用一颗真心来挽回农村学生的玩心

现在的农村学生变得越来越不懂事了。以前我的老师常对我说：我们农村的孩子早当家，比别人要早懂事的，也有志向。可如今的大多数农村学生，家长都不在身边，家庭教育早出现了问题。他们不懂事，也没有上进心，还贪玩。这给教育带来了很大的一个难题。要想改变目前农村教育现状，一时两下也是不可能的，国家应推出相应的政策，为农村学生今后的发展提供保证。

K12·班主任论坛，孤村教师

### 回孤村老师

"想用一颗真心来挽回农村学生的玩心。"（此句有语病，姑且用之）

请问孤村老师，细想过这句话吗？

孩子的家长对孩子恐怕都有"真心"吧？为什么"挽"不回孩子的

"玩心"？

为什么家长用"真心"挽不回的东西，教师一出手，用同样的武器，就应该解决问题呢？道理何在？机制何在？

"真心"是人人都可能有的。如果"真心"就能解决问题，教师的专业知识还有什么用处呢？有"真心"不就够了吗？

这样想下去，恐怕只能得出一个结论：解决孩子的贪玩问题，光有"真心"是绝对不够的，"用真心挽回玩心"，只不过是教师一厢情愿的幻想而已。

"玩心"是一个很复杂的问题，不能笼统否定，所以关键并不是教师有没有"真心"，而是有没有教育智慧。

"真心"代替不了智慧。

可惜，这样想事情的校长、班主任还不少，他们竟然一厢情愿地以为，只要我爱学生，使劲爱，不断加温地爱，学生就都能变成我希望的那样。天下哪有这样方便的事情！这样想，太缺乏科学精神了。

如果我们科学地、实事求是地思考问题，就会发现，有些问题是用师爱能够解决的，有些问题师爱只能为解决问题打个基础，创造一种心理氛围，还有一些问题则是师爱解决不了的，必须采用其他教育方式。

比如，我们可以从个案角度谈谈师爱的作用。

学生中出现的个案问题，可以分成品德型、认知型、心理型、习惯型几个类别。哪种类型的问题用师爱的方式可以解决呢？据我的经验，只有心理型中的"情感性"问题可以用师爱解决，其他都不行。一个孩子因为家庭等原因严重缺乏关爱，同时他并没有品德问题，对事物的认识也没有很大偏差，也没有严重的不良习惯，只有这种比较单纯的情感问题才可以通过师爱加以解决。现实生活中这种例子并不多。有些学生品德有问题，价值观扭曲，师爱只能使他比较容易听进班主任的话，并不能保证他改变价值观。比如很多偷东西的学生，教师采用"爱"的办法是不会使他们收手的，你感动不了他。这种例子很多。认知型的问题更是师爱解决不了的，因为师爱是情感，情感不能解决认识问题。一个学生在某件事上不明白（比如他不懂为什么中国人非要用这么大力气学英语，自己将来也用不到），则班主任无论怎样爱他，都不能把他"爱"明白。认知问题显然需要用认知手段解决。至于不良习惯，要调动多种手段，靠耐心的行为矫治来解决，师爱只能造成一个解决问题的有利氛围，并不能直接改变这个习惯。比如学生不注意听讲，班主任就向他"示爱"，他大受感动，于是上课控制自己，比较注意听讲了，班主任就误以为问题解决了，爱的力量果然伟大，结果没过两天，学生旧病复发，教师就失望了。其实这是很正常的，说明爱的作用只有这么大，爱的作用发挥完了，学生本人的习惯就又顽强地恢复了。可见光有爱不能解决这个问题。

在我们通常的教育教学工作中，"爱"的概念是相当表面化、模糊、笼统和混乱的。我们似乎总是希望爱尽可能张扬、外显、狂热，而不分青红皂白，不考虑它究竟是哪一种爱。什么是"师爱"？我们也没搞清楚。好像只要教师流下眼泪，学生痛哭流涕，或者师生哭作一团，就是爱了。

其实师爱是一种职业的爱，而不是私人的爱，师爱应该是理智的，温和的，广博的，无私的。按照这种标准，我们很多班主任所宣扬的对学生的爱就太情绪化了，太私人化了，太功利化了。

总的说来，师爱也是一种"隐性武器"，最好让它静悄悄地、润物无声地发挥作用。小爱多彩，大爱无痕。如今很多班主任的师爱像是爱的表演，我看这是一种浮躁。

爱是艺术，接受爱也是艺术。两者都需要学习。人们常常不善于爱别人，也常常不善于接受别人的爱。我曾在学生的一篇作文中看到这样一件事：他爸爸过生日，自己忘了，他妈妈却记得。晚上下班妈妈兴冲冲地买回一盒生日蛋糕，他爸爸见了，不但不表示感谢，反而埋怨他妈妈不会过日子。妻子大怒，把蛋糕摔在地上，奶油四溅。二人大吵起来，直到邻居来了才劝住。这位丈夫不善于接受妻子的爱，把好端端的生日弄得如此狼藉。教师也有这类事情。过年了，学生满怀爱心送老师一张贺卡。老师接过来看都不看，往办公桌上一扔，板着面孔道："给我这玩意儿有什么用！你考个好分数比什么都强！"多么扫兴！难道学生对老师的爱都必须兑换成考分老师才能接受吗！家长、教师尚且常常不善于接受别人的爱，学生缺乏这种修养就更不难理解了。因此，教师遇到学生不接受师爱的情况，万不可斥责学生不知好歹、不识抬举，也不必寒心、灰心，应该耐心地加以解释。若学生还不明白，就要等待，允许学生慢慢学会。有一次，一个学生上课看连环画，我去制止他，他竟白了我一眼，说："我又没影响别人！"我笑了，小声对他说："是啊，你确实没影响别人。那我为什么要管你呢？你想想。"他坐在那儿发愣。我凑到他耳边说："因为你影响了你自己呀！我是希望你多学点东西呀！"他的表情为之一变。这类事我遇到过多次。我们一定要通过这类具体的事情，教会学生与人沟通，教会他们接受爱的本领，这是教师义不容辞的任务，属于德育的一个部分。

准确地领会师爱，恰当地表达师爱，相信师爱的力量而不迷信它，用教师专业人员的眼睛看待师爱，而不是盲目跟着电视节目里爱的呓语起舞，这就对了。

【思考题】

请结合一两个案例，实事求是地谈谈您对师爱的看法。

## 第十节　威　信

威信也是班主任影响学生的重要手段。

班主任都知道，威信太重要了。同样一句话，你说了不顶事，换一个威信高的老师说了就灵，你说气人不气人？学生好像是"看人下菜碟"的，欺负有些老师，欺负青年教师，所以班主任工作遇到很大阻力时，就会对威信特别敏感。

不过，我感觉他们中的不少人思路有毛病。当发现自己威信不高、说话不灵的时候，他们的第一个反应不是想想自己，而是怒气冲天。怨传媒给教师抹黑，怨教师社会地位低，怨上级不重视教育，怨自己年轻，怨校长不给自己撑腰，怨同事拆自己的台。似乎这些问题解决了，他的威信就一定会很高，说话学生也就必听无疑了。还有的班主任看见别人的威信比自己高，不去仔细研究人家的优点，却说风凉话："不行啊！我哪有人家会拉拢人呀！""咱们死心眼，公事公办，当然得罪人喽！""学生势利眼，我有什么办法！"这些话也可能有些道理，但是对提高自身威信并没有用处。

我们首先应该搞清楚，班主任的威信从何而来。

班主任的威信，主要有三个来源：

第一，人格魅力。

第二，职务权力。

第三，专业能力。

班主任首先是一个人，他的个人魅力，是作为班主任有没有威信的人格背景。如果他作为一个人不能讨人喜欢，不能让人有所钦佩，那么他作为班主任也难有威信。

学生最重视班主任人格魅力的哪些方面呢？据我的经验，主要有以下这些：

亲和力。亲和力强的班主任有孩子缘，他能很快和孩子缩小心理距离，打成一片。这与天生的性格有关，也与后天的学习有关。

善于倾听。一般成年人都不认真倾听孩子说话，所以孩子不喜欢他们。教师必须是成年人中最喜欢听孩子说话（包括胡说）的人。

善于站在孩子的角度想事情（换位思考）。这也是一般成年人的弱项，他们总是很自我中心，所以孩子不爱理他们。

公平、公正。孩子当然不佩服偏向的人，学生对成年人（包括家长和教师）是否公平、公正是很敏感的。

温和。孩子心灵比较娇嫩，所以他们都不喜欢严厉的成年人，年龄越小越是如此。

宽容和耐心。犯错误可以说是孩子的专利，对此没有耐心的成年人很难容忍，他们忘记了自己小时候曾经多么可气。所以，只有成年人中最有耐性、最宽容的人才适合做教师。急躁的人做教师，师生都痛苦不堪，教师很难有真正的威信。

诚信。说话必须算数，否则孩子不佩服你。

乐观、开朗。太内向的人不适合做教师，因为教师是一种需要主动与孩子沟通的职业。今日的孩子甚至喜欢有些张扬的老师。

幽默。幽默的教师不乏味，学生喜欢。可惜现在教师有幽默感的人很少，总是一张"教育脸"。

漂亮。今日学生受传媒的熏陶，对教师的身材、外貌越来越关注，这也可以算人格魅力的一个侧面。当然，此事属于木已成舟，不大好进修，但是教师适当注意着装，适当化妆，学生还是欢迎的。不要太古板。

以上说的是班主任威信的第一个来源：人格魅力。

班主任威信的第二个来源是职务权力，也就是他的教师身份、班主任身份带来的某种"威慑力"。"我是班主任，我手里有点权力，学生就不敢不听我的，家长就不敢怠慢我"，很多班主任其实主要是靠这一条维持自己威信的。这种班主任的特点是热爱权力，当他们威信降低的时候，他们首先归因于手中权力太小，在他们心目中，权力和威信是成正比的。其实，"乌纱帽"带来的威信是临时的，身外之物，靠不住的。为什么有些优秀教师不当班主任了，仍有很高威信？为什么许多学生毕业很久了，班主任早就不是他的"顶头上司"了，仍然会常常看望当年的班主任，而且遇事愿意听听老师的意见？因为这种班主任在学生心中有真正的威信。这种威信来源于班主任本人的内在品质和能力，而不是外部赋予的权力，不是"乌纱帽"。

班主任威信的第三个来源是班主任的专业能力——教育能力和教学能力。经验告诉我们，如果班主任教育教学能力不强，则不管他脾气多么好，他的威信也不会多高。学生可能不和你作对，但是不听你的。这就好像医生一样，你确实能治好病人的病，人家才愿意找你就医，不然，你就是服务态度再好，病人也不去找你，你服务态度若不好，那就更甭说了。有专业能力才有专业尊严，才有真正的职业威信。

但是，光有一份专业技术职称证书并不能证明你真的有专业能力。什么是真正的专业人员？外行人不懂的你懂，外行人不会做的事情你会做，外行没有办法的时候你有办法，这才叫专业人员。可是你来看看许多班主任，他们的教育方法专业吗？表扬，赏识，批评，惩罚，检查，评比，关心，爱护，打电话请家长，这些谁不会？还有他跟学生讲的那些大道理，基本上是陈词滥调，多数家长也会说的，很多家长比教师还会说。这算是专业吗？我经常接触班主任，我发现，他们中的大多数人，教育学生的思路并没有多少专业色彩，和常人的"管孩子"并无多少区别。

几乎所有班主任都感到了专业知识不足、专业能力不够的危机，可惜许多班主任（校长带头）应对这种危机的策略是完全错误的。最常见的办法是"专业不足权力补"，他们把权力的作用发挥到极致，拼命对学生搞"管卡压"，想以此达到教育教学目的。这实际是饮鸩止渴，典型的短期行为。越这样，班主任的威信越流失，因为此时他已经沦为"教育监工"、"教育工头"了，还剩几分"专业"形象？还有的人则不停地埋怨和诉苦，变成可怜人了。

班主任威信很重要，但是我不主张过多谈论它，因为威信不是谈上去的，威信是自然形成的，不能追求它。"树立威信"和"保持威信"的提法，都有毛病。威信不是树起来的，也没法人为地保持。人心是杆秤，别人对你的看法如何，关键不在于上级怎么"树"，而在于你到底是什么样的人。领导运用某些方法（如表扬、奖励、宣传等），的确也可以使某人的知名度迅速提高，但盛名之下，其实是否相副，还在自己。个人采用某些方法，的确也可以在短时间内博得周围人的赞许，但最终的评价，还要看你的德与才。真正有威信的人并不把威信放在心上，他只是老老实实地说下去，做下去，而念念不忘个人威信的人，却有可能使人怀疑他的动机。人生活在稠人广众之中，不注意周围人对自己的评论，不据此适当调节自己的言行，率性而为，我行我素，那当然不行，但是过于重视周围人对自己的每一个反应，一心想让大家都说自己好，生怕失去人家的好感因而影响威信，那也不行。瞻前顾后，左顾右盼，捉襟见肘，穷于应付，费尽心机，反而可能得罪更多的人。应时代之要求，为学生的发展，根据班主任自己的特点，走自己的路，坚持不动摇，你的威信就会逐渐提高。

我要是当校长，我就不多谈教师的威信，而把工作重点放在切实提高教师的水平上。比如某教师因为经常挖苦学生而威信降低，我就着重帮他改掉这个缺点，否则我在学生面前无论怎样替他"树"，他的威信也起不来。我若是这位老师，我也不去抱怨学生不听自己的话，而是切实地改正自己爱挖苦学生的缺点，否则我再怎么怨天尤人，威信也提高不了，若靠摆架子唬人，威信更会下降。

我可以谈谈自己当年的做法。我年轻时，只要发现哪位老教师威信高，我就一声不响地观察他的工作，询问学生为什么佩服他，暗中向他学习，以提高自己。比如，我发现许多学生都佩服说话算数的老师，对言而无信的教师大有意见，而那时我自己常犯说话不算数的毛病。仔细想起来，我并非存心骗学生，而是有时心血来潮，脱口而出，事实上根本做不到，说完就忘了。学生是"给个棒槌就当针"，在那儿等着兑现，结果自然失望。下次我再说什么，人家就不信了。我后来就竭力注意说话掌握分寸，不走火，费了不小的力气，才有较大的进步，这样一来，威信自然有所提高。

我发现自己的威信有所下降时，就赶紧明察暗访。我不谈威信问题，只问学生什么地方不佩服我。有一件事我印象很深，一个大个子男生，本来对我很敬重，后来见面不理我了。找几位察访，才搞清楚，原来是我漫不经心地对他的哥们儿说他太散漫，这哥们儿把话传给他，他就认定我是在挑拨他们之间的关系，一下子恨上我了。这学生直到毕业，和我的关系一直未解冻，而我那时年轻气盛，又不愿向他承认错误，时至今日，想起来仍很痛心。从那以后，我就特别注意，绝不在一个同学面前说另一个同学的坏话。当然，我并没有完全做到这一点，但我尽了最大的努力。我想，这对提高我的威信大有好处。

总而言之，建立威信的关键是反思自我，切实提高自身的人格魅力和专业能力。威信也是一种"隐性武器"，最好让它悄无声息地起作用，而不要拿来挥舞。

本章论述的是班主任影响学生的常规手段：一，定规矩；二，评比；三，批评；四，惩罚；五，说服；六，表扬；七，榜样；八，集体舆论；九，师爱；十，威信。

这十种手段，我是按什么顺序排列的呢？

我是按先显性、后隐性，先多后少的顺序排列的。前七种手段都是显性手段，后三种是隐性手段。无论显性还是隐性，我都把使用频率高的手段放在前面，使用频率低的手段放在后面。这种排列顺序是否准确，我并没有很大把握，我是凭经验大致估算的。

需要特别指出的是，这些手段应该有选择地使用，对症下药地使用，综合运用，常常需要出"组合拳"、"套拳"。不要迷信其中任何一种手段，不要"单打一"地使用某种武器。班主任只有十八般武艺样样精通，才能成为优秀的专业人员。

【思考题】

建议您通过政教处（不要亲自做，以免学生说话有顾忌）用问卷察访等方式，调查一下自己的威信状况，看看学生对自己有哪些不满意的地方，酌情加以调整。一个学期之后，再调查一遍，看情况有没有变化。

# 第三章 班主任的类型

上两章我们讨论的是班主任的角色要求和班主任影响学生的手段。班主任对自己的角色期待不同,他常用的影响学生的手段也不同,各自有所侧重,有所偏爱,由此,就形成了不同的工作风格,形成了班主任的不同类型。本章讨论的是不同类型班主任的工作特点和利弊。

迄今为止,我很少见到给班主任分类的。行政人员、专家学者们在指导班主任工作的时候,差不多都是统而言之,好像他们的指导语对一切班主任都适用。这不符合"因材施教"的原则,不符合"分类指导"的原则,不符合"具体问题具体分析"的原则。这也是我们的班主任工作研究长期进展缓慢的重要原因。众所周知,分类是科研的基本方法,不分类是很难深入研究的。

## 第一节 "班妈"型 "班官"型 鼓动家型 领袖型 导师型

### 一、"班妈"型

这种班主任主要靠"爱心"来工作，给自己定位的主要角色是学生的"准妈妈"。其中自然是女老师为多，但也有一些男老师情愿做"班妈"，这与传媒铺天盖地的"爱的呓语"有关，也与学校教师女性优势有关。

这种班主任总是把"爱"的旗帜举得高高的，把爱的气氛搞得浓浓的。无论遇到什么问题，他们都诉诸感情，求助于"爱"。他们活脱是"亲妈"，眼巴巴地盯着一帮儿女，喜怒哀乐搅成一团，师生关系类似亲情关系。

这种班主任领导下的班级，其班风是情绪性的，一切都围绕师生关系旋转，各种活动主要靠"爱"来推动。如果弄得好，班级会显得很团结，多数学生与老师的感情保持一致，听老师的话。但因为教师对学生的爱极难做到绝对平均分配，其中不可避免要夹杂教师个人好恶，所以这样的班级里，学生之间常常会发生争夺班主任之爱的矛盾，类似兄弟姐妹争宠。若遇到一些对班主任的爱不领情的学生（个性如此），这个班就可能弄不转，班主任会很寒心。无奈之下，他就有可能转而求助于"严格管理"，把手中主要的武器"爱"换成"权力"，于是他就变成了"班官"型的班主任了。"班官"型班主任与"班妈"型班主任常常互相转换，常常是混合型的。

"班妈"型的班主任，小学为多。这种工作姿态，学生年龄越大越不灵，因为教育学生的过程并不等于爱学生的过程，教育的含义要比"师爱"宽阔得多，深厚得多。

对这种班主任，应该告诉他们，爱当然是需要的，但班主任工作主要靠爱是不行的，班主任工作需要专业技术，而爱，不能算专业技术。学生家里已经有一个妈妈了，如果学校的作用只是给他增加一个妈妈，对于教育，那也太狭窄了。这种班主任急需补"教育科学"课。

**二、"班官"型**

这种班主任主要靠监督、检查、评比等管理方式来工作，他们给自己定位的主要角色是学生的"上级"，学生的管理者。

他们当然也高唱"师爱"（教师没有不唱"师爱"的，"师爱"是教师胸前的徽章），但心里真正相信的却是严格管理。这种人往往热衷于制定各种条条框框，热爱指标，喜欢板上钉钉的要求。他们早来晚走，不错眼珠地死盯着孩子，高密度地使用赏罚手段。这种老师摆出的是一副和学生拼到底的架势，学生没奈何，只好就范，于是各项工作井然有序，颇见成效。

"班官"又可以细分。比较公正的是"清官"，偏袒"好学生"、偏袒家长有势力的学生为"昏官"；恩威并施、表扬批评兼用的是"好官"，一味批评、惩罚、请家长的是"酷吏"。"班官"们的形象也是丰富多彩的，有时看起来像经理，有时看起来像警察，有时看起来像法官，有时看起来像救火队员，有时看起来像牧师，偶尔也像个和蔼可亲的长辈，但其头顶上总是隐隐约约有一顶乌纱帽。这是他们的主要角色认同。

恐怕我们得承认，这类班主任比例是比较大的，无论在中学还是小学。这与我们的传统文化有关，也与我们的教育体制和上级导向有关。教育行政领导部门安排工作、评价班主任，基本上是把他们当成行政单位（班级）负责人来对待，而不是把他们当成教育专业人员来对待的。上级反复强化行政思维，不可避免地加深班主任的"官员"意识，虽然班主任只是一个不入品的芝麻官，但经验告诉我们，官阶低不等于官气小，据我观察，有些老师官僚气味还是挺浓厚的。

鉴别"班官"型班主任的主要办法是询问学生的感觉。如果班级学生的多数都觉得班主任首先是自己的"顶头上司"，是领导自己的人，师生关系的主轴是上下级关系，那这位班主任就基本可以认定是"班官"型的。

"班官"型的班主任有不少人完成上级任务很出色，甚至被评为优秀教师，但他们的工作有很大弱点，管理压倒教育，管理代替教育，没有深入学生灵魂，教育的效果往往是表面的。而且，由于学生一代比一代难缠，他们的管理正受到越来越大的阻力，有人甚至已经穷于应付、束手无策了。

特别值得注意的是，酿成教育突发事件（学生自杀，教师对学生施暴，学生或家长对教师施暴）的班级，往往班主任就是"班官"型的。这道理很简单，官僚主义最容易激化矛盾。

这种班主任，急需转变角色意识。他们要明白，自己首先是一个教育专业人员，而不是一个"管人的人"。

### 三、鼓动家型

这种班主任主要靠"煽情"来工作。他们有个人魅力、知识和才能，他们给自己的角色定位是要做学生喜爱和钦佩的人。

他们性格外向，热情四射，口才上乘，有一定表演才能。他们凭三寸不烂之舌，能把学生一会儿说哭了，一会儿又说笑了。如果你能引领学生的情感，当然你也就能引领学生的行动，于是我们就看见他们的学生常常热泪盈眶地追随在他们后面，像被催眠一样。他们和学生的关系，有点类似歌星与粉丝的关系。

这种班主任往往能把工作做得很好，班级带得有声有色。他们在班主任中比例很小，因为不是每一个班主任都有他们那样的鼓动才能的。他们的工作经验，别人也很难学习，因为往往带有很强的个性。还有一个问题是，他们带过的班，别人不大好接，一旦后面的班主任才能不及他们，或者个性差别很大，学生就可能抵触。

不过，我觉得这种工作风格无可厚非。我希望校长们不要打击他们，不要非把他们的个性"磨平"，应该允许他们发扬个性和个人魅力搞好工作。当然，同时也要引导他们注意提高工作的科学性。科学性和艺术性，原是可以很好地结合的。

鼓动家型的班主任和"班妈"型的班主任都诉诸情感，他们之间的区别是，前者的情感诉求更宽阔，不限于母爱和亲情。

鉴别鼓动家型班主任不难，因为你和他接触不久就能感到他的鼓动才能（语言感情强烈，表情丰富，动作夸张），而他的很多学生看他的眼神都是燃烧的。

### 四、领袖型

这种班主任主要靠活动来工作，他们给自己的角色定位是"带领者"、"组织者"、"统帅"。

他们是鼓动家,更是组织家和活动家。他们的拿手好戏是不断地组织学生进行各种各样的活动,在活动中凝聚集体,在活动中形成正确舆论,在活动中冲刷存在的问题,用活动裹挟问题生前进。他们领导的班级往往充满生机。他们与学生的关系有点类似政党主席和党员的关系,主席一声令下,党员蜂拥而上。

领袖型班主任负责的班级,一般都是优秀集体,班风往往有明显特色,班级凝聚力强,学生集体荣誉感强,集体温度高,这在比赛中表现得尤其鲜明。

领袖型的班主任与官员型的班主任都强调行动,二者的区别是:前者侧重"发动"群众,而后者侧重"管理"之。

这种班级比较容易出现的问题是学生的个性可能受到压抑。这种班级往往非常强调"齐心合力"、"步调一致"、"为集体争光"、"不给班集体抹黑",当一切都从集体出发而且以集体为归宿的时候,教育、培养学生个性的任务就会被淡化甚至遗忘,于是班级的性质就变了,与其说它是一个帮助每个学生成长的"花园",不如说它是一辆冲向特定目标的"大轿车",而手把方向盘、掌握目标的则是班主任。

鉴别这种班主任的方法是,你和该班学生聊天,如果发现他们说话几乎都是一个调子,甚至使用词汇都比较统一,而且大家谈的常常都是集体的目标,较少说到个人感想,那就可以判断,这位班主任是领袖型的。

### 五、导师型

这种班主任主要靠思想影响和人格魅力来工作,他们给自己的角色定位是学生人生的指导者。

他们有自己独立的教育思想,个性非同一般,人格魅力过人,有特殊思路,会用班干部。他们能把学生迷住,使之甘愿为老师赴汤蹈火。

他们的威信往往高到令学生"迷信"的程度,这样,他们就可以摆脱一些俗务,很多事情只要"运筹帷幄"甚至"遥控"就行了。

这种班主任是有思想的,他们对人生、对自己的成长之路有相当深入的思考,而且往往认定自己的成长之路值得推广,于是他们就有意无意地在学生身上复制自己的成长过程,推己及人。他们和学生的关系有点类似教主与信徒的关系。

指导人生当然是很好的,这是班主任的分内工作,学生崇拜老师也是可以理解的，这种老师肯定有值得崇拜的地方。问题是，如果这种崇拜形成某种狂热，导致迷信，导致排他，导致封闭，那就对学生成长不利了。班主任的任务是为学生提供一个优良的成长平台，对学生成长的大方向作正确引导，而不是过于具体地为学生设计成长路线，在一个开放的社会尤其要注意这一点。

这种班主任人数极少。有的会成为知名教师，有的则可能被排斥（因为他们特立独行）。鉴别这种班主任不难。如果能和他本人接触或读他的著作，你会发现他的想法、做法与众不同，且坚信自己正确；而和他的学生接触，你会发现他们比较会思考，但往往是沿着老师的思路，用老师的习惯语言，而且对老师无限景仰。

## 第二节 科学家型 "维持会长"型 "寨主"型 "书生"型

### 六、科学家型

这种班主任目前也极少,我希望多起来。

他们主要靠科学来工作。他们给自己的角色定位首先是学习者和研究者,其次才是学生的领导者和组织者。

他们对学生,第一是尊重,第二才是爱。他们遇到问题,总是采取研究的态度,进行诊断,然后拿出解决方案。对他们来说,学生不但是朋友,而且是研究对象。对他们来说,工作本身也是一门科学和艺术,是研究的对象。更重要的是,对他们来说,自身也是研究对象,他们很注意经常反思和梳理自己的思路。

对这种班主任来说,教育首先不是一种任务,而是生活本身,班主任首先不是一个职务,而是一本需要阅读的书。他在关心学生成长的同时关心自我实现,在教育学生的同时超越自我,如果学生变了而他自己没有变化,他对这种"成绩"是不满意的。班主任工作在他们看来是一群年龄小的人和一个年纪大的人之间的交流、互动、互相影响,很难说是谁在"教育"谁,只不过因为职务关系,因为年龄、知识、经验的某种优势,老师对学生的影响可能稍大一点而已。

他们与学生的关系,类似成人与成人的朋友关系,温暖,理智,平和。

如果我们见到这样的班级,我们会发现学生对老师尊重而不迷信,师生和谐而不统一。学生并不刻意和老师保持一致,但是也不刻意和老师唱反调,师生都遵守共同的人际关系规则。这种班级不会"团结得像一个人一样",但是也不会突然分裂,它在动态中实现了稳定。这是一个个独立的人的自由联合体。在学生的心目中,这种班主任是普通人,但是学生比较喜欢听他的建议,因为他热心而少干预,指导而少控制,而且富有智慧。

做这种班主任有没有弊端呢?有。我相信他们在现行体制中不大容易被评为"优秀",说不定还会遭到一些非议,比如"管理不严"、"迁就学生"、"集体主义教育不够",甚至"不负责任"。另外,这种班主任的态度十分冷静,或许对小学尤其是小学低年级的学生不大适用。教育小学低年级的孩子,情感色彩还是浓一点为好,这符合小孩的心理特点。

上述六种类型的班主任,虽然各有弱点,然而总的说还都是值得肯定的。完美的班主任并不存在,我们应该允许甚至提倡各种类型的班主任自由竞争,这样才有生气。

但是下面几种班主任情况不同,基本上不能肯定。这是一些不合格的班主任。我们也许无法杜绝其产生,但应竭力减少之。

### 七、"维持会长"型

这种班主任其实就是在那里维持局面而已,他们主要靠权力和空洞说教来工作,给自己的角色定位是学校领导布置的各项任务的机械执行者。他们治班,无一定计划,无一定方向,无一定目标,无一定政策,完全跟着学校的检查评比走,学校让抓什么就抓什么,学校没抓什么就不动。班里出了事,应付一阵,挡过去就好,不求根治。对学生不甚关心,对工作谈不到热爱。有点成绩高兴一阵,并不总结经验,以利再战;遇到挫折埋怨一阵,并不接受教训,下次还这么办。有时候这种老师也显得很忙碌,但一是被动,二是不动脑筋,他们在瞎忙。

这种班主任如何鉴别呢?你和他们谈话,就会发现他们往往一问三不知。比如你问该班学生家长的职业结构,他会说"没统计",你问该班有多少学生非正式小群体,他会告诉你"不清楚"。他所掌握的,除了学生的学习成绩、班级评比分数之外,就只有他耳闻目睹的学生最表面的言行。你和学生接触,就会发现班主任没有什么威信,学生对班级前途茫然,班级归属感和荣誉感很差,好像大家都是过一天算一天,维持而已。师生关系是冷淡的,甚至是陌生的,有点像路人。

班主任为什么只能充当"维持会长"呢?有的是缺乏责任心;有的是

根本不愿做教师，迫于生计勉为其难；有的是家庭等个人问题缠身，无心工作；有的也曾经满怀热情，但屡遭挫折失去了信心；有的则是能力不够。责任心缺乏的，应该教育；根本不愿做教师的，应该劝其另谋职业；家庭等个人问题缠身的，应予以具体帮助；屡遭挫折失去了信心的，应该给具体的指点；能力不够的，可以考虑安排其他工作。总之，让"维持会长"们继续"维持"下去，师生都受罪，必须早日加以改变。

### 八、"寨主"型

这种班主任很厉害。他们主要靠权力和权术来工作，给自己的定位是"寨主"，"我的地盘我做主"。他们刚愎自用，独断专行，顺我者昌、逆我者亡，吐个吐沫就是钉，压制不同意见，专门照顾"自己人"，其作风是专制主义的。当然，对外他们也会打着"民主"的旗号，还声称自己特"爱"学生。

如果学生年龄小，如果该班学生比较老实，或者班主任有一定能力（有的教学还有一套，有的善于煽动，有的善于指挥，有的嘴像刀子，有的动手打人，有的善于利用学生之间的矛盾），或者班主任善于讨好校领导而有后台，则他们的工作也会有些"成绩"，有的甚至会被评为"优秀教师"。但他们的工作与其说是教育，不如说是"占山为王"。他们和学生的关系，类似"寨主"和"喽啰"的关系。

怎样鉴别这种班主任呢？你一接触这种班级，就会感到怪怪的，有点神秘，学生好像都不敢说话，要说什么话也是先看班主任的脸色，一副小心翼翼的样子。这种班级对外封闭，像一个独立王国，像"都市里的村庄"，那里有自己的规矩，一切都听"大当家"的。

"寨主"型班主任还是有一些的，有的还在得势。我主张有关领导及时发现之，换掉他们。他们人格有缺陷，或者心理不健康，比较难以改正。他们往往对学生心灵造成很大伤害，有的甚至会酿成校园暴力事件。他们不适合做班主任。

### 九、"书生"型

这是一些刚毕业的大学生，新当班主任。他们只是从书本上学了一些理论，完全没有教育实践经验，甚至缺乏生活经验。班主任到底靠什么工作，该扮演哪些角色，他们全不知道，单凭一股热情就干起来了，而且往往以为自己的理念是最新的,自己的办法是最先进的,自己的理想是最崇高的:民主,自由,和学生做朋友,等等。当然,这肯定碰钉子。他们会发现学生虽然和自己关系还不错,但是实际上并没有多大进步,教师说话学生不听,班级失控。慌乱之中,他们就会去请教老教师。老教师告诉他,"你那套不行!"教他几招,他就渐渐放弃了自己原来的幻想,变成"现实主义者"了。很多今天的老教师当年都有类似的经历,好像老教师的今天就是青年教师的明天。书生气少了,理想和改革的锐气也没了。

所以,"书生"型班主任是临时的角色。他们的主要特点是思路容易走极端,从这个极端摆向那个极端。开始热情而忙乱,找不到路又茫然,或者会十分焦虑,心灰意冷。

对这样的青年教师,一定要保护他们的热情,同时很具体地加以指导。不要让他们因实践失败而轻易怀疑正确的理论,也不要让他们轻易放弃自己的理想。要帮他们把正确的理论变成可操作的办法,逐渐学会当班主任。不应该片面强调青年教师向老教师学习,应该强调互相学习。老教师而保持青年人的天真和热情,不断超越自我,新教师而脚踏实地不虚浮,切切实实搞研究,又不轻易放弃理想,这两种人,才是教育的希望之所在。

上面,我借鉴心理学"角色"理论的思路,把班主任分成了九类。这种分类法,只是为了研究的方便,现实生活中很少有这样单纯的类型,一般都是复合型的。但是,我们却常常可以看出一个班主任的主要倾向和主要色调,这对于班主任的培训工作和班主任的自我认识很有好处,否则模糊一片,就很难有针对性地思考了。

我感觉中小学班主任普遍不知道"我是谁"。既不知道自己的优势,也不清楚自己的弱点,而且几乎没有"照镜子"的习惯,遇到挫折只会怨上怨下。我们单位每年都体检,我每次拿回自己的体检表,不管结果如何,总会感到一种明晰,一种清醒,一种对自己的了解,像是在镜子中看见了自己:这就是(从生理角度看到的)我,不是别人。我们的班主任工作有这种(从教育科学角度)"体检"的机会吗?有这种专业性的"镜子"可照吗?没有。有的只是行政性的评比、笼统的歌颂和具体的批评,还有就是无穷无尽的要求——"你应该如何如何"。

这种情况下要真正做好工作是很难的,这种情况下要做到不焦虑也是很难的,因为人只要进入幽昧不明的环境,谁都难免焦虑。于是你就明白为什么班主任心理健康状况令人忧虑了。信心来自明晰,力量来自知己知彼,这就是我决心尝试从科学角度给班主任分类的动因。

还有一个有趣的问题。这九类班主任,目前在班主任中各占多大比例?我没有确切的统计数字,各地各校情况也不尽相同,只能凭经验和感觉谈一谈。据我看,他们所占的比例从大到小的排列顺序可能是这样的:

二(班官)＞一(班妈)＞七(维持会长)＞四(领袖)＞三(鼓动家)＞八(寨主)＞九(书生)＞五(导师)＞六(科学家)

本章写完之后,我把它发到K12网上征求意见,网友老菜鸟回复说:

> 我擦亮眼睛,努力照了照:50%"班妈",40%"班官",10%"书生"。非常想成为"科学家"(班主任工作只是让一个人领悟教育真谛的一把钥匙)。或许是因为个人能力(现实)与努力方向(梦想)的剧烈反差,十年,我在痛苦中走过。

【思考题】

1. 您赞成这种班主任分类方式吗?请说明理由。
2. 您有新的分类思路吗?请说说您的想法。
3. 如果愿意,请分析一下自己的工作,鉴定一下您属于哪种类型的班主任,并说说您打算朝哪个方向提高自己。

# 第四章

## 班主任工作的重点和边界

前面讨论了班主任的角色要求（班主任是干什么的），班主任影响学生的诸多手段（班主任手中的武器），由此区分出班主任的类型。到这里，该谈班主任的工作内容了。但是，我们首先要把班主任工作的重点和边界搞清楚，否则说起来就容易漫无边际了。边界模糊，重点模糊，历来是班主任工作的突出弊端。

## 第一节 "校园无小事"
### ——班主任工作失去重点

中小学教育界流行一个口号——"校园无小事"。它作为提高教师教育意识、鼓励教师认真工作的一般性号召,还是可以的,但是若对这个口号作机械的理解,甚至把它当成一个科学的结论,那就有问题了。此口号在学理上完全经不起推敲。小和大是相比较而存在的,没有小就没有大,没有大就没有小,如果校园真的没有小事,全是大事,那么大事也就不存在了,都成了分量相同、重要性相等的事情了,这是根本不可能的。校园有大事就有小事,有重要的事就有相对不那么重要的事,有急事就有相对不那么急迫的事。轻重缓急是客观存在,到处皆是如此,学校何能例外?

人们一面高喊"校园无小事",一面却又惊呼"重智育轻德育",既然大家都承认"校园无小事",为什么会重此轻彼呢?可见人人心中自有一杆秤,谁都明白事情本来就有大有小,"校园无小事"不过是嘴上说说好听而已。我来说句实话:"校园无小事"这个口号,如今已经变成了一块遮羞布,许多教师和班主任的真实教育行为反而是:抓了小事,忽视了大事。他们心中的"大事",基本上就是上级布置的任务和检查评比。上级教育行政部门嘴里喊着"校园无小事",而他们的行动却自打嘴巴,他们准确无误地传达给教师的信息是:"我抓什么,什么就是你们的大事,其他自然都是小事。"班主任则用这句话为自己每天低科技含量的"忙忙碌碌"作自我安慰,好像自己一言一行都涉及"大事"似的。这种自我欺骗太可怕了。

请看某教育者的观察。

一位有心的教师曾经把自己一天、一周、一月的学校生活作过一个统计。他发现，真正用到"教育"上的时间和活动实在是少之又少，自己大部分时间是在"琐碎"中度过的。不是吗？一个学生迟到了，我们可以批评半天，甚至越说越气，连三年来他犯的所有错误都被不遗余力地揭露出来，可是，事关学生人格形成的爱心塑造却因为无从下手而经常淡出我们的视野；考试错了几个题目，我们便着急得不行，以至于盯着学生不放，可是，事关学生终身发展的人生信念的塑造，我们又给予了多少关注，下了多少功夫？

如此一来，同学们还会相信你说的诸如"为学生的一生幸福奠基"之类的豪言壮语吗？

我们心里可能揣着一个宏大的教育目标，可是，我们却往往没有多少与这一目标对应的行动，我们拼命做的常常与心里想的、口上说的相去甚远，甚至南辕北辙。

曾经让一位校长列出自己最看重的学生素质，这位校长毫不犹豫地把诸如合作精神、志向、同情心列在首要位置，而将分数、成绩列在了后面。可是，到这所学校里转一圈，你会发现，教室里、走廊上、橱窗中，到处可见分数的影子，大幅大幅的照片，不是奥赛的金牌，就是状元的笑脸。当我们请这所学校的师生也来列一列校长在工作中最为看重的学生素质时，师生们毫不犹豫地把分数、成绩列为校长的"宠儿"。

> 李希贵：《36天，我的美国教育之旅》，1版，83页，
> 华东师范大学出版社，2006。

我们嘴里说的和心里想的并不一致，心里想的和实际上做的又不一致，"校园无小事"只是说说而已。所以，我主张，班主任不要再把"校园无小事"这种鼓动口号挂在嘴边了，不如老老实实承认，校园有大事，也有小事，班级有大事，也有小事，我们的任务是重点抓大事、兼顾小事。这才是正确的工作方针。

举两个实例。

一位小学教师发现学生（这个学生一向表现挺好，令人放心）口袋里有一个像游戏机一样的方方的硬东西，说："给我看看，是不是游

戏机？"孩子显得特别紧张，忙说："不是！不是！"还用手捂紧了口袋。教师坚持要看，原来是个数学学具盒，但孩子抓住盒子，不让教师打开，还口口声声地说："这是我的秘密，你不可以看的。"教师还是坚持，最后孩子终于打开给她看，里面是65元钱。孩子告诉老师，过年时的压岁钱他没有全部交给父母，悄悄地留了100元，买了一本作文书、一本童话书，零用了一些，剩下的今天全带来，准备买水彩、水粉、作文书、故事书的。

教师打了个电话给家长，希望家长能弄清楚孩子这钱是怎么回事。第二天早上，教师什么也没等到，于是问孩子，他爸爸有没有问什么。孩子说，爸爸只问了他钱哪里来的，听他说是自己过年时留下来的压岁钱，什么也没说。

这位教师于是问："我做错了吗？"

我怀疑这孩子的家长是嫌老师管得太多了。我要是这位老师，我是不会这样穷追不舍的。问一问口袋里是什么东西，他不告诉我，也就算了，何必迫使他说一个又一个谎话呢？强迫孩子说出自己的隐私，也不妥。

我是不是不负责任？不是。我虽然不再追问下去，但我肯定会把此事记在心上，从此对这个孩子留一个心眼，注意就是了。

这件事教师显然是作为"大事"来追究的，但愚以为不一定是大事，不必费这么大的精力。这位老师解决问题太急躁了，总想立刻弄个明白，思维方式是线性的。很多老师都犯这个毛病。如此琐碎，会活得很累，吃力不讨好。

一位初三教师检查寒假作业，发现一男同学的物理作业有两种风格迥异的笔迹，询问原因，得知是手受伤所致。教师不信，继续追问，僵持了好长时间，学生才吞吞吐吐地交代，是另一同学代他写的。教师很是生气，大大批评一顿，结果学生提出退学不念了。教师以为学生一时冲动，没有理睬，没想到他的家长打来电话说，"让孩子回来吧"。教师立即找来那个同学询问原因，他只是说，这里的学生都比他强，在这儿，他没有信心。教师赶紧给他讲：逃避不是办法，离开不是选择，你应该做的是直面困境，直面自己几次考试退步这个现实。学生根本听不进去，执意认为"我已经不行了，尤其是在这个地方不行了"。劝了几个小时，似乎回心转意了，但他哥哥一来接，他又反悔说要走。教师知道留不住他了，还不甘心，于是请他到教室与同学告别，同学也热情挽留，但最终他还是走了。

这位教师说："我酸楚不已。怎么会这样？我不知道我错在哪里，我也不知道我究竟怎么了，如此无能。更多的痛楚是，中考完不成指标怎么办？他还是完全有希望考上重点的。别的老师知道了又会怎么看我？连个学生也留不住。"

这个例子很生动地反映了"大事"和"小事"的辩证关系。

学生作业造假，这当然不算小事，但是具体到这个学生，却有一件更大的事情——他要退学。相对于退学来说，作业造假对于现在的他就是小事了。如果教师抓大放小，不去过分批评他的作业，本来这个学生是可能留下来的。"留得青山在，不怕没柴烧"，只要他留下来，就有教育机会。人都走了，还教育谁？本来他对在这个学校上学还没有完全失去信心，不然他连假作业都不会交了，但是，教师不合时宜的批评促使他下了最后的决心。这明显属于"因小失大"。学生真走了，教师又十分后悔、自责。这也是机械理解"校园无小事"造成的后果。

综观中小学班主任工作，愚以为重点和非重点常常是倒置的，令人担忧。

1. 教育与管理，教育是重点

在现实的教育活动中，管理压倒教育甚至管理代替教育的情况相当普遍。这个问题前面已经说过，后面谈班级日常管理的时候还要细说，这里就不多说了。

2. 学生精神境界的提升与完成教育教学任务，前者是重点

在现实的教育活动中，班主任往往只是在为了完成上级布置的任务忙碌，其内容则多是"与现象搏斗"，是吃止痛药而不是根治。比如学生厌学，其中有些人并不是学习问题，而是基本生活态度问题。他的整个生存状态就不对头，每天活得一点都不快乐，也没有奔头，教师却想用"罚抄"、"找闪光点"、"培养学习兴趣"等手段解决他的问题，当然很难奏效。一个连生活都不热爱的人能热爱学习吗？这种学生，只有走进他的心灵，搞清楚他整体的精神状态，想办法找到合适的突破口，扭转他的心态，才可能解决他的厌学问题。这个突破口一般不在学习上，可能是亲子关系，

可能是同学关系，可能是自我形象问题，也可能是职业理想问题。也就是说，要着眼于他的精神境界的提升，生存状态的改变，让他换个活法，才能使之换个学法。我发现，具有这样思路的班主任很少，他们一般都是就事论事，工作浮在最表面，对学生整体的精神境界比较麻木。他们是任务主义者。

3. 素质与学习成绩，素质是重点

口头上谁都承认素质比学习成绩重要，然而实际上班主任眼里看的、心里想的几乎全是考试分数。你问为什么，他会理直气壮地告诉你，这是上级逼的。其实不完全如此，还有一个重要原因他没说：在他心中，素质是一个空洞的东西，摸不着，分数才是实打实的、可操控的。他只善于抓自己熟悉的东西，这才是事情的本质。我曾经说过，素质教育本质上是由高素质的人进行的教育，只有教育者本人素质高，他才能看清学生的素质，素质不够高的教师搞不清素质是什么，他也不知提高素质从何入手。很多班主任竟然以为搞点课外活动就是素质教育，这正是他们本人素质的体现。我通过传媒发现，某学生自杀了，某名牌大学学生犯法了，他们的现任或以前的班主任几乎总是惊诧莫名，觉得不可思议。这说明什么？说明他们根本没有注意过该学生的整体素质，他们所见到的，只是和他们工作有关的该生的表现，或者干脆说，他们注意的，其实恰好不是重点。素质教育关注的是活生生的整体的人的成长，而应试教育其实只是关心班主任的应试任务完成得如何。

4. 班集体与个别生，班集体是重点

很多老师都对我说，一两个问题学生，常常牵扯了他们绝大部分精力。他们说这话的时候，往往显得非常寒心和无奈。其实多数问题学生并非总摆出大闹天宫的架势，只要班主任不过分刺激他们，他们对集体的直接破坏作用未必特别大。班主任没有必要非把大部分精力花在他们身上，而应该抽出更多精力照顾集体，照顾多数人，因为班主任不是为个别学生服务的。班主任应该头脑清醒，把精力花在能做好的事情上，而不是努着劲去干一些显然做不到的事情。

有一位教初一英语的年轻女老师在课上让学生做英译汉练习。老师说"teacher"，学生齐答"老师"，偏有个学生答"老鼠"。他声音不大，但老师听见了，生气地叫他站起来，问："你刚才说什么？"学生答："没说什么。"他当然不敢承认,因为这不但违反了课堂纪律,而且侮辱了老师,承认下来,后果可怕。越不承认老师越生气,老师越生气学生越不敢承认。老师没办法,只好自己出来作证:"你刚才说的是'老鼠'!"同学"哗"的一声都笑了。本来没几个人听见的话,让老师给扩散了。班里自然更乱了,老师愈加恼火,又不好向全班同学发脾气,这股火就全冲着肇事者去了。这位同学没有退路,只好死不承认。老师没了棋,就赶他出教室。他不走,老师声称要拽他,他才动窝,"砰"的一声把门关上,还在门外大叫:"干吗找我的碴儿!"这一闹,硬把小老师气得哭着离开了讲台,课也不上了。好端端的一堂课,成了一团糟。其实这场风波本来是完全可以避免的。这位老师应该怎么办?她应该装作没听见,继续讲她的课,课下再找这个学生单独谈。非要立即处理此事,第一步棋就走错了。当学生不承认时,她如果能控制自己的情绪,还能有转机。她只要说,"也许我没听清楚,下课再说",就解脱了。硬要追问到底,第二步棋又走错了。等到她自己把"老鼠"说出,逗得同学哄堂大笑时,事情就无法挽回了,这第三步棋最糟。这位老师犯的错误就是把大事、小事弄颠倒了。稳住集体,继续讲课,这是大事,处理这个学生的问题,这是小事,因为他的错误并没有震动全班,就不必非得当时弄个水落石出。

什么是小事,什么是大事,这里面学问可大了,要具体分析。一个班主任要随时对眼前发生的事情进行评估,分出个轻重缓急,区别对待,才能真正做好工作。

【思考题】

请举一个您周围的真实的案例(自己的也可以,别人的也可以),证明,班主任当成大事来处理的,其实是小事。再举一个相反的例子:班主任当小事来处理的,其实是大事。

## 第二节 "没有教不好的学生，只有不会教的老师"
—— 班主任工作失去边界

中小学教育界还有一个十分流行的口号——"没有教不好的学生，只有不会教的老师"。这个口号作为一种豪言壮语，作为一句诗歌，当然也有存在的价值，可惜的是很多人竟然认了真，以为事情果然如此。于是校长就用这句话打压班主任，只要学生教育不见成效，就肯定是你的问题；于是班主任就陷入了焦虑，学生教育不见成效，他们一面觉得很委屈，另一方面又挣扎着用仅有的几招加大力度和学生较劲，其实也知道自己是在白费力气。你把所有的精力都用上，也完不成任务，因为这个任务本身就没边。这不但是教育万能论，而且居然是教师万能论，明显地经不起论证。

愚以为这种教育万能观念是班主任工作整体水平长期难以提高的重要原因之一，是班主任心理健康状况不佳的重要原因之一。道理很简单，一个没有边界的事情不可能科学化（科学观念中有鲜明的边界意识），人们做一件没有边界的事情肯定充满随意性、盲目性，肯定做大量无用功，最后甚至都不知道自己干了些什么，这正是很多班主任的切身感受。

请看我在网上和网友关于教育边界问题的两次讨论。

第一个讨论：

### 美国的"高考"作文题

中国的高考刚刚结束，大家可能会很感兴趣：美国的 SAT，就是有点像中国的"高考"的全国统一考试，作文题是怎样的呢？

让我们来看几道题（选一）：

3. 背景：当今的年轻人受到的教育大部分不是来自学校。他们的教育来自家长、同伴、老师，甚至是街上的陌生人。他们受的教育，来自他们看的电影、听的歌、看的表演、读的课外书、参加的工作、参加的运动队，等等。学校的教育虽然也很重要，但不过是他们受到的教育的一小部分而已。

任务：你认为你受到的教育基本是来自学校以外吗？为什么？自己拟定题目写一篇文章。

K12·语文论坛，方老师2004

## 正确认识自我

上述作文题中的说法，愚以为不大可能在我国的考试中出现。我们这里比较流行的是"王婆卖瓜，自卖自夸"，谁干什么谁就说什么伟大、光荣、重要、作用巨大。教育工作者怎么可以说自己的作用只是"一小部分"呢？这不是矮化自我吗？这不是胳膊肘向外拐吗？

前些日子我到一个中学去给老师讲课，就遭遇了这样的指责。我谈到家庭教育的作用大于学校，谈到遗传的作用不可忽视，谈到教师工作是有边界的，不赞成"没有教不好的学生，只有不会教的老师"的提法，扫了一些人的兴，让他们很反感。其实我的话是有根据的，而他们的反驳，据我看则是情绪性的。

我们很多老师就是这样，他们需要的是好听的话，而不是实话。而等到传媒批评教师工作的某些失误的时候，他们就变调了，这时就不说教育的力量多么伟大了：他们会埋怨体制，埋怨领导，埋怨家长，埋怨学生，摆出很无辜、很无奈、很无助的样子，完全是另一副面孔了。

这种人也不想想，既然你把学校的作用捧得那么高，"没有教不好的学生"，你大包大揽，你能耐那么大，孩子出了问题不找你找谁呀？如果你早就老老实实承认学校的作用只是一小部分，别人还会苛求你吗？

这就叫"死要面子活受罪"。

这就叫"双重标准"。

如果我们还承认教育是科学，我们就应该尽量避免在教育的性质、作用问题上使用诗歌语言，少煽情，煽情是容易扇到自己嘴巴上来的。

不夸大，不缩小，正确认识自我，老老实实认定自己的作用范围，踏踏实实做力能胜任的工作,这才是科学态度。

第二个讨论:

我不愿做一个树人的罪人

我们班有个孩子A,让人头疼。从别的学校转过来时,家长就告诉我,他在那所学校里待不成了。我也没有细问,因为这必定是伤心事,他们不愿再提起。孩子到了这个班级,我一厢情愿地想:没有教不好的学生,只有不会教的老师。可是,一次又一次,学生的表现令我几乎放弃,但我总不愿意去做一个罪人,尤其是树人的罪人。这种责任谁也承担不起啊!

起初,孩子是打遍"班级"无对手,我一方面教育他,一方面让其他孩子不要与他一般见识。众多家长反映,我才批评了这个孩子,随之而来的是他家长爱理不理的表情和不冷不热的话语,有时真让人受不了。有时想想,反正又不是自己的孩子,管那么多干什么!但是责任心总驱使着我不要放弃。

孩子的作业完不成,问原因,像个哑巴,只会摇头、点头。有时气极了,打电话告诉家长,让他们督促孩子完成作业,家长只答应,却不照办,第二天仍然是没交。有时在课堂上,我责令他赶快写作业,他总会编出"老师,我头疼,我头晕"的话来搪塞,我也不知道他是真疼还是在装疼,就让他休息着。这样一次又一次,孩子身上的毛病越来越多,又有家长在背后撑腰。我该怎样办?我该如何和这样的家长沟通?请王老师指点迷津!

教育在线·班主任论坛,红房子

## 答红房子老师

您提供的材料太简略了,我无法判断他是怎么回事。

请告诉我孩子家长的职业、文化水平和教育风格,孩子是谁带大的,他的成长史,他现在几年级,他的各科表现及学习成绩。

另外,您说"我总不愿意去做一个罪人,尤其是树人的罪人。这种责任谁也承担不起啊!",这话我很不赞成。孩子又不是您一个人教育出来的,有那么多人在影响他，凭什么他教育不好要您一个人负责任？这没道理。您只能负您该负的那份责任，请您不要把别人的责任也揽在自己身上，那样只能破坏您的心理健康，对工作没有丝毫好处。

教师工作是有边界的。

教师是学生一生的指导者，但不是学生一生的承包者。

恕我直言，想承包孩子的一生，看起来好像是责任感特强，其实是自我中心——对自己的作用估计过高了。学生怎样度过一生，首先是他自己的事情，某个班主任不过是他的很多帮助者中的一个而已。对许多孩子来说，我们只是一个过客。

我发现，很多老师不是"太把自己当回事了"，就是"太把自己不当回事了"，在两个极端摇摆。希望红房子老师避免这两个极端。

王老师，看了您的发言，我有一种如释重负的感觉。我并不是想把所有的责任都揽在自己身上，我只是希望能通过我的微薄的努力，让孩子有所进步，让我在今后的工作中更加顺利。毕竟我目前可以得到您的指导，也可以得到您的建议。

这个孩子现在已经十岁了，今年上四年级。他的家长一个做生意，一个开了社区门诊。他们的文化水平不是很高。由于孩子小时候体弱多病，家长只要孩子健健康康就行，不指望他的学习成绩怎么样。以前的考试成绩大部分是不及格，经常受到老师、同学的讽刺、挖苦，所以不得不离开那个环境。转入新学校以来，家长仍然是那样的观念，丝毫不配合老师的教育。

孩子喜欢撩逗别人（他以前学跆拳道，现在又改学国标舞了），不管是对男生还是对女生，都爱动手动脚。我只要一进教室，学生立即就围一大堆来告状，每天光听到他的名字就不下百次。针对此情况，我曾经向家长反映，希望他们能对孩子讲讲道理，让他意识到这样做的后果，我也在班级里教育学生要关爱他，多帮助他，这样他就会感觉到大家的诚意，进而和大家好好相处。可是，没有好的教育效果。对待这样的孩子，我真是头疼。

请王老师为我指点迷津！

红房子

## 谁配合谁？

红房子老师说，"家长仍然是那样的观念，丝毫不配合老师的教育"，这种说法在中小学很常见。老师们总是说家长应该配合老师教育孩子，多数家长似乎也认可这种说法。这反映了我们教育的一个特点：以学校为本位，以学校为中心，家长要帮助老师完成学校的任务和指标。

其实对一个孩子来说，家庭教育和学校教育相比，总的来说，前者更重要一些。家庭教育不但是基础性的，而且是全程性的。孩子的命运基本上是由家庭教育定调的。学校是干什么的？学校只是在孩子成长的某一阶段给家长帮忙的，学校只是"有限责任公司"。要说"配合"，其实是教师配合家长教育孩子，现在倒过来说，好像老师反成了孩子的第一监护人，家长反倒退居二位了，这是不正常的。教师不要抢家长的风头，不要把无限责任放到自己的肩膀上，破坏自己的心理健康。我们只是受国家委派，帮助家长教育好他们的孩子，为社会培养合格公民和人才。我们不能代替家长，我们不是孩子一生的承包者。

比如红房子老师说的这个十岁男孩，"家长只要孩子健健康康就行，不指望他的学习成绩怎么样"，这是人家家长的一种战略构想，我们有什么必要非得跟他对着干？人家有权作这样的选择。有的家长认定自己的孩子平庸点好，平庸快乐，教师若愿意向"立大志"方向作引导，当然也可以试试，但如果人家酷爱平庸，那就让他平庸好啦！又不危害社会。你老师何必自作多情，非让人家成龙成凤？我们只是帮忙的，一定要搞清自己的定位。

我建议您有机会对这个男孩的家长说下面的话（如果估计您说震撼力不大，也可以请一位学校领导去说）：

"您打算让孩子成为什么样的人，这是您的自由，我们不想干涉。但是作为教育者，我们的职业良心要求我们对您提一点忠告。您对孩子的期望值似乎太低了。古人云，'取法乎上，仅得其中；取法乎中，仅得其下'。孩子精力充沛，不用在正经事上，必出事端。现在您的孩子节外生枝的事情已经不少，发展下去，您想让他'健健康康就行'这个目的恐怕达不到，这条底线您守不住，因为不进则退。您的孩子现在才十岁，就已经成了问题学生，将来前途堪忧，希望您到时候不要后悔。另外，学校是有纪律的。您的孩子我们尽量教育，但教育不是万能的。我们仁至义尽之后，如果他还是不改，对不起，我们就要执行纪律了。还有，这个孩子有进攻性，已经引起了广大同学和家长的不满，矛盾日益尖锐。我们尽量缓和矛盾，但是不排除学生或家长可能直接找您交涉。希望您有个思想准备。再说一句直率点的话，孩子是您的，我们学校只是管他一段时间，而您是要陪伴他一生的。孩子从来没有砸在学校手里的，但是却完全可能砸在家长手里。请您三思！"

我发现许多老师喜欢把什么事情都揽在自己身上，精神可嘉，未必明智。该踢出去的球，一定要踢出去，踢出去反而有利于解决。我们都不是神仙，千万不要把自己的本领估计得过高。

王老师，你真是太厉害了！

我觉得心理上有问题的学生，也应该由专业的心理老师来辅导，毕竟我们不是万能的。开学初，我们班有个住宿生不能适应高中生活，坐在教室里就呼吸困难，经常胡思乱想，每天都要打电话回家，非常的想家，一紧张就啃自己的指甲，她十个指头都只剩下半个指甲了。

我开始是希望通过自己的努力和所知道的方法进行疏导，不知聊了多少次，花了多长时间，当时感觉很好，回头依旧。后来我就联系学校的心理老师，聊了几次之后，学生明显好转，期中考试还在年级进步了一百多名。

所以，别把所有事情都揽在自己身上。即使是班主任，我们首先也是人，然后是老师，教学是根本，然后才是班主任，是管理者。王老师，我这样的理解，对吗？

教育在线·班主任论坛，bnuwwx

## 树立边界意识

我们有很多教师（尤其是班主任）习惯于把学生的什么事情都揽在自己身上，结果弄得焦头烂额。他把相当一部分精力放在事实上做不好的事情上去了，浪费精力，浪费感情，其结果是他本来能做好的事情也耽搁了。

这是缺乏战略思考的精力分配错误。

为什么会这样呢？

你总会听到这样的解释："老师太爱学生了，太负责任了，太敬业了。"

这种解释我同意，但是我觉得不全面，我们不能只从正面解释这种

"大包大揽"现象。愚以为,教师这样做,从另一个角度看,是不清醒的表现,是缺乏科学思维方式的表现。他没有"边界意识",盲目扩大自己的责任。过分内疚,迷信"爱"的力量,见错就管,知其不可为而为之,都是缺乏边界意识的表现。

科学都是讲边界的。你学习任何一个学科(数学,物理,化学,天文学),它都会很清楚地告诉你,这个学科的研究对象是什么,不是什么,它会明明白白地划定自己的边界,绝不大包大揽别人的事情。比如,数学就拒绝研究"什么是爱"这样的题目。它不是不承认这个题目存在,而是说,这个问题应该由别人去研究,它在我的学科的边界之外。这看起来似乎缺乏"雄心",其实是一种严谨,否则你跑到我的学科来,我跑到你的学科去,就会造成混乱,谁也深入不下去。当然,也有所谓边缘学科,那是横跨两个以上学科的,但是它一定说得很清楚,我涉及的是哪个学科和哪个学科,它绝不乱跨,绝不"乱爱"。科学总讲"界定",界定其实就是划定边界。

教师如果具有边界意识,他就会很清醒,很镇静,而不是每天急急挠挠地和学生较劲。他知道自己该做什么,不该做什么,能做到什么,不能做到什么,什么是重点,什么不是重点,什么事我能应对,什么事我只能交给别人去办……也就是说,他知己知彼,工作不盲目,心里不焦虑,他把精力集中在确实能做的事情上,不浪费感情,尽量少做无用功。当他听到"没有教不好的学生,只有不会教的老师"、"校园无小事"这种话的时候,他能明白,这是宣传鼓动口号,不是科学结论;当他遇到确实教育不好的学生的时候,他只会总结经验教训,尽力而为,而不会怨天尤人,或自怨自艾。公平地说,有些孩子的问题确实需要专家来处理,或者由公安机关来介入,人们本不该要求班主任拼小命或拼老命,奋力去解决,正像器官移植那种大手术不能要求县医院完成一样。大家的工作都是有边界的,不能漫无边际,谁也不能提没有科学依据的要求。

所以,树立边界意识,对于教育管理的科学化,对教师工作的专业化,对于教师的心理健康,都有很大的意义。我们也呼吁教育行政部门认真研究和界定教师(尤其是班主任)的工作范围,少提一些漫无边际的、云山雾罩的、胡乱煽情的、神经兮兮的、经不起推敲的口号,以免误导教师,无端加重教师的工作负担和心理负担。

再来看一个例子。

## 我的好心学生不能读懂

现在的学生感情冷漠,你把心掏给他们,他们不但不感谢,反而嫌腥。在我的眼里学生就是孩子,需要老师全方位的呵护,但结果却让人心寒。

班上有一个学生的父母感情不好,妻子没有工作,一切依赖丈夫,疑心丈夫有外遇,因为信任就和我倾诉。为了挽救即将破裂的家庭,给孩子一个安宁的大后方,我把孩子父亲请到学校,跟他谈了孩子的教育和成长问题,并且让他保证不做破坏家庭的事。当时他态度非常诚恳,临走还感谢我对孩子的关心,可不久我在外面遇到了学生父亲和年轻女人很亲密地在一起。我意识到危机随时就会出现,就将此事告诉了孩子的母亲,希望一同阻止危机。然而,孩子的父亲竟然当着我们的面承认了一切,并且提出马上离婚。孩子的母亲精神崩溃了,杀了丈夫,自己也被送进精神病院……孩子一下子成了孤儿,我能不管吗?我向全校师生发出了捐款倡议。当我把钱交给孩子时,他不但不感谢,还把钱甩到一边,恨恨地说:"你已经将我害得家破人亡了,为什么还要继续毁我?"

我真的越来越不明白现在的学生了,他们的心离我很远,无法靠近。每年做班主任我都很投入,但却从没有得到过学生的好评,是学生难教育还是我的教育真的有问题?

《我们需要什么样的师生关系》,载新华网,<br>2003－12－10,源自《中国青年报》。

愚以为,这位老师(李××,13年教龄的班主任)虽然是好心,但是不懂得班主任工作的边界,导致教育行动越位,帮助变成了干涉。

家长有外遇,这是人家的私事。教师扮演道德警察,实在太莽撞了。这超出了教师的职责范围。事实也证明,教师的干预并没有解决人家的家庭危机,反而造成了更大的危机,出了人命。此后,教师不但不反思自己的失误,反而责备孩子冷漠,合适吗?孩子的反应事出有因。做工作应该投入,但不是这么个"投入"法,这属于"介入"了。

李老师只会埋怨学生不能读懂自己的好心,请问:李老师读懂孩子父亲母亲的心了吗？读懂孩子的心了吗？一个也没读懂。所以，恕我直言，李老师是一个相当主观、相当自我中心的人。要先学会读懂别人，再要求别人读懂自己。爱不能强加于人。

这个例子说明，如果我们不能对班主任讲清楚他的职责范围，而一味鼓吹笼统的"爱"，他们中的有些人会乱来的。

前面说过，我希望教育行政部门认真研究和界定教师（尤其是班主任）的工作范围，我觉得这很重要。现在关于班主任任务的提法都大而无当，几乎可以任意解释，结果就是谁都可以对班主任提各种要求，哪位领导脑门一热都可以评比、检查班主任，这样班主任就没有专业尊严了，他就糊涂了。社会不能把教育的担子全压在教师（尤其是班主任）身上，这不但不公平，而且实际上效果并不好。

关于班主任工作的边界，我有以下几点具体意见。

1. 学生的学习成绩，不能片面问责班主任

教育常识甚至社会生活常识都在告诉我们，影响一个孩子学习成绩的因素很多，而且成绩如何首先是他自己的事情，因此，给班主任布置学生学习成绩指标是没有道理、没有科学依据的。上级只应该检查教师的教育理念是否正确、教育行为是否规范、教师工作是否敬业，而不应下达什么及格率、优秀率指标。如果出于教师评价的需要，确实要看学生成绩（因为学生成绩与教师工作能力确有一定相关性），那也要经过专家论证，绝不可以由某位官员主观敲定。只要教师努力，只要教师水平高，学生升学率就高，或者反过来说，学生升学率高，就一定证明教师有水平，这种看法是偏颇的。果真如此，重点学校为什么还有"生源大战"？为什么要抢好学生？说明谁心里其实都明白，事情不完全决定于教师。

2. 问题学生应分三级处理

我主张把问题学生分成三级：轻度、中度和重度。轻度的问题生当然要由班主任教育，中度的问题生学校政教处和心理教师就应该介入，至于重度的问题生，则不应该责成学校解决，更不应责成班主任解决。比如：品德型的重度问题生应该送工读学校（这应该立法，不能完全由学生及家长自愿），心理型重度问题生应该去看心理医生，习惯型重度问题生应该进特许学校（一种公办的特殊学校，教师经过专门培训），个性非常特殊、很难适应普通学校的孩子也应送特殊学校，辍学生教育应该有社会工作者和

警察介入,等等。总之,该谁管谁就应该管,不能让班主任包揽一切,不应让普通班主任去勉为其难地做专家的事情。这个问题后面讨论问题生教育的时候还要说。

3. 问题家长的工作,社区和公安机关应该介入

问题学生的后面往往有问题家长和问题家庭。我主张把问题家长也分成轻度、中度和重度,重度的家长应该主要由社区社会工作者和公安机关做工作,一般班主任对付不了他们。

经过这样的剥离,班主任的工作范围和边界就比较清楚了,这样他们才可能把精力集中在真正的工作重点上,集中在班级多数学生身上,才可以少做无用功。这才符合科学精神。

4. 学科的课堂纪律和学生成绩,不能片面要求班主任负责

学科的课堂纪律主要应该由科任教师负责,学生的学习成绩也是如此。有些科任教师动不动就找班主任:"看你们班的学生考的这成绩!"或者课上发生不大的事情,完全可以自己解决的,也动辄请班主任到场,或者把学生轰出教室去找班主任。这不但给班主任增加了不合理负担,而且会降低科任教师威信,妨碍科任教师专业能力的提高。学校应该出台有关规定,给科任教师做工作,尽量防止这类事情。

5. 非关班级管理的事务,不能随便交给班主任

有些事是该学校总务处办的,比如报到、买保险、订杂志之类的事情,不应该交给班主任办。什么都交给班主任,班主任真成"二家长"了,而且这对教育学生也不利。一切都找班主任,会造成学生的垂直思维。很多学生长大以后缺乏横向联系能力,眼界狭窄,遇事只会找顶头上司,与这种过分的垂直管理有关(条条专政)。结果中小学学生横向联系能力最强的反而是一些问题生,可惜他们的横向联系起的多是负面作用,这是不正常的。相比美国学生每日不断地横向流动(教师不动学生动),我们的管理模式有值得反思的地方。

【思考题】

班主任工作是有边界的。您是否赞成这种看法?请说明理由。

# 第五章

## 班风建设

——班主任工作三大块之一

写到这里,该讨论班主任实际工作的几个方面了。我们将用三章的篇幅。

班主任工作林林总总,纷繁复杂,然而,细想起来一共不过三大块:班风建设,班级日常管理,问题学生诊疗。前两项是抓面,后一项是抓点。现在班主任工作存在的普遍问题是,班主任往往忽视班风建设,或者不知班风从何抓起,而整天酱在日常管理的琐事中。当然,他们也往往在问题生上花费大量精力,可惜他们应对问题生的策略仍然是日常管理的常用战术,比如批评、惩罚、表扬、说服、关爱、向家长告状等等,而问题生之所以为问题生,恰恰在于用这些常规武器不能奏效。问题生需要的是个案诊疗,而班主任一般缺乏这种专业知识。

班主任工作一共才三块,班主任忽略了第一块,用抓第二块的办法抓第三块,两头落空,这就丢掉了三分之二,剩下的中间一块——管理,再缺乏整体意识,缺乏系统意识,管不得法(这也很普遍),则班主任工作的实效性可想而知。很多班主任每天筋疲力尽而成果寥寥,绝不是偶然的。

本书第五、六、七三章,将分别讨论班风建设、班级日常管理、问题学生诊疗这三大块工作。

## 第一节  班风是什么

　　班级在我国的教育体制中是一个相当突出的小小行政单位，凡中国的学生都有鲜明的"班级意识"。当我们回忆学生时代的时候，首先想到的就是我所在的班级，成年人的同学聚会总是以班级为单位，而且一般要请班主任到场。这种现象司空见惯，大家都不以为意，其实是很有趣的。据我所知，西方国家（比如美国）班级就没有这样紧密，那里上课教师不动学生动，学生每日奔波于各个教室去找各科教师，这堂课我和某同学一个教室，下堂课可能就去不同的教室、换不同的同学了。我估计那里的学生也就很难有中国学生这样的"班级意识"，他们的"学校意识"可能会比班级意识强。他们的教室像一辆辆公交车，而我们的教室则相当于一个个小村落，一个个小社区，甚至一个个家族。我们的学校是靠班级支撑的。学校校长出差一个月没关系，要是缺两个班主任，那可就乱套了。愚以为，在这种人文生态环境下，才谈得到班级文化问题，像美国那样的体制，我估计班风问题就不会突出。班风是一种班级文化。任何特殊文化都是以相对独立、相互区隔为前提的。班级相对独立，班级与班级相互区隔，各自成一团，这才谈得到不同的班风。

　　班风是什么呢？班风是一个班级以价值观为核心的、有特色的氛围、行为方式、习惯等等。一方水土养一方人，一方人自有一方人的风俗习惯。班风就是一个班级与其他班级不同的氛围和习惯。教师都有这种经验：你来到一个班，一进教室，或者一接触这个班的学生，就会感到他们有一种与其他班不同的"味儿"。你在不同的班讲课，举同样一个例子，某班学生可能会窃窃私语，另一个班学生可能会哄堂大笑，再一个班学生却可能没有反应,让你觉得他们"不是一个锅里的馒头",不是同一类人。这种不一样的氛围就是不同的班级文化熏陶出来的。

班风的核心是价值观。不同的价值观形成不同的道德氛围、心理氛围和知识氛围,包含着善恶、好坏、美丑、优劣、雅俗的评价。教师们谈到某个班的班风时,总是先说那里是否有"正气",那里是"正气压倒邪气",还是"邪气压倒正气",就是这个道理。班级多数学生认同好的价值观,我们就说这个班风是好的,班级多数学生认同不良价值观,班风就有问题了。

好的班风能给班级提供动力、维护力、凝聚力。积极向上的班风能推动班级多数学生前进,看见别人都努力学习,即使我不大情愿,也可能随大流。班级有正气,对破坏因素就有抵抗力,这和健康人体抵抗力强道理是一样的。至于凝聚力,显然班风好的班级不会是一盘散沙。

班风的内涵,有以下几个要点。

1. 舆论方向

在班风中,这是最重要的,因为它体现这个班学生的价值观倾向。比如学校本是学习的地方,班级舆论应该以好学为荣,以厌学为耻,可是也有这样的班级,实际上努力学习的同学会受到讽刺打击,而不好好学习的人反而被羡慕。学校是助人成长的地方,班级舆论应该以自立自强为光荣,可是在一些班级里,却以依赖父母权势为光荣。这些都属于歪风邪气。不错,现在社会转型,价值观趋向多元化,教师不可太古板,但是大的方向还是要把住。世界上无论什么社会制度的国家,都绝没有把厌学和依赖父母作为孩子优点的,对这些问题,班主任必须立场坚定。

2. 纪律

中国人观察班风,这也是一个重点,鉴于我们的国情,这是可以理解的。但是,很多人以为纪律越严明班风越好,我是不赞成的。看一个班的纪律,主要应该看基本情况,不应要求过严过细,特别要看该班纪律中"自觉纪律"的含量如何。要知道,纪律是一把双刃剑,既能帮助学生发展,也能阻碍学生发展。

3. 学习气氛

学习气氛当然是班风的重要组成部分,学生在学校不学习,学校就名不副实了。但是,关于什么样的学习气氛才是好的,大家看法却未必一致。在许多教师的心目中,好的学习气氛是这样的:我让你学什么,你就学什么,而且卖力气,我不让你学的东西,我不让你干的事情,你就看都不能看,想也不能想;人家做10道题,你做20道,人家玩1个钟头,你只玩10分钟,我什么时候看见你,都发现你处于用功状态,令人欣慰。班级里有这样的学习气氛,好吗?不一定。这虽然比公然厌学要好,但这是被动的学习,奉命学习,给老师学习,傻学习。我们需要的真正好的学习气氛是自觉学习,主动学习,有兴趣的学习,高效率的学习,而且学习不能局限于课本。所以,看一个班级的学习气氛,光看表面是不行的,光看成绩也是不行的,要综合分析,要注意学生的感受和他们真实能力的提高,尤其要看创造性。

4. 人际关系

班级人际关系指师生关系和生生关系。

一般说来,这两种关系中,师生关系是主要的,特别是班主任与本班学生的关系,更重要。师生关系仅凭感觉和印象就能有所了解,看班主任和学生双方的表情,就能知道一个大概,但是要真正了解师生关系,还是要到学生中去调查,学生的感觉才是最重要的。有些班级的学生对班主任非常尊重,双方关系看起来很融洽,其实背后学生说班主任坏话的很多;有些班级的学生对班主任似乎不大礼貌,甚至常常顶撞班主任,但是你到学生中去仔细询问,却可能发现学生对班主任评价并不低。所以,看师生关系不可只看表面现象。

还有就是生生关系。学生之间的关系,相对地说,比较容易看清楚,假象较少,你只要注意谁经常和谁在一起,就能大致看出班里有多少个小群体,他们之间大致是什么关系。一般班主任观察班级学生关系,侧重于是否团结一心搞好班集体,是否互相帮助抓学习,这当然也不能算错。但是,请注意,站在学生个人的角度,他与某个同学做朋友,与另一个同学不相往来,与第三个同学有过节,少有从班集体进步、从班主任工作任务的角度出发的,也就是说,学生之间的人际关系主要取决于他们的个性与价值观,而不是班主任的主观愿望和工作任务。班主任看待学生之间关系是"任务视角",而学生看待人际关系则是"私人视角",如何找到这二者的结合点,需要班主任有高超的教育艺术。许多班主任不顾学生的个人感受,一味粗暴地要求学生"万众一心",就会碰很多钉子。

5. 环境

环境与人是相互影响的。人造就环境,环境也可以造就人;改变人可以改变环境，改变环境也可以改变人。"环境育人"的提法是有一定道理的。我们观察和影响班风，也可以从教室环境入手。教室是否整洁，学生物品如何摆放，公物保护程度如何，标语内容怎样选择，标语如何悬挂，黑板报有什么内容，等等，都可以透露出班风的信息甚至班主任的个性。比如：有的班主任很重视教室内摆花，有的就不主张这么做；有的班级励志标语很多，甚至每人桌上有个小标语牌，有的班级标语就很少，多的是学生的作品。有不少班级在最显眼的地方公布学生的考试分数，此事告诉我们，这个学校的校长或者这个班的班主任大概是应试主义者。我听一位高中班主任说，他曾经发动学生每人写几句最想说的话，然后在教室后面办一个专栏贴出，称之为"发泄墙"，收到了很好的教育效果。就此我们可以看出这个班班风是比较时尚、开放和民主的。

6. 代表人物

一个成熟的群体，一个形成团体文化的群体，往往会产生一个或几个代表人物，他们身上最充分地体现了这个群体的精神风貌，他们就成为这个群体的标志、旗帜。比如解放军的雷锋，大庆的"铁人"王进喜，北京百货大楼的售货员张秉贵，掏粪工人时传祥等等，他们都是他们所在团体之精神的杰出代表。一个学校、一个班级也有类似的情况，形成校风和班风之后，就可能出现代表人物。这个人物如果被大家认可，那就说明班风比较成熟了。班风的代表人物可以是班主任，也可以是某个学生，关键是能否被公认。如果班级隆重推出一个学生（比如中考、高考成绩拔尖，或者参加全国比赛获奖，或者被传媒热捧），本校本班学生私下并不认可，那就说明这个班的班风并不成熟，或者该人物其实不能代表这个班。我们考察一个班的班风，打听一下该班的"名人"是谁，多数同学对他评价如何，也是一个重要方法。

7. "行为品牌"

如果说"代表人物"是班风的"代言人"，那么这里说的"行为品牌"则是班风的"商标"。成熟的班风是有特色的，它必定有一些和其他班不一样的地方，包括活动、习惯、礼仪等等。也就是说，成熟的班风往往有自己的"强项"、"一招鲜"做"行为品牌"。比如，有的班级班会搞得特别好，有的班级体育活动多，有的班级文艺活动多，有的班级学生对教师特别礼貌，有的班级学生个人卫生特别好，有的班级学生特别爱读书、好几个人在报刊发表文章，有的班级学生动手能力强、有些小发明，有的班级学生热衷公益活动，有的班级学生特别孝顺父母，等等。我多年前曾经教过一个班，这个班的学生特别喜欢写字，休息时间也往往有不少同学在那里写呀写，结果这个班学生写字的总体水平明显高于同年级其他班，成为一种班风。我还曾经见过一个班，学生中唱歌走调的人比例很大，恰好其班主任唱歌也走调，所以他们班唱起歌来总是惊动一方。有趣的是他们还特别爱唱，有空闲就唱，而且大家都很卖力，情绪高昂，"声震林木，响遏行云"，唱得非常开心。结果这竟成了该班的品牌。尽管他们唱得并不艺术，但是外班同学还是很羡慕，因为人家快乐。这就告诉我们，一个班至少要在某个方面很突出，与众不同，而且被本班学生认可，外班学生承认，才能形成班风，若处处与其他班相同，即使样样做得不错，也谈不到班风，那只是校风的一种体现。与其他班级不一样之处，才是班风。所以，要了解一个班的班风，还可以向其他班级同学打听，学生往往能三言两语概括平行班的特点。比如说"三班学生能说"、"四班学生厉害"、"五班学生是追星族"，这其实就是口碑，是民间的班风评价，往往很有参考价值。

【思考题】

1. 请回忆您小时候（中小学）所在的班级，用简单的语言一个个概括其班风，然后分析一下，您作班风评价的时候，是从哪几个方面入手的。

2. 本节谈到的班风内涵的七个方面您是否同意？您有何批评、修改和补充的意见？

## 第二节 班风是怎样形成的

在班风建设方面，常见的文章不是经验介绍型的，就是领导报告型的。经验介绍型的文章无非是把自己班的班风夸奖一番，说几个动人例子，罗列一下班级取得的成绩，至于怎样形成的如此班风，为什么会形成这样的班风，则往往言之不详。领导报告型的文章，那就是先大谈班风的重要性，然后给你布置任务，"你应该如何如何"，至于你怎样才能做到这个"如何如何"，也往往是言之不详。

班风是人与人相互影响的产物。在一个班级班风的形成过程中，有时会有一些因素起主导作用。从这个角度，我们可以把班风分成"班主任主导型"、"学生主导型"、"学校主导型"三大类，具体情况如下。

### 一、班主任主导型

就是说，这种班级班风的形成，班主任起了主导的和关键的作用。还可以细分。

1. 道德型主导

教师主要靠自己的道德楷模形象影响学生，处处以身作则。班主任的性格、素质、行事风格，学生服气、敬佩。学生学习老师的榜样，形成了班风。我们前面所讲的导师型的班主任在这方面最突出。这当然是很好的，但是对教师要求很高，而且见效缓慢。

2. 管理型主导

这是说，只要班级有严格的规章制度，处处评比，赏罚分明，坚持不懈，就可以形成良好班风。这种班风像是"管"出来的。"班官"型的班主任都是这类主导者。这种办法正被多数班主任所采用，但是显然越来越艰难，因为学生越来越不服管，年级越高越麻烦。这种班级可能是优秀班集体，但很多学生有压抑感。压出来的行事风格有临时性和表演性，所以这种班风不大靠得住，离开老师就可能乱。

3. 权术型主导

这种老师比较有心计，他们有些"绝活"，能"治"住或"拢"住学生，而这些"绝活"未必符合教育原则。这种班级的班风有的从表面上看还很像样，但是总让人感觉有什么地方不大对劲。其实班级内部有很多不公平、不公正的事情。这种班级不难鉴定，其主要特点是特别封闭，他们班的事情总是神秘兮兮，不敢让外人知道。我们前面说到的"寨主"型班主任，思路往往是这样的。这种班级不多。这当然不是形成班风的正确方向。

4. 活动型主导

这是一些坚持教育原则而又有灵活性、懂得学生心理的班主任。他们从学生情况出发，而不跟着学生跑；他们引导学生，而常常不露痕迹；他们充分发挥学生自己管理自己的作用，又能把住大的关节。这种班级往往是在不断的学生活动中培育良好的班风，例如搞主题班会、假日出游、参加比赛、生日晚会等等，用这种活动凝聚班集体。这种班级在评比中未必处处领先，但风气活跃而开放，气氛健康，大家都心情舒畅。"科学家"型的班主任，"领袖"型的班主任，"鼓动家"型的班主任，还有部分"班妈"型的班主任，喜欢采用活动的办法引导班风。

## 二、学生主导型

都说教师是主导，学生是主体，怎么学生成了班风的主导了呢？

有以下几种情况可能导致班风由学生主导：班主任能力差，控制不住，引领不了；班主任是新手，完全没有经验；班主任有点糊涂，像"昏君"，闹得大权旁落；班主任主张"无为而治"；班主任责任心差，不管；学生中有能力很强的"领袖人物"，其威信超过班主任。

学生主导型班风主要出现在中学以上的班级，以高中为多。学生主导班风不一定都是坏事，也未必一定形成不良班风，要具体分析。

1. 好学生主导

学生干部或者学生骨干能力很强，而且作风正派，班级问题生成不了气候，于是好学生就可能主导班风。这种班级的特点是学生自治能力强，自觉性强。这种班级的班主任有可能是能力比较差的老好人，也可能是"导师"型或"科学家"型的教师，有将帅之风，运筹帷幄，放手发动学生，自己只作宏观指导。

2. 问题生主导

这就是所谓歪风邪气占了上风。可能是"帮会"型的，有"老大"，也可能是一盘散沙型的。班级多是乱班，班主任失控，但也有的表面不太乱，只是班主任被学生牵着鼻子走，不得不干很多违心的、违反教育原则的事情。出现这种情况一般是由于班主任能力差，或者是问题生领袖能力特别强，或者是班主任不负责任，明知有问题不抓。"维持会长"型班主任，"班妈"型班主任，"班官"型班主任，一旦因工作失误导致班级失控，很容易出现问题生主导的局面。"寨主"型班主任有时也可能重用品德型问题生做班干部，用来控制一般同学，这实际也是一种问题生主导，只不过其邪气是在暗中涌动，表面上班风还说得过去。

3. "沉默的大多数"主导

这种班级非常有趣。你会常常看见班主任在那里说呀说，也会看见几个班干部在前台忙呀忙，但是整个班级好像与他们的活动没有多大关系，多数同学该干什么干什么，该怎么干怎么干，自有一定之规。观察这种班级的班风，千万不要只看前台的演员，真正奠定该班班风基调的是那些"观众"，是沉默的多数。他们是在用行动发言。为什么会这样呢？因为这种班级凑巧性格内向的学生比例特别大，而班主任的工作方式又很不适合他们的性格特点，于是他们就只好我行我素。当然，这种学生一般是不会公然和班主任作对的，他们不是问题生，他们只是用消极的态度对待班主任的号召。

4. 小群体整合

有一位老师（搬山不止）在网上发言说："班风是不同的友伴群较量的结果。"这种看法很有见地。如果一个班主任没有能力掌握班风，或者渎职不管，而班级小群体又呈"千岛群岛"状，那么这各种小群体力量就会按

"丛林法则"进行较量。较量的结果很可能哪一个小团体都不能主导班风，于是最后形成的班风就是一个奇怪的混合物，一个大杂拌。这种班级也是有的。"维持会长"型的班主任，或者"书生"型的班主任，常可能带出这样的班级。

### 三、学校主导型

这种班级，既缺乏有能力的班主任，也缺乏有能力的学生，师生都缺乏特色和个性，大家都一般般，谁也没法领着谁走，那就只好跟着学校的规章制度走，跟着学校的检查、评比走。

这种班级的主要特点就是没有特点。教师、学生都没有多少激情，缺乏凝聚力，但也不至于四分五裂。班级随年级的大溜，教师是"维持会会长"。如果该校校风较好，这种班级也不至于有大问题；如果校风不好，它就是乱班。

以上分类的好处是：作为校领导，有了这种分类就可以进行有针对性的班风形成指导；作为班主任，有了这种分类可以找到自己引导班风的路子，以便改进工作。光靠评先进班集体的办法检验班主任工作是不够的，因为那只是行政行为，缺乏学术视角。

关于班风的形成，人们最关心的还是班主任在其中究竟能起多大作用。

许多人对此是过于乐观了。他们认为，班风是可以"塑造"的，也就是说，不管什么样的班级，我用我的一套办法，都可以形成我所需要的班风。事实告诉我们，这只是一厢情愿而已。班风问题非常复杂，班风绝不是某个班主任从善良愿望出发，制定点条条框框，然后严格管理，就可以"管"出来的。班风之所以形成，关键在于学生原来的素质。班级不能脱离校风，也不能脱离社会风气，小环境躲不开大气候。班主任所能做的，不过是"因班施教"、"因势利导"。班主任绝不是无所作为，但也很难心想事成，班主任对班风的期望值必须实事求是。

有些班主任志气大，能力强，他们认为，无论大气候如何，我都可以在我掌控的班级中创造一种相对良好的"小气候"（风景这边独好）。这种精神，只要不太脱离实际，我觉得还是应该提倡的。我们不能消极被动地适应现实，我们还应该为改造现实贡献一点力量。

我们的任务就是要研究一下，班主任可以在什么基础上，通过什么手段，影响班风到什么程度。这样，就可以一方面避免无所作为的放任主义，一方面避免乌托邦式的冒险主义。

班主任接到一个新班，要培育良好的班风，不能主观制订一个计划，绘制一个美好蓝图，然后像诗人一样对学生宣讲，然后就检查、评比，企图加以落实。很多班主任就是这样做的，最后他们的设想往往会破灭。其实班主任要做的第一件事情是了解学生情况。比如这个班学生基本素质较好，班干部又很强，班主任就可以把设计班级目标的任务交给学生去做，教师作些指点即可；比如这个班学生很外向，那么要形成良好班风，搞活动往往就比强化管理更有效；比如这个班学生的小群体呈"千岛群岛"之状，班主任就不要幻想班干部能起很大作用，教师就要稍微劳累一点，做各个小群体之间的粘合剂；比如这个班有一两个明显的问题生小群体，邪气很盛，如此情况下班主任搞什么"美好愿景"就很可能是徒费时间，要形成良好班风，班主任就需要团结基本群众，和不良小群体进行斗争。

以上说的是"知彼"。班主任要培育良好班风，还必须"知己"，要了解自己的强项是什么，自己适合用什么方式做工作。比如班主任是一个非常活泼开朗、善于组织活动的"鼓动家"型的人，偏偏遇到一个非常内向的班级，气氛几近沉闷，班主任若盲目发挥自己的强项，结果发现煽情煽不动，就可能很失望、生气，对学生发脾气，如此师生就会对立。这种班主任应该明白，自己的性格不适合这类学生，应该学点沉稳，学点耐心细致的工作方法。比如班主任是一位特别善于以情感人的人（"班妈"型），偏偏这个班的多数学生属于比较理智的、不善于动感情的人，这就麻烦了。这种班主任会觉得学生是冷血动物，很是寒心。其实这只是班主任的个性不适合学生，不能片面责备学生。若换一个班主任，可能就做得很好。再比如班主任是一个严肃的、长于管理的人（"班官"型），偏偏他遇到的班级里有一大堆"孙猴子"，这位班主任可就惨了，学生会把他搞得焦头烂额的。如果换一个比学生更能闹（善于用活动引导班风）的"猴王"，倒可能把班级搞得有声有色。又比如说班主任是一个特别喜欢道德评价的人，偏偏他的班上有几个品德型问题生，抽烟、喝酒、上网吧，与社会不良分子关系密切，那这个班就可能硝烟弥漫，班主任和问题生之间就会爆发持续的"战争"，弄不好还可能出大麻烦。这种班级的班主任，就适合让"科学家"型的人来做。总之，正如战场上常胜将军罕见一样，学校里也很少有常胜班主任。你去年带出一个非常优秀的班集体，无限风光，今年却不行了，好像遭遇了"滑铁卢"，这没什么可大惊小怪的，很可能是你去年恰好遇到了一个适合你性格的班级，而今年则相反。所谓优秀班主任，不过是比较善于调整自己的性格以适应不同的学生、武功比较齐全、能够应付学生中各路"大侠"的教师而已。

我们的学校现在安排班主任，出发点往往是教学能力和一般管理能力，很少顾及班主任性格。我认为以后这应该是安排工作要照顾的一个重要方面。毕竟班主任不是变形金刚，我们不能要求班主任有那么全面的适应性。

【思考题】

请举出您带过的印象最深的班级（最好一个成功的、一个失败的），回忆一下您开始是怎么打算的，后来是怎么行动的，最后形成的班风和您原来的预计是否符合，经验和教训是什么。

## 第三节　班风诊断

上一节谈的是班风怎样形成，也就是班主任如何恰当地引领班风，本节要谈的是，一个班级大致形成自己的班风以后，我们如何对它进行评估。这种工作，我称之为"班风诊断"，相当于给一个个班作"班风体检"。

这种工作意义何在？有了这种评估，我们就可以帮助班主任更清醒地认识自己的班级，扬长避短，扬长补短，使班级建设更上一层楼。我们现在评估班级工作的主要方式是日常评比和评选优秀班集体，我说过，那是行政视角，不是专业视角，那种评估是笼统的，而且只看结果，因此对班主任工作缺乏指导作用。班风诊断的目的不是为了选优，而是为了了解。班风诊断既可以由学校组织，也可以由班主任自己操作，自我诊断，这本质上是一种调查研究，它的出发点是帮助每一个班主任提高专业水平。所以我认为，班风诊断比评选优秀班集体更实在，更具人文精神。

作班风诊断可以用观察、访谈、问卷、听课等方式。需要注意的是，班风有"显性班风"和"隐性班风"之分。"显性班风"是人们表面看到的班级风气，"隐性班风"是班级的实际作风，这二者有时并不一致。比如：有的班级在公开课上学生显得十分好学，然而平时并不如此；有的班级检查卫生时非常整洁，其实平时很脏乱；有的班级在讨论本班发生的问题时，群众舆论很好，是非分明，然而私下的议论却根本不是这么回事……所以，我们在作班风诊断的时候，要尽量想办法了解真实的情况。显性班风当然也要看，但重点应该是了解隐性班风，因为那才是这个班真实的风气。

我把班风诊断分成常规诊断和特色诊断两个层次。常规诊断是了解一般情况，特色诊断是了解班级特点，把这二者合起来，应该就是这个班级班风的"画像"了。

我们先说常规诊断。

班风的分类是一件很困难的事情，比学生分类难多了。班风诊断和医学上的诊断差别很大。医生看病，比如您是内科疾病，他可以只从内科角度诊断您的病属于哪一种，而不管您骨质是否疏松。班风诊断这样不行。比如单从学习角度看，某个班属于成绩好的，可是学生之间很不团结，班级活动阻碍重重。这种情况班风算好还是算不好？说不清楚。班级是一个非常复杂的有机体，它的各个侧面互相勾连，互相影响，互相渗透，无法切割。单向度的分类方法容易片面，行不通，可是若不分类，就无法深入研究，更谈不到诊断；多角度分类是个办法，可是分完了又难以整合。

我想了又想，想出了这样一个办法：

第一步，把班风从纪律和品德、学习、人际关系三个主要维度各分成几个层次。

● 从品德和纪律角度分（代号P，是汉语拼音"品德"的第一个字母）

1. 淘气型

2. 破坏型

3. 老实型

4. 邪气型

5. 两面型

● 从学习角度分（代号X，是汉语拼音"学习"的第一个字母）

1. 小聪明型

2. 智慧型

3. 迟钝型

4. 偏科型

● 从人际关系角度分（代号R，是汉语拼音"人际关系"的第一个字母）

1. 师生团结型

2. 生生团结型

3. 小山头型

4. 一盘散沙型

第二步，把人们（主要是班主任和科任教师）对某个班级的印象分成三级。

一级印象：最初的印象，最强烈的印象，持续的印象。

二级印象：后来发现的特点，次强烈的印象。

三级印象：再后来发现的特点，相对弱一点的印象。

比如某个班级给老师的突出印象是团结（人际关系方面），不久教师就发现他们还很聪明（学习方面），后来又发现这个班学生常常惹是生非（纪律方面），则这个班班风特点的排列顺序应该是RXP。

比如某个班给教师的突出印象是老实（品德方面），后来又逐渐发现学生一盘散沙（人际关系方面），再后来又发现学生普遍不聪明（学习方面），则这个班班风特点的排列顺序应该是PRX。

比如某个班给教师最突出的印象是学生聪明（学习方面），学生分不少小的山头（人际关系方面），不久又发现这个班学生很善于耍两面派（品德方面），继续的观察表明该班学生的聪明主要是外表的活跃，而这个班真正致命的弱点是两面派，则这个班的班风特点在确诊时，各维度的排列顺序就应该是PRX，而不能按最初印象中的顺序排列。

第三步，把上述两个方面结合起来，就可以确定班风类型了。

比如某个班级，品德纪律是淘气型的，学习很明显是智慧型的，人际关系是一盘散沙型的，而淘气并不很严重，一盘散沙也不是很严重，那么这个班的班风就可以确定为X2P1R4。

比如某个班级给人的突出印象是师生团结，其次是学生老实，最后是学习偏科，这个班的班风特点就可以锁定为R1P3X4。

这种班风分类的方法很灵活，可以分出很多类型，但是又大致有一个框框，有一些标准，或许是比较实用的。

每确定一种类型，接着就要研究这种类型班风的对策。一类一类研究，将来把研究成果编成一个手册，班主任就可以像查字典一样，找到自己班级属于哪种类型，以及如何适应它和提高它。只要不把这种东西绝对化，想来对班主任是有帮助的，至少对班主任的思路有所启发。

最后还有一个问题是，要界定三个维度（品德、学习、人际关系）的各个层次，需要一些标准。比如怎么就算"小聪明"，怎么才算"智慧"，"师生团结"和"生生团结"区别在哪里，这些必须尽可能说清楚。这个工作有待今后完成。

我把上述班风常规诊断思路发在网上，一些老师很感兴趣。下面是我和一位班主任的讨论。

【案例】

王老师，您好！

我现在把我的班级情况按您说的作一分析，请王老师给予指教。

根据班级现状，我从整体考虑，我认为我的班级应属于这种类型：P3X3R4。

我为什么认为是这样的呢？因为我的班级女生较多，16女9男。从品德上看，大多数学生比较老实，个别男生比较活跃。其中有一男生比较淘气，总是喜欢做一些能引起同学关注的事情，比如上课发出怪声，但很有领导风范，整个班级男生都围着他转。班级纪律问题大多由他引起，他也是我现在比较头疼的学生。

从学习上看，分班时成绩较好，但聪明的学生不多，大多数女生属于勤奋但不聪明型的，男生属于聪明但懒惰型的。整体我认为属于迟钝型。我教数学，感触较深。因为学生勤奋，现在成绩还可以。

从人际关系上看，上学期我认为还比较团结，但这学期形势有所改变，就像您分析班风时说的，各种小团体都在较量，但现在没有特别明显的山头出现。女生之间现在小团伙比较多，而且天天发生些小的矛盾，没有出现哪个小势力或个人想称霸这个班级的想法，就是一些日常的小矛盾。我现在每天忙于做这些小团伙的工作。而男生那边则有那个男生率领，并没出现大问题。

我的班级情况大体就是这样。现在是初一，表面看没什么问题，可作为班主任，我还是很担心的，我不知道是否能把班级顺利带到稳定发展的时期。我现在重点是这样抓的：首先抓学习风气，班级学习风气在进步。比如说，昨天下雨，课外活动没上，其他班级放学了，我留完作业说同学们可以回家了，可是没想到的是班级同学没有一个收拾书包要回家，都开始写作业学习，我当时很感动啊！其次，每天课外活动时间我都去和他们一起玩羽毛球、排球、篮球等，我认为这样可以加强学生之间的感情和合作意识，有增强班级团结等好处。现在学生每天都在等着我和他们一起玩。

在班级我也不时地进行思想教育，但不空谈大道理，主要说目前时间紧任务重，要为期末考出好成绩而努力，只有在班会时会说些其他情况。其他方面不断督促班委会去做。

想说的很多，但又不能面面俱到，就说这些。表达得不好，请见谅！

我这么做会有效果吗？对吗？我该如何做才能更好呢？

恳请王老师多多给予指教。谢谢您！

K12·班主任论坛·班风小论坛，天道酬勤

## 答天道酬勤老师

初步感觉，您这个班比较好领导。建议您注意以下几件事：

1. 想办法培育一个班级特色（班级品牌），也就是要培育一个其他班级没有的特点（在本班有基础），发扬起来，让它成为本班学生的骄傲，让其他班级老师、同学一提起您班就想到这个特点。这和一个人有个性别人才能记住他、他自己也容易有自信道理是一样的。

2. 有可能的话，制定一个班级目标（具体而有条件达到），发动全班向这个目标努力。

3. 请注意您说的个别男生既有破坏纪律的负面作用也有活跃班级的正面作用（激活思维，宣泄情绪）。班风老实，没有活跃因素，就会沉闷，所以对个别男生一定要兴利除弊，掌握火候，恰当引导。

4. 女生的小矛盾，我主张少介入，那是没有完的。引导女生想大事，开阔心胸。

5. 这种班级的学生，介绍一些切实可行的学习方法供他们选择很重要，因为他们可能大多想学习。

6. 您研究一下，这个班适合男生主导还是女生主导。这很重要，涉及班风走向。我现在不敢说。

上面谈的是班风的常规诊断，下面谈特色诊断。

我主张特色诊断侧重用问卷方式，辅以访谈和观察。

我初步设计的问卷内容如下。

## 班风特色诊断问卷

（发给学生填写时只写"问卷调查"就行了，不必提"班风"）

1. 你最崇拜的人是谁？
2. 你最讨厌什么人？

3. 你们班同学在课余最喜欢的活动是什么？

4. 你们班同学闲聊的主要话题是什么？

5. 这个班给你印象最好的地方是什么，印象最不好的地方是什么？

6. 关于班风，你最想对班主任说的话是什么？

7. 如果向全校推出一个最能代表本班形象的学生，你推举谁？为什么推举他？

8. 你觉得自己的班有什么和外班不一样的地方？

9. 你们班最让你骄傲的是什么？

10. 你听过外班同学评价你们班吗？他们说什么？你赞成他们的评价吗？

11. 如果有机会调班，你愿意离开这个班吗？为什么？

这种问卷，最好由学校教务处老师主持，不记名，填写时班主任最好回避，但事后要把结果如实反馈给班主任。如果班主任平日作风民主，学生说话没有什么顾忌，则这个问卷调查由班主任主持也行。无论谁主持，关键是要得到真实的情况。

1、2、3、4题侧重调查学生的价值观。比如说一个班多数学生崇拜科学家，另一个班多数学生崇拜超女，第三个班多数学生崇拜政治家，显然这三个班的总体价值取向是不同的。班主任了解了这个情况，就要想想这是为什么，是否与当地社会风气有关，是否与家长的职业结构有关，是否与校风有关，是否与班主任个人的导向有关。如果学生的反映与班主任平日印象有很大出入，那就更值得注意了。比如班主任平日竭力引导学生崇拜考试状元，学生在公开场合也顺着老师说，然而问卷的结果却表明很少有学生崇拜他们，那就说明班主任的引导是无效的，班主任就要调整自己的想法和做法了。业余活动和聊天内容非常重要。真正能反映一个班学生素质的，往往是在非正式场合的言谈举止。我们研究班级多数学生的课余活动内容，比较容易了解隐性班风。

第5、6题调查学生的班风认同。如果一个班已经形成比较稳定的班风，则多数学生对本班的优势和劣势应该是比较清楚的，若学生答得七零八落，可能说明本班班风尚未形成。

第7题也是调查班风认同的。前面说过，一个集体若比较成熟，它往往就能推出代表人物，如果学生推不出代表人物，或者所推人物非常分散，那就有可能说明这个班的班风尚未成熟。

第 8、9、10 题调查学生是否知道本班特色，这是一种"班级自知之明"。班级多数同学对本班特色认识越一致，证明这个班集体越成熟。

第 11 题是调查学生归属感和安全感的。比如一个班 40 人，若其中有 4 人以上（10%）希望调离这个班，恐怕其班风就有问题了。一个好的班集体，要给每个人带来安全感。

总之，问卷收上来，就是一份研究资料，其中包含着大量的信息。先作统计，然后进行细致的解读。要特别注意各种意见的比例，注意其中互相矛盾的信息。这种问卷的最大好处是把班风展开，具体化，引向深入，激发班主任思考。有思考才有专业能力的提高。

【思考题】

请根据本节思路对您现在所任班级的班风作一个常规诊断或特色诊断，然后进行详细分析，提出下一步的措施。

## 第四节 如何引导班风——舆论

　　本章前面几节说的是班风的内涵、班风的形成和班风的诊断,下面我们要谈班主任对班风的引导了。这是重点,因为教育者是专门影响别人的,我们研究班风,就是为了对它施加影响,对它进行引导。

　　不过我们得先讨论一下,所谓引导班风,到底是什么意思。

　　"引"字的本义是开弓(把弓拉开),"导"字的本义是带领。细品"引"字,有"引而未发"的意思:弓拉开了,还没有把箭射出,叫作"引",箭一经离弦射出,就不再是"引"了。所以,"引"其实是很难掌握的一种姿态和火候。"导"是带领。带领的姿势是什么样呢?如果一个人打算带领我,那他一定要走在我前面,他一定要和我面朝同一个方向,也就是说,我看到的,应该是他的后背,而不是脸孔和正面,这样他才算是带领我向前走。综合"引"、"导"二字的含义,我们可以得出结论:如果我们把是非对错的现成结论明白地摆在对方面前,这就不是"引"了(箭已经射出);如果我们面对面给对方讲道理,对方走错了路,我们拦住他,并且指给他正确的路,虽然这常常是必要的,但这也不是所谓"引导"。按照这个标准,可以想见,经常挂在教育者嘴边的"引导"二字,其实在实际教育行为中并不多见。我们是误把很多其他教育方式当成"引导"了。本书前面谈到的定规矩、评比、批评、惩罚、说服、表扬、榜样、集体舆论、师爱、威信等影响学生的方式,前四种基本不属于引导,后面六种也不全是引导。比如我树立一个榜样,如果给学生的感觉是这个榜样站在他对面教训他,所起的作用就不是引导。引导是一种不大好掌握的艺术。

　　据我看,关于班风引导,以下几个基本理念是应该注意的。

第一，所谓引导班风，指的是在原有班风基础上使它有所提高，并非必须使它达到某个标准状态。班风引导是不可以设置标准答案的，期望值要实事求是。比如遇到一个非常活跃、淘气的班级，你就不能幻想把这些孙猴子一个个引导得像唐僧那样安稳，那是不可能的，那是违背孩子本性的。我曾经说过，"班风是可以培育而不可以塑造的"，有些老师觉得难以理解，他们认为培育和塑造都是在原有材料基础之上进行加工，没什么区别。对此可以这样回答：培养的对象是生物，塑造的对象是无生物，前者要比后者更尊重对象的主体性、发展性和不确定性。教育与其说像工业，不如说有点像农业。班风是一种风格，而不是某种产品规格。培育班风当然有相对统一的大方向，但这不是标准答案，不是一个模子。完美的班风是不存在的。这就像民风一样。"八方各异气，百里殊风雨"，不同地区的民风当然可以作比较，而且比较起来很有趣味，但如果非要把上海人"引导"成北京人的风格，就一定是白费力气，而且出发点就错了。

第二，引导班风，只解决班风的主流，不能期望全班"众口一词，万众一心，团结得像一个人一样"。那种整齐划一的思想是有害的，而且事实上做不到，做到了也是假的。一个班级有不同的声音，这很正常，不一定是坏事。

第三，班主任的个性有可能对班风产生相当影响，尤其是班主任个人魅力突出或者学生年龄小，更是如此。这时班主任要注意的是，不要企图让全班同学都和班主任个人的喜怒哀乐、个人偏好保持一致，否则可能会压抑某些学生。比如某位班主任有洁癖，他就可能竭力引导学生注意个人卫生，甚至到了过分的程度，于是班里不拘小节的孩子就可能日子过得很不快乐，其实这种孩子未必将来没出息。班主任讨厌某个学生，就让学生孤立他，这是很不应该的。班主任不要以自己为尺度衡量学生，教育有教育的大尺子，不要自定标准。

第四，引导不是万能的。引导只是培育班风的一种手段，培育班风常常要综合使用很多其他手段，要恰当选用合适的手段。比如管束，就是培育班风不可或缺的手段之一。现在的问题是班主任使用真正引导的手段太少，而运用其他手段太多，而且常常误以为自己的管束就是引导。引导是软兵器，管束是硬兵器，区别这两种武器，清醒地认识到自己正在使用的是何种武器，这是需要专业知识的。

本节要具体谈的，是舆论的引导。我们看案例。

**【案例】**

### 求助：学生乱发言论如何处理？

作为高三班主任，为了使学生更好地宣泄学习压力，我准备了一个本子放在班上，让学生把心里话、苦闷事、烦恼、喜悦写出来，使自己的学习心态更平稳。但事与愿违，学生乱写一通，什么读书无用啦，学费太贵啦，哪个班有美女啦，本班丑女多啦，有的老师授课糟糕啦，班主任到宿舍偷听同学讲话是侵犯个人隐私啦，甚至给了我一个外号"肥郑"。气死我了！有的同学写了不伦不类的话语，甚至不堪入目的语句。如果竭力反对、打压，又达不到我预期的效果，不批评解决，也肯定不行。现向各位朋友请教：怎样处理这个问题？

K12·班主任论坛，圭江小子

### 给圭江老师的建议

既然您让学生说话，就不要指望他们说的话都是您所喜欢的。

听到意料之外的话，只能证明我们过去并不了解这些学生。

而且您也不要以为他们怎么说就会怎么做。"嘴坏"不等于"行动坏"，不等于"心坏"。其中有些可能属于发泄的性质。

但是总不能听任他们乱说下去吧？

所以要有应对之策。

不可公开批评，否则可能激起反弹，或者干脆都不说话了，那还不如当初不开这个口子。也不必表扬其中较好的发言，给出"导向"，高中生会看穿老师这种把戏的。

我主张在公开场合尽量少提这个"意见本"，但是认真阅读其中的每一条发言，如果其中确有说得中肯的意见（比如班主任偷听学生讲话），要在实际行动中加以改正，但不宣扬。

对其中确实过分的发言，要私下找发言人谈话，告诉他，你在自毁形象，殊不明智，不要光图嘴痛快。

注意，如果贵校领导是比较古板的人，最好不要让他知道此事，或者等学生发泄一波基本平静下来，找个借口撤掉这个"意见本"。

圭江老师的开放意识是好的，只是措施太急、太猛了，而且缺乏应对意外事件的预案。

谢谢王老师给我好的意见。我原来的出发点，是希望学生，特别是怕事的学生，能找到一个讲心里话的平台。说我偷听学生谈话，其实是太冤枉好人了。当时，晚睡铃响过20分钟了，我去宿舍巡睡（也就11点20分了），发现学生在吹牛皮。当时我没有制止，我想了解他们谈论的内容。他们也没有发现我，足足讲了几分钟。难道老师对学生的关心都算是"偷听"，算是侵犯学生的权利吗？

圭江小子

## 答圭江老师

不是偷听，向相关学生解释一下就是了。

不过，既然当时没有学生发现，消息是怎么走漏出去的？是不是圭江老师不小心说漏了？

其实，如果当时听完之后，圭江老师就敲门提醒学生睡觉，而且声称"你们说的我都听见了。吹什么牛！"，可能反而没事了。

这个案例告诉我们，对学生私下的消极言论，不可以放手打开闸门，否则可能毁坏班风，但是也不可以一味封堵。这个班的学生可能正是以前得不到发泄机会，有了这么一个机会才如此放肆的。我给圭江老师出的主意基本思想是：我不宣扬它，暗中做工作，过一阶段，可能就会好点。如果歪风越刮越盛，那我就换办法，不用引导法，先把闸门关上（管束）。当然，关闭时要找个借口，自然一点。也许过一个月，我又用另外的办法开个小口子（比如请学生每人做一个录音节目放给大家听），让学生发泄一下。就这样堵堵放放，使班风一天天好起来。

顺便说一下外号问题。学生给圭江老师起了个外号——"肥郑"，圭江老师"气死了"。我要是圭江老师，会对此一笑了之，我看不出这个外号有什么恶意。

实际上外号是一种"民间"文化，亚文化，对于班风有一定影响（不全是负面的）。要建立良好班风，不可不注意这个问题。

外号有很多作用，都是姓名无法替代的。

外号有表达感情的作用。有的外号表示尊重，有的外号表示亲昵，有的外号表示排斥，有的外号表示轻蔑，有的外号表示喜爱，有的外号表示敬畏，有的外号表示厌恶，等等。所以，聪明的班主任完全可以从外号看出很多学生之间的关系，也可以看出给别人起外号者的性格和思维倾向。

外号有评价作用。比如一个同学人称"机灵鬼"，可知他必有聪明之处。要是人称"军师"，那就不是一般的聪明了，这种学生可能很善于出谋划策，用好了是班级建设的力量，弄不好就可能成为老师的劲敌。要是被称为"臭猪"，则他的个人卫生情况就可能有问题。很多外号都有评价色彩，这种外号等于把学生之间的相互看法明白地告诉了老师，是班主任治班的重要信息资料。

外号还有确认人际关系的作用。比如大家都把一个同学称为"老大"，那起码说明有些同学服他或者怕他。要是大家都称某个同学为"小不点"，那大概说明这个同学常常处于服从的地位。若某几个同学称某同学为"老大"，而有的同学拒绝这样叫他，那说明他们可能不是一个小群体的。

外号还可以作为一种交际手段使用。我恨谁，可以给他起一个难听的外号臭他，我想接近谁，可以起一个好的外号给他拍马屁。有些外号是当面叫的，有些外号只在背后叫，显示出不同目的。

外号还是一种娱乐方式。互相叫外号，常常可以调节过于严肃的气氛，缓解压力。从这个意义上说，外号有某种心理镇痛作用。

千万不要以为人有了名字就可以了，外号总是如影随形地跟着人的姓名。谁不曾有过外号？外号是我们生命的一部分。你拿"老蔡哥"和"小蔡"相比，感觉就完全不一样。外号包含着丰富的信息，是宝贵的研究资料。想想《水浒传》一百零八将的外号，就知道外号的重要意义了。

我并不是说班主任应该提倡外号。我的意思是要面对它，研究它，让它为班主任工作服务。至于如何对待，那要分别情况。有的（侮辱人格的）要严令禁止，有的要婉拒，有的要装作不知，多数则要宽容。我不敢说外号是和谐班级的一个特征，但是我敢说，生活在一个没有外号或严禁叫外号的班级，那是够郁闷的。

我真希望有人专门研究外号问题——收集各种各样的外号，进行分类研究，这将是很有学术意义的工作。

还有，学生给老师起外号，也是不可避免的，也值得好好研究。我的印象，如今学生给老师起的外号多数都是负面的，有的还相当"恶毒"。这从一个侧面反映了师生关系的紧张状况。若有这方面的研究成果，对班主任们可能会有警醒作用。至于圭江老师有幸得到的这个外号，据我看是比较友善的，说明圭江老师学生缘还不错。

我有一种感觉，广大班主任似乎都在奉行一种相当简单化的思维方式，把什么都看得那么简单，不详细分析，不研究，只朝一个方向想事。比如外号，就只觉得它不好，应该取消，如此而已。这样想事情，对问题的看法就会永远停留在最表面的层次，非常不利于专业水平的提高。出现这种现象表面上看是由于教师工作太忙，没有时间思考，其实不是这样。我有充分的证据证明他们时间充裕的时候也还是这样想事情，这是个思维方式问题，不是有没有时间的问题。

【案例】

请来讨论是非观的问题

有一次，我让同学们写一篇作文，题目是《值得我骄傲的几件事》，结果我在翻阅作文时，看到了 A 的作文，他记录了这样两件事：

1. 他上小学一年级时自我感觉好像威望很高，甚至高过了班长。有一次，他把墨水洒到一个小女孩身上，弄得小女孩浑身都是，小女孩哭哭啼啼去找老师告状，也不知道他是怎么对付老师的（过程他没写），最后老师非但没有批评他，还说了一大堆小女孩的不是，这让他很开心。

2. 初中时，有一次他旷课，纪律委员把这事告诉了班主任，班主任批评了他，但下来他联合了一帮哥们儿，开始散播说纪律委员爱打小报告，是老师的跟屁虫，结果没人和纪律委员玩。他觉得这一次他很成功。

看到这些，我无语。真的不能想象，这是一个高中生值得骄傲的事。我当时又找不到处理问题的最好办法，只好简单批一"阅"字了事。

现在回想起来，真的有一种啼笑皆非的感觉。同志们遇到过这样的事情吗？讨论讨论吧。

K12·班主任论坛，去留无痕

## 致去留无痕老师

　　我认为这两件事是有内在关联的：都是作假掩盖自己的错误，嫁祸于人，都是耍老师，而且都成功了。这个孩子看来已经掌握了一种狡猾的生存技巧。

　　形成这种错误的人生经验有两个条件：一个是他肚子里先要有"坏水"，一个是这种招数要能屡屡得手。如果这孩子小学一年级时用此招就被教师识破，后来又屡遭挫折，他今日恐怕就不会以此为"骄傲"了——人是不会把失败的记录当作骄傲的。所以，恕我直言，这孩子形成如此是非观，官僚主义的教师帮了大忙。其实他的招数并非"高智商"，很容易识破，教师竟然被小孩子欺骗，应该反思。体验比观念重要。这个孩子的狡猾，可能来自家庭影响，但是真正把这种狡猾固化成一种生存技巧的，是他多次的"成功体验"。

　　所以，做一个教师，不上这种学生的当，才是对他们最大的帮助。如果在具体事情上总让这类小花招得逞，则教师的道德说教就是软弱无力的，甚至是完全无用的。

　　这个孩子遇事的基本原则是绝不反思自己的错误。教师如果看到学生这样的作文不反思我们的失误（不是某个教师的失误，一定是若干教师的连续失误），则再恕我直言，教师的思维方式与这个学生其实有相似之处，都不愿检讨自我。

　　中学那件事更值得研究了。学生A能鼓动一帮人不理那位纪律委员，说明他有群众基础，可能是班风不正，可能这个纪律委员本来就不得人心，这都不是一个简单的是非问题。这位A同学在初中的得手和小学一年级成功的性质已经有很大不同。小学一年级那件事还可以说是他出于自我保护本能的一种调皮，初中这件事就已经是耍权术了。当然，我们还不能因此断定这个学生就是品德型问题生，那是要全面考察的，不能光看一两件事。

　　事已至此，我若是学生A的班主任，看到这样的作文，该怎么做呢？

　　我先了解一下他的这种思想现在班内有没有市场，这是个舆论导向问题，要首先注意。如果实际上并没有什么市场，他在我班也没有玩过这种花招，那我在班里就不提此事，只抽时间教育他本人即可。如果他有市场，甚至他在我班也耍过这种花招，那他等于向我泄露了"军机"，我一定要顺藤摸瓜，找到我工作的失误，搞清他的群众基础，扭转我的被动局面。我可以在征得他同意的前提下，组织一次班会，专门讨论这篇作文（如果他本人不愿意，可以不公布作者真实姓名）。既然讨论，就要让不同的意见都说出来。要是讨论时居然多数人支持学生A，那说明这个班已经成了问题班（乱班），班主任下一步的工作就不是辨明这一个简单的是非问题，而是治理乱班了。我估计一般不会出现此种情景，因为他的这种狡猾手段不但要弄了班主任，而且欺负了同学。文章交给老师看，气的只是老师，一旦公之于众，曾有过类似受欺负、受冤枉经历的学生就会反感。再说高中生，在公开讨论的场合，有班主任在场，我估计反面意见（支持他这么做）不会占上风。学生畅所欲言之后，希望作者也发个言，我估计他坚持自己意见的可能性不大，因为那样会得罪多数老实学生，狡猾的人不会吃眼前亏的。我也会发言，我说这是我个人的看法，不是总结，也不要求每个人都赞同。我说："这位作者办的这两件事值得不值得骄傲呢？看从哪一方面说。如果单从智力角度说，有可骄傲之处，毕竟骗人也是一种本事。我们可能都上过当，我们得承认骗人者有他的小聪明，他如果以此为骄傲，也不能说完全没有理由。但是这种做法在道德上显然不值得骄傲，不但不值得骄傲，而且值得忏悔，因为你无端伤害了他人。我建议这位作者找机会向被他伤害的那位小姑娘和那位纪律委员道个歉。即使对方早已忘掉了此事，你自己也不该忘记。智慧要用来做好事，人要对得起自己的良知。"

以上说的是集体教育。如果班风比较端正，学生A的看法并无市场，就没必要兴师动众搞这样的班会了。那就教育本人。这种情况，对他讲"你的做法是不道德的，错误的"恐怕意义不大，因为他肯定明白这些道理。我觉得可以帮他学一学换位思考，站在受害者的立场想想事情，另外可以告诉他，你这种办法只能得到眼前的好处，长远看，损人不利己。这种教育，或许有一定效果。不过对这种教育不要期望值太高，孩子已经长大了，可能主要得靠以后的生活实践教育他。

总之，我首先考虑的是班集体的舆论，其次才是教育本人，最重要的则是反思自己的工作。

仅供参考。

【案例】

## 运动会的怪现象

今天是全校运动会。我们学校是个超级大校，这次有近8 000名学生参加，因此项目编排尽管紧凑，但也要等很久才能等到自己的班级队员。而且运动场的地方不大，我班进入决赛的 100 米、200 米都离班级队伍较远，这使得学生一整天除了和年级搞点活动（在座位上做操）以外，几乎什么事都没有。学生就显出疲态，连我们队员上场、比赛归来的掌声、欢呼声都没有。我很积极地号召大家为他们鼓掌助威，也是稀稀落落。好几个女生表情木然，一副事不关己的样子。我很恼火，刚刚组建的班（初一）学生的集体荣誉感就这么弱，以后的活动还怎么开展？旁边班级的助威声真让人振奋！即使他们的队员得了最后一名也是热烈的鼓掌声！

有什么好办法能让以自我为中心的人产生集体荣誉感呢？请教各位前辈！

K12·班主任论坛，lyz_94115

## 给 94115 老师提供一点思路

94115 老师谈到的现象涉及到班风问题。我给 94115 老师提供一点思路：

1. 请了解一下本班学生整体上与旁边班级学生性格有没有明显差异。注意，不要单看运动会，还要看其他方面（比如学习气氛，学习成绩）。
2. 班级的骨干力量是否团结？是否活跃？
3. 运动会之前，有没有全班动员？
4. 运动员是如何选出来的？
5. 到学生中去调查一下，他们为什么加油不热情。

愚以为先不要着急给学生扣"缺乏集体荣誉感"的帽子，搞清楚情况再考虑对策。

如果我是班主任，我会把这次运动会看作诊断班风的一个机会，通过运动会了解我班学生特点，便于今后有针对性地工作。

94115 老师参考。

运动会今天结束了，我们班得了第六，全年级十六个班，成绩应该不错，孩子们也是竖起耳朵听结果，就是缺少激情迸发的表现。

王老师所言极是，不能轻易扣缺乏集体荣誉感的帽子。也许他们就是这样的生活态度，在小学可能也一直是比较沉默的。因此，我想联系学校的心理教师，做几个相关的测试，以取得较为科学的结果，对症下药。

另外，我的确应该广泛发动骨干学生的力量，说到会前动员，我的确是忽略了。这有一个客观原因：学校反复让班主任强调的就是纪律纪律、卫生卫生，让学生觉得运动会就是个苦差事。而且现在的学生的确很以个人为中心啊，马上就有人面露难色，继而向我请假！

lyz_94115

这位老师犯的毛病是，他脑子里事先有一个"集体荣誉感强"的标准答案，就是像旁边班级那样"令人振奋"，殊不知班级学生性格不同，其集体荣誉感的外部表现也就可能不同（"竖起耳朵听结果"不也是集体荣誉感的表现吗），所以最好不要急于下结论，尤其不可盲目横向比较。培育班风，一定要从本班学生的性格出发，走自己的路，建立有自己班级特色的班风。

## 【案例】

王老师：

新年好！

我是一个市区初三B层班的班主任，我校B层班和市区其他学校相比，能算得上是一个中等班级，但班级近来出现一个怪现象。

先是上学期，在我班一次集体活动中，班级同学公开地拿一个男同学和一个女同学开玩笑，把他们的名字合在一起喊。我当时观察这两个学生，他们也并没有紧张、害羞。我想这是班级同学的玩笑吧，也没有制止（事后我了解到，他们名字合在一起是一首歌曲的名字，这两个同学也没有谈恋爱的倾向）。

在期末考试中，我班一个女生在班上说："这次化学没考好，唉，化学老师要生气了。"这时旁边同学趁机说："你是不是对化学老师有意思了？"（我班化学老师是一个刚参加工作的帅哥，而且上课时不是很严格）于是，班级同学大声说了起来。下一节课，化学老师刚进教室，班级同学大喊我班那个女生的名字，而且，几天的课都这样。现在，这位老师又找到了我，说让我帮帮他。

联系昨天，我在班会课上因调了一个座位，把班级一个男生、一个女生调到一起，班级又拿这两个学生开玩笑。唉，王老师，是不是我班这种现象到了非管不可的地步了？我又该怎样入手呢？

K12·班主任论坛，很想做老班

## 答很想做老班老师

据我看这是青春期孩子的性紧张现象，给别人"拴对儿"，起哄，可以起到缓解性紧张的作用。

我建议您在面上暂时装傻，暗中观察哪几个人是带头的。经验告诉我们，带头起哄的，对这种事特别敏感的，联想特别丰富的，往往是几个性紧张最严重的人。找到这几个人，分别与他们谈话，告诉他们，这种玩笑开不得，会惹麻烦的。注意，不要轻易说他们"思想不健康"这类话。

同时您可以找班里最积极、最正派的学生谈话，让他们绝不要跟着起哄。

一般说来，经过这样的工作，大致就可以稳定下来，时间估计要用一个月左右，不要太急。

但是，这种事不会完全平息，因为它有正常心理需要的一面。只要不闹得很厉害，就不必太介意。厉害了，就再抓一抓。堵堵放放。

但若有人公然搞早恋，而且有行动，或者言语非常放肆，侮辱他人，那该批评一定要批评，该处理一定要处理。

我上面的回复还不完全。应该告诉那位帅哥化学老师，一定要装傻充愣，木头人一个，弄得起哄的学生索然无味，事情才会平息，千万不要生气，也不可以把此事说穿，那样越描越黑，只会把事情搞糟。暗中一定要加紧工作（不要轻易告诉家长），让班级的骨干力量、基本群众不参加他们的起哄，每当他们哄这种事情的时候，就顾左右而言他，打岔，这是最好的办法。注意，不要发动群众正面和他们斗争，那样有可能使班级分裂。如果有机会，班主任可以在班会上给学生讲讲人际交往规则（尊重他人）和爱情观等问题，但是不要联系本班的例子，让学生自己体会就是。

【思考题】

请举出一个反映班级舆论的典型事件，说说您是怎样引导和处理的，经验教训是什么。

## 第五节　如何引导班风——纪律

纪律是班风的重要方面。班主任没有不重视纪律的，因为中国人观察一个班的班风，第一印象往往是纪律，学校领导也通过评比等方式不断地在那里强化纪律，我们的班主任工作多年以来除了考试分数之外，往往就是看纪律。班主任普遍对纪律是过分重视了，近乎病态；对纪律的正面作用评价过高了，忽视了它的负面作用；花在维持纪律方面的精力是过大了。这是比较严重的偏颇。

纪律是一种规范。凡属规范，都有封闭性，它是为人们的活动提供某种保证的，它不是活动本身。纪律没有灵魂，纪律本身不生产任何东西，纪律本身没有什么创造性。用工业来比喻，纪律不是动力；用农业来比喻，纪律不是水肥。纪律是保障，不是魔杖。成长绝不是奉命实现的，任何生命本身都有一种内在的成长活力，不可遏制，纪律只是给活力之水限定一个渠道，避免它泛滥奔流，正像交通规则可以保证车流、人流有秩序前进一样。没有交通规则不行，但是交通规则如果严格到规定人们走路姿势的程度，就会妨碍人们的生活。所以纪律是一把双刃剑，过于严格的纪律会妨碍学生成长。比如过分要求学生一堂课从头到尾绝对专心听讲，对于那些很聪明的学生和基础很差的学生就都是折磨，长期这样要求会严重损害他们的心理健康。我们甚至可以说，如今学校过于僵硬的纪律，正是促使大批学生厌学的重要原因之一。

我还发现，我们很多班主任抓纪律的方式也有很大毛病，控制多，引导少，总以为好的纪律是"压"出来的，"管"出来的。老师们维持纪律的方法通常与企业新领导上任的办法相似：宣布若干条，然后监督、检查、评比，照办的表扬、奖励，不照办的批评、惩罚。这样，纪律对于孩子来说就是外加的东西，是悬在头上的宝剑。这样，学生就只对执行纪律的结果有体验，对自己的纪律需要却缺乏体验。结果我们所达到的纪律就不是自觉的纪律，而往往是一种"纪律表演"。如果问学生：你为什么要守纪律？恐怕他首先想到的是"不守纪律会挨批评"，而不是"守纪律是我自身的需要"。其实守纪律是每个人生存的需要，班主任很少在这一点上进行引导。还有，自觉遵守纪律是以尊重他人为心理基础的。比如一个学生上课不敢乱说话，为什么？可能是因为怕讲课老师批评，或者怕纪律委员把他的名字记下来告诉班主任。但是他在电影院看电影为什么也不乱说话呢？这恐怕主要就不是因为害怕什么了，而是因为他懂得尊重他人，不愿妨碍他人。所以，要培养真正的纪律意识，光靠控制就不够了。引导学生懂得尊重他人，是更重要、更根本的事情。

我还发现，我们的班主任维持纪律的一般方法是"抓两头"，一头抓班干部，让他们"管纪律"，另一头抓班干部管不了的学生，迫使他们就范。这种工作方法当然有道理，但是只适用于学生比较老实、基本稳定的班级。学生如果闹得厉害，班干部就管不了了，班主任只好四处灭火，搞得很狼狈。其实，据我的经验，纪律比较难弄的班，往往应该从中间入手。我把中间这部分人称为"沉默的多数"，引导得法，他们就会成为"基本群众"、"定海神针"。比如召集他们开会或者分别找他们谈话，要求他们管住自己，这不难做到，而只要基本群众不乱，整体班风就乱不到哪儿去。那些"闹将"们是需要市场的，一旦没几个人跟着闹，他们就会扫兴，而且会发现自己从背景上突出出来，无法藏身，于是就可能收敛。班主任有了"根据地"，再各个击破就比较从容了。抓两头，属于管理；抓中间，更富于引导色彩。

我还发现，许多学校和班主任抓纪律的态势像"过河的卒子"，许进不许退，像拧螺丝，一个劲往前拧，拧到最后一扣了，还使劲，给人的感觉是理智缺席了。这根本不符合少年儿童心理。孩子是一种犯错误的动物，他们不可能直线进步，好一阵、坏一阵，对他们来说是很正常的事情，他们的进步本来就是波浪式的。如果班主任只会往前逼，寸步不让，没有一点弹性，孩子们连喘息的机会都没有，结果就会使一些天性好动的孩子在吃尽苦头之后，对自己完全失去信心，索性破罐破摔。有些问题生就是这样"造就"出来的。本来，如果班级纪律有点弹性，给他们一点缓冲，随着年龄的增长，他们是可以慢慢进步的。学校不容时候，反而加速了他们的退步。

所以，关于纪律，我提出三个口号：适度纪律，自觉纪律，张弛纪律。我认为班风的纪律方面，应该朝这个方向引导。

所谓适度纪律，就是保住纪律的底线。纪律绝不是越严越好。我主张取消学校经常性的纪律评比，不去制造"纪律紧张空气"，不要把师生的注意力都吸引到纪律上来。当然，这样做有些班纪律可能会出现一些问题（其实现在狠抓评比，纪律也没少出问题），我的意思是，哪个班有问题学校领导帮助这个班解决就是了，没有必要让那些纪律正常的班级"陪绑"。我觉得纪律比赛优劣意义不大，纪律"正常"就可以了，有点问题不要大惊小怪。完全没有纪律问题的学校，可能倒是问题学校，因为那几乎可以肯定是采用了高压手段。这和交通规则的道理是一样的，谁不遵守交通规则找谁就是了，没有必要给遵守交通规则的人排名次，也没有必要让守规矩的绝大多数人每天陪着犯规者"受教育"，这是浪费多数人的宝贵精力。

所谓自觉纪律，是"我要守纪律"，和当前普遍存在的"要我守纪律"态势完全不同。要培养自觉纪律，关键是不要管得太紧、太多、太全，要注重学生的纪律体验。有一位小学一年级新生班的班主任第一堂课对学生说："请你们告诉我你们的名字，好吗？要大点声。"孩子们一齐喊出自己的名字。老师说："我听不清，你们能听清吗？"孩子们说："听不清！"老师问："那怎么办呀？"有学生说："一个一个说。"老师问："谁先说谁后说呀？"又有学生回答："举手，老师叫。"老师问："你们同意吗？"学生齐答："同意！"这样，老师就通过学生的体验把外加的纪律变成了学生自己的纪律需要。有人说这是自找麻烦，直截了当提出要求不就行了吗？这种人做监工合适，当老师就差点了。要知道，你明白不等于孩子们明白，口头上明白不等于心里真明白。许多我们少年时期就背得烂熟的格言，我们是直到中年以后才明白它的真正含义的。为什么？因为那时没有体验，我们只知道它的字面含义，我们是在给老师背格言。如果我们只是让学生们去死背各种常规要求的条文，而不注重创设情境让他们自己去体验，那么纪律在他们心目中就会像我们少年时代背的某些格言一样，成为先验的、外在的东西。没有体验的说教是不能内化或者很难内化的。外在的要求如果不能启动内在的自我教育，就只是目中无人的机械管理，而不是真正意义上的教育。有体验才有自愿，有自愿才有自觉。如果我们观察一下孩子们做游戏时的情景，就会发现，他们差不多总能很好地遵守游戏规则，也就是游戏纪律。为什么？因为游戏规则是在游戏中形成的，是他们自主商量出来的。对于目中无"人"的教育者,重要的是纪律检查的结果,而对于目中有"人"的教育者,更重要的是纪律的形成过程。他一定会在过程上大做文章,尽量与学生商量,尽量使纪律变成一个动态的、发自学生内心的要求,而不是静态的、老师塞给他们的禁令。正是在这动态的过程中,学生的心灵发生着变化,而不只是外表的屈从,这才是教育的真谛。苏霍姆林斯基说:"造成教育少年的困难的最重要的原因在于,教育实践在他们面前以赤裸裸的形式在进行,而处于这种年龄期的人按其本性来说,是不愿意感到有人在教育他的。"(《教育的艺术》)所以,最好的教育应该是最隐蔽的,总摆出一副教育人的架势,其实是最不懂教育的。当然,我的意思并不是什么都要体验。吸烟有害就不需要学生去体验,但是你单靠明令禁止加反复说教也不一定能解决吸烟的问题。我认为,遇到纪律问题让学生体验,和学生商量,让他们讨论和辩论,其长远效果可能要比单纯的管束好得多。当然,这种办法见效稍慢,但这才是真正的引导。

所谓张弛纪律,就是"文武之道,一张一弛"。紧一紧,松一松,再紧一紧,再松一松……也就是我所谓的"堵堵放放"、"揉面团"。我认为这是最符合少年儿童成长规律的,最有长远效果的。现在许多学校用各班评比的办法不停地给班主任念紧箍咒,愚以为是很外行的办法。请设想一下,唐僧如果不停地念紧箍咒,孙悟空受得了吗?肯定"逆反"了。所以学校领导们应该学学唐僧的智慧,某个班出现纪律问题,不要急于批评班主任,而要问问:你们班前一段纪律如何?现在是否放松阶段?紧一紧能好转吗?搞清人家的工作节奏和战略安排,再加以帮助。这才是真正有水平的校领导。现在我们的情况则多是"只要我认为你们班有退步,我就批评你",完全是一种官僚主义的态度,根本不尊重班主任的主体性。

K12教育教学网上有一位网友ruci,提出了"硬纪律与软纪律"的概念,非常有创意,请看他的见解和我的感想。

## 硬纪律与软纪律

1. 纪律的分类

班主任把征集的学生对纪律的建议进行整理、调整,在班级公布、执行,为了准确地拿捏纪律的分寸,必须明确纪律的分类。

我把纪律分为两类:一类是硬纪律,一类是软纪律。

所谓"硬纪律"是那些需要坚定不移、必须强化为习惯的纪律，比如遵守作息时间、公共场合不能大声喧哗等。凡是违反的，必须按规定惩罚。

所谓"软纪律"是那些可以调整、相对比较灵活、不是只靠"压制"和强化就可以执行的纪律。比如自习课纪律，这一直是班主任头疼的问题。记得王老师说过一个办法：左右摇摆。我同意这个做法。让自习课"消音"不现实，因此不可强求。

2. 学生的分类

明确了纪律，执行纪律是关键。纪律是由师生共同来遵守的（教师也得有纪律，比如，教师上课迟到，教师可以自己提出处罚措施，并入班级纪律），必须让学生有规则意识。眉毛胡子一把抓显然不行，还得对学生分类（以规则意识为主）。

A：有规则意识并形成习惯的（执行纪律的中坚力量）

B：有规则意识但管不住自己的（关键要给出切实适合学生管住自己的具体办法）

C：规则意识模糊但胆小的（在活动中认识规则）

D：无规则意识的（①多组织活动，尤其是他喜欢的活动，在活动中建立规则意识；②普法讲座，以案例来说明什么是违纪，什么是违法，什么是学校可以处理的，什么是学校不能处理的；③让他害怕的人制约他；④让他佩服的家人教育他）

至于先从哪类学生入手，班级不同，介入点不同。

请王老师和网友指正。

ruci

## 分类好处大

我觉得 ruci 老师对纪律的分类和从遵守纪律的角度对学生的分类很有意义。

它可以使班主任少碰钉子，少做无用功。

现在很多校长和班主任都把软纪律、硬纪律一律看成硬纪律，统统进行生硬的要求，这绝对是一件吃力不讨好的事情。当今时代还想把学生个个管得笔管条直，只能证明其人生活在梦中。

ruci老师不但把学生的纪律情况（从规则意识角度）分了类，而且分类给出了对策，这才是对症下药的正确思路。大家想想，如果某些学生有规则意识，只是管不住自己（B类），教师却给他们大讲道理，岂不是浪费时间？这时候，正如ruci老师所说，他们需要的只是管住自己的具体招数。教师做这种无用功太多了，劳而无获，疲惫不堪，其实这应该怪自己：你没想清楚就出手，不知己不知彼就往上冲，如何不打败仗？

　　分类的最大好处其实还不是有利于工作。分类的最大好处是能训练教师的思维能力，使其一天比一天聪明。会分类的教师知道该干什么不该干什么，知道对什么人该说什么话，知道何事要重办何事应轻描淡写，知道何时该工作何时该喝茶……他们的工作是一支婉转的乐曲，而不是像有些老师那样，其工作整个就像持续不断的、尖锐刺耳的警笛声，太可怕了！

　　不要以为分类容易。这是研究的基本功。不信，您分个试试？

王晓春

## 班级纪律确定以后

　　在班级纪律确定以后，我会利用班会时间跟学生交代两件事。

　　1. 我们确定的班级纪律肯定还有不合理的地方，欢迎同学们继续提出修改意见。

　　2. 实行无批评周。跟学生说：班级有了纪律，立即执行可能大家不太适应。别人批评你，你心里总是不太好受。我主张自己批评自己。在有同学违纪的时候，大家可以彼此提醒，也可以让家长提醒，当然老师也会提醒你。提醒的办法是怎样的呢？在学生讨论的基础上，确定提醒的"标志性"手势——体育老师用的"暂停"手势。

　　在无批评周内，班主任可以"以身试法"，比如，班级纪律规定：班主任迟到1分钟，要站立10分钟反省，并在班上道歉。那我会在合适的时间，故意迟到1分钟。安排完学生该做的事情，站立反省10分钟，10分钟过后，让同学们给我一个提醒手势，道歉并感谢同学们对我的帮助，之后继续讲课。

　　在无批评周内继续和个别生交流。

ruci

软、硬纪律的比例可以作为鉴别班风的重要标准

ruci 老师把纪律分为软纪律、硬纪律，是很有价值的见解。

网友老蔡哥老师主张，随着学生年龄的增长，班级硬纪律控制应该越来越少，我也很赞成。

我甚至觉得，可以把一个班级软、硬纪律的比例看成班风水平高低、教师素质高低的重要标准。在同一个年龄段，班级硬纪律越少者，班风越优良，班主任素质越高。

为什么？

因为纪律本身生产不了多少东西，迷信纪律是不懂教育的表现。

王晓春

下面我们以治理乱班为例，谈谈纪律引导问题。

什么是乱班？

正常教学秩序不能保证，班主任威信基本丧失，可以认定为乱班。

所谓"正常教学秩序不能保证"，不是某一两科乱哄哄，而是多数学科无法或很难正常上课，所谓"班主任威信基本丧失"，是教师说话多数学生不听。

为什么会出现乱班？

常见原因是：班主任责任心不强，班主任能力不够，班主任工作有重大失误，问题学生势力过于强大等等。

确实属于班主任责任心不强的（这种情况很少，一定要掌握确实证据），学校应该赶快做班主任的工作，如果无法在短期内转变班主任的作风，应该果断撤换班主任。

班主任能力不够的，应该仔细研究他究竟哪些方面能力不够。有些属于某方面能力不够，可以帮他提高。比如语言辩驳能力不够，说不过学生，可以教他多在底下做工作，避免公开辩论；比如经验不足，可以由他人介绍一些经验。有些教师属于综合能力不够（注意：学历高不等于能力强，学科知识掌握得好不等于教学能力强），或者性格本不适合做教师，就要说服本人不做班主任，甚至离开教育口。

有些教师综合能力并不差，但工作中出现严重失误，也会造成乱班，

比如办事不公，承诺不兑现，过于严厉，冤枉学生，不尊重学生人格，莽撞撤换干部，疯狂加重学生课业负担等。这种情况如果班主任主动向学生说明情况，该道歉的道歉（千万不要硬撑），改弦更张，乱班就有转机。

如果领导给我一个公认的乱班（临危受命），或者我已经把班级搞成乱班，但不甘心失败，打算奋力一搏，我该怎么办呢？有几种可供选择的策略。

1. 制定新规则

这是最常见的办法。公布几条新规定，坚决落实。如果规定比较合理，班主任有威严，而且态度十分坚定，校领导大力支持，用这种办法也可以转变乱班。不过这种办法成功率不高。一般的乱班，这种办法可能早就失败过许多次了。

2. 提出新目标

宣布一个鼓舞人心的班级目标，以此凝聚班级。如果这个目标定得合乎班级学生性格，而且有希望达到，这个班的学生又确有思变之心，那么这种策略也有可能成功。不过经验告诉我们，这种办法成功率也不高。

3. 组织新颖活动

抓住本班学生性格特点，组织一些学生喜闻乐见的活动。教师不搞说教，不摆教育姿态，带着学生玩，用这种办法先改善师生关系，团结同学，创造较好的心理氛围，在此基础上再提一点纪律要求，逐渐转变班风。这个活动一定要新颖，对学生有吸引力。组织这种新颖活动，有时会遭到学校领导的反对，他们会以为这是邪门歪道。班主任要事先做好解释工作，告诉领导，这其实是一种迂回战，取得领导谅解和支持。这种办法，成功率较高，但对教师的策划能力要求也较高。

4. 取得小成功

如果面临学校的某些评比或比赛，按本班条件又有取胜的希望，哪怕是一个不重要的比赛，班主任也要调动一切积极因素，务必取得一点胜利，以振奋班级士气。有了这样一个开头，人心就有可能逐渐凝聚起来。

5. 杀一儆百

如果班级问题生势力太强，而且态度嚣张，不得已时也可以报学校处分一两个，以压制其气焰。注意打击面一定要小，必须拿出真凭实据，同时做基本群众的工作。对于班级主要的小群体，要区别对待。很多班主任迷信这种"乱邦用重典"的办法，不过要注意，用这种办法一定要有计划，要事先做很多工作，要有配套措施，而且要准备好出现各种状况的预案，不可贸然行事。

6. 重新组织队伍

据我看这其实是最重要的工作，而且成功率比较高。一个是班干部队伍，要选好。一个是基本群众队伍，选好对象（最初有五分之一到四分之一即可），找他们谈话或开会，要求他们稳住阵脚，不跟着歪风邪气跑。有了这支队伍，班主任就有了"站脚之地"，事情就好办多了，歪风邪气就会收敛。

上述各种方法，除了第1、5种之外，都属于引导法，可见引导也有多种方法，要有选择，要综合运用。

【思考题】

请反思一下您的工作，看看您维持本班纪律的措施中，管制法和引导法各占多大比例，您班纪律在多大程度上属于自觉纪律，然后说说自己以后打算怎么做。

## 第六节　如何引导班风——学风

有一种看法,"班风建设与培养,总要与学习挂上钩",愚以为这种想法是有害的。那就等于说,我们抓班风是为了考试。这是班风的应试化,它的实质是把班级塑造成一个集体的应试机器。这种思路可能会遭到学生的顽强抵抗。

抓班风绝不是单纯为了学习。我们是要创造一个和谐的集体环境,让每个学生在这里都生活得愉快、有意义,都能健康成长。提高学习成绩当然也是抓班风的一个目的,但不是全部。应试化的班风最突出的特点是学习成绩差的学生会有压抑感,真正好的班风不应该这样,它注重每个人的全部价值,而不是单看应试价值。我们建立班级文化,要着眼于对学生一生的影响,而不能只看眼前的分数。教育是生活,培育良好班风是帮学生学会更好地生活,而不光是学会考试。请注意,当学生学会更好地生活的时候,他们往往也就会更好地考试了。生活态度是根本,考试能力是枝叶。

我们都有这种经验:离开学校多年之后,当同学聚会的时候,我们很少会再谈论那时的功课如何,我们谈论的多半是人际关系,是给我们印象最深的活动。这就告诉我们,班风对一个人最大的影响,不一定在学习成绩方面。

但是学风毕竟是班风的重要方面,一个班纪律再好,人际关系再和谐,没有好的学风,我们也不能说班风是好的。班主任必须引导学风,问题是怎样引导,朝哪个方向引导。

我发现班主任们总是对"不学"(厌学)十分敏感,而对于"死学"(低效率的学习)则很不敏感。学生不听讲、不写作业,教师马上就着急了，成绩下降更不用说，但是学生学得累不累，他们的学习方法是否妥当，他们对学习是否有兴趣，单位时间的学习效率究竟如何，这些教师往往不大注意，他们只看表面现象和学习成绩。这种导向我觉得是有害的，不符合科学发展观。从小学一年级开始就"不学"的孩子是很少的，他们是因为在学习中尝到了太多的苦头，才终于选择了"不学"。有些学生就是从"死学"走向"不学"的，我们甚至可以说，"死学"是"厌学"的"准备活动"。所以，班主任至少应该有两只眼睛，一只盯着"不学"的学生，一只盯着"死学"的学生，双管齐下，才能很好地引导学风。

　　我还发现，班主任抓学风一般都采用加压法，迫使学生不敢不学，不得不学，这是很目光短浅的做法，培养出来的学风不是自觉的学风。认为人不逼就不会成长，不逼就不会学习，这是对人性的误解和曲解。学习首先应该是主动的，而不是被迫的（不排除被迫的成分，但不应是主体）。为什么现在学生厌学率这样高？因为我们总是逼着他们学。为什么要"逼"？通常现成的标准答案是——因为不逼不学。其实不逼也完全能学，而且可以学得更好，只是我们没这本事而已。我们在引导学生自觉学习方面太外行了，所以只能干自己最拿手的活计——逼迫。逼迫只能产生厌恶，厌恶之后会更不自觉，于是只好加大逼迫的力度，如此恶性循环，一直到崩溃。这不是我们周围常见的镜头吗？实际我们是要了一个花招，把自己给骗了。我们把自己的专业能力不高说成是"不这样不行"，于是就把责任推给学生了。校长也如此，比如他自己没有本事吸引教师搞教育科研，就硬说教师不强迫不搞科研。我们现在的情况是，学生对分数的关注远远超过对知识本身的关注，对分数的兴趣远远超过对知识本身的兴趣，这种导向是很不好的。当然这不能都怪班主任，校长就是这样要求教师的，而校长也有他的苦衷，但是无论有多少理由，不对就是不对，有害就是有害，我们都应该在力所能及的范围内对此有所调整，而不要推波助澜。其实自觉的学风并不会导致考试成绩降低，相反会提高成绩，关键是我们有没有这种引导能力。

　　下面我们看几个案例。

【案例】

　　上小学五年级时，语文老师有一次留了一大堆作业，还说，如果谁有把握第二天上午考试基础卷能考满分，谁就可以不写这一大堆作业，如果没考满分又没写作业,那么就罚双倍作业。我们班上比我学习好的因为担心自己考不了满分被罚,都把作业写了,快的写到晚上十一点多,慢的一两点。我是我们班上唯一一个考了满分而没写作业的人,当时老师捏着我的卷子说:"你们看××同学有本事不写作业考了满分,如果有谁可以,也可以不写!"我当时很得意:比我学习好的也考了满分,但是害怕老师,做了无用功,把时间花在重复性的作业上。但同时我发现老师不是真诚地表扬我,而是怀有恨意,她觉得她的学生不听话不写作业动摇了她的威信,而这个人就是我。我觉得我没有做错。您怎么看待这件事?是老师错了,还是我错了?

这个案例是我有一次讲课(听众是家长还是教师我记不清了)递上来的一个条子,署名是"一个年轻的听众"。

案例中的这位语文老师实际上是在倡导"傻干",鼓励学生做无用功,可是却言不由衷地表扬"不听话"的学生。这种老师的基本原则其实是:宁可浪费你100个小时,也不要丢掉1分,你作业写到夜里一两点我不管,埋下厌学恨学的种子我不管,我要的只是眼前的考试分数!请问这样的教师能算名副其实的教育者吗?

看了这个案例,再看下一个案例,你就会知道它们之间有一种因果关系——正是小学的这种学风,造成了中学的那种学风,小学给中学埋了定时炸弹。

【案例】

掩饰不住的慌张

学生开学报到第一天,我预料的事情终于发生了。
36人次缺交或漏写暑期作业(上次寒假作业只有4人次):
语—8
数—2
英—2
政—16
史—2
地—2

生—4

本来我这个"老顽童"只想尽最大的努力,陪伴这些可爱的孩子轻轻松松快快乐乐地、从容地闯过学生时代的重要关卡。是啊,全民皆兵要成绩,我是班主任,怎么能不落"俗套"?有谁知道我是多么好胜;有谁知道学生成绩下降我在同行面前抬不起头;有谁知道我绞尽脑汁、想方设法激发每个孩子的潜能和斗志;有谁知道我分析、解决班上的问题请教过多少位名师;又有谁知道我为了协调科任老师关系花了多少精力……我就是命贱!我只是想证明自己,哪怕自己只是彗星,划过眼前的一抹短暂的光亮。至今,我不后悔我的付出,我不后悔选择这个职业,我不后悔结识初二(1)班这些有良心的孩子。

这次,学生们大面积地犯错,我不想怒骂,更不想惩罚,我只能反省自己,找出原因。

这次大面积的缺漏作业现象的主要原因:

a. 个别家长不明真相(不排除被某些人利用的可能),闹出个"换师"事件。

b. 自己没有心理准备,处理措施不当。

c. 假期短信回馈没有起到真正的作用。

d. 学科歧视。虽然多次与家长沟通,但他们依然对我没有底。

e. 与家长沟通的过程中,自己太谦虚,把自己的位置放得过低。

学生为什么越来越被动?我要从哪里入手?这封"信"(修改后)可以向学生、家长公开吗?

K12·班主任论坛,痴汉

## 给痴汉老师的建议

假期作业没交齐,这是几乎每个班主任都会遇到的问题。平时作业都难以收齐,何况假期?

于是班主任就会想:如果我轻易放过,新学期不给他们一个下马威,往后谁还听我的?必须严办。

可是不知班主任想过没有,开学就剑拔弩张,那是很煞风景的。或许有些较差的学生本来还想有一个新的开头,兜头一盆冷水,可能就泄气了。而这种做法对班级的基本群众(按时完成作业的学生)打击可能更大:教师用批评做新学年的开场白，无论如何不是多么振奋人心的事情。

一个班集体面临新学期，士气可鼓不可泄，这是涉及班风的战略性问题。

所以我建议痴汉老师"报喜不报忧"。在公开场合，不提这件泄气的事情，而要用新学期的美好前景和新气象鼓舞全班；暗中把这些人找来，让他们把作业补上。

这样处理问题，整体和部分、光明与阴影，都照顾到了。

班主任一定要有大局意识，千万莫被不顺心的事情牵着鼻子走，不要闹情绪。班主任应该总是摆出一副信心十足的样子，因为你的情绪对整个班集体的气氛影响很大，多数学生都在看着你的表情。曹操败走华容道，多么狼狈，却还哈哈大笑，嘲笑敌手，其心理之健康，足以鼓舞士气。曹操不愧雄杰！

我建议痴汉老师这封信不要向学生和家长公开，此信的基调太"悲"，简直是控诉，不但不足以鼓舞士气，而且可能降低自己的威信。

附带说一句：在学生普遍厌学的今日，想通过假期作业提高学生成绩，怕不现实。平日被迫学习的学生，假期不可能多么自觉。

痴汉老师参考。

【案例】

大家知道高一期中考试后部分学生厌学的原因吗？

在长期从事高中教学的过程中，我发现有这样一个规律：高一第一学期期中考试前，学生们的学习都很认真，但是，到了期中考试以后，有一部分学生就不学了，而且，教师若不及时想法扭转这种局面，这些学生的厌学习惯可能就会影响高中阶段接下来的学习。原来我也和大家的看法一样：期中考试后，学生在彼此熟悉的同时也摸清了老师的脾气，所以课堂纪律就大不如从前了；课堂纪律影响到学生的学习态度，故而，一部分学生也就从不听课发展到厌学。去年，我儿子也上了高中，他的同学经常来我家玩。通过与他们交流，我才发现上述原因并非他们期中考试后厌学的全部，还有更深层的原因。这深层的原因是什么？请诸君看看下面我与几个学生的对话。

我：期中考试前，我觉得我在这个班上讲课好像就是为了你们几个，因为每次上课我都可以看到你们一直在跟着我的思路转，我每每感到，如果哪一天不认真备课都对不住你们这些孩子。但是，到了期中考试以后，我发现你们变了，上课的神态给我一种魂不守舍的感觉。这是为什么？

学生甲：我刚进高中时满怀希望，想通过我的努力改变自己，希望通过三年的学习考上大学。但是，我认认真真学了两个月，期中考试各科成绩下来了，分数还是那么低，您说我学习还有什么希望呢？

学生乙：我刚来的时候，确实想好好学，但有些课堂我会管不住自己，一管不住自己，就被老师赶出教室，赶出教室的次数多了，课也就越来越听不懂，听不懂，瞌睡就多了，课也就不想上了。

从这两个学生与我的对话中，我们可以看得出期中考试过后部分学生厌学的深层原因在我们教师。为什么这么说呢？如果我们做教师的在命制期中考试的试题时能把握一个原则——既能刺激学生学习的积极性，又能保护学生的自尊心，还能给一部分学生以成就感，我想，期中考试过后这种规律性的厌学风就会得到一定程度的遏制。但是，我们相当一部分老师因为各种各样的原因做不到，甚至自己不命制试题，而是随便拿一份与学生程度不符的试题应付。如果我们的教师能把一些上课爱接老师话的学生看作爱思考、好质疑的表现加以引导，而不是随随便便就把这些学生赶出去，我想，我们可能就会让这些学生由捣蛋生变成学优生。

K12·教育教学论坛，淡凹

## 少搞"下马威"

淡凹的这种研究态度值得学习。很多老师遇到这种情况，只会责备学生"退步"，那是很难解决问题的。我想，淡凹老师如果多调查一些学生，可能结论会更科学一些。

根据淡凹老师的现有材料，我们可以看出，学生高一期中考试后退步至少有以下几个可能的原因：

1. 学生最开始对自己的期望值不切实际，受到挫折后，产生了灰心情绪。

2. 学生开学"从头再来"的劲头比较足，时间一长，坚持不住了，老毛病复发。

3. 学校开头对学生的要求（尤其是考试）偏高，很多学生达不到，泄气了。

面对这几种原因，班主任能做的事情是什么呢？

1. 帮助学生正确评价自己，给自己确定一个合理的目标。开学千万不要一味唱高调，发高烧，干劲并不总是越大越好。

2. 帮助学生锻炼意志，同时耐心等待学生战胜自我。这个问题最难解决，肯定是反反复复的，教师有时要鼓励，有时要惩罚，有时要支招，总之要特别耐心。

3. 开学伊始，学校不要搞"下马威"。无论在纪律上还是考试方面，都不要企图把问题一股脑儿解决在"起跑线"上。宁可进行中等强度的管理，宁可出中等程度的考试题，以免挫伤很多学生的积极性。做到这一点也很困难，因为多数校长和班主任都有一种急躁情绪，他们迷信"开门红"，总想开头顺利，以后节节顺利，其实这往往只是一种主观的愿望，未必符合实际。

【案例】

我刚接手的初一新生班是实验班，学生入学成绩比较好，班级纪律总体还可以，上自习一般都很安静。我告诉学生说：自习一定要保持安静，否则你不仅影响自己，也影响别人。我还安排了班长管纪律。至于自习说话，如何处罚我还没有规定，也没有组织学生制定规则。我要求学生课前两分钟进教室，准备上课。我盯得比较紧，学生课间打闹我总是制止。我的性格比较内向，不苟言谈。

但今天，生物老师说，我班气氛不如二班活跃。二班也是实验班，情况和我班差不多。班主任是年级主任，比较忙，在教室盯得少，有时候他班很乱，但为什么上课气氛却好呢？虽然闹和活跃不是一回事，但难道平时闹，胆子大，也会促使上课积极吗？我搞不明白。

我分析原因，有可能是：

1. 学生受我性格影响，因为我内向。

2. 我盯得太紧，管得太严。

3. 我制定的一些制度在某些方面压抑了学生（我不知道是哪些制度）。

以前我带的班也出现过这种情况，我很苦恼。我不喜欢学生上课沉默。我觉得上课沉默学生的思维一般会不够活跃，老师上课也往往没了激情，课堂推进也比较慢，可是我真不知道该怎么调动学生回答的积极性。

学生回答积极性不高，我觉得不能光归咎于科任老师，因为同样的老师上课，有的班活跃，有的班就不活跃。学生回答积极性不高，同样也不能只归咎于学生，因为我发现我班学生其实有很多是很活泼的，从下课能看出来。我想知道，作为班主任，哪些行为会造成学生上课不积极回答，应该怎样调动起来。

学生是否积极回答问题也属于班风建设，所以我把这个帖子发在这儿，请王老师和各位老师指教一下。谢谢！

K12·班主任论坛，求索的蜗牛

## 答求索老师

我建议您先到同学中去作一下调查，看看他们中的多数人（特别是班里的领袖人物）小学的时候是否积极回答问题，上中学后，除生物以外，其他各科是否积极发言。这很重要。

如果他们过去就不爱发言，其他各科也不爱发言，那可能是您碰上了一个上课不爱发言的班集体（这种班我教过），您是没有办法使他们活跃到二班的水平的。可以采取的策略首先是调整教师的期望，不要打算让学生适应教师，其次是寻找适合这个班级的教学方式。至于发言，可以启发，到什么程度算什么程度。

如果调查发现他们过去并不如此，其他各科也不全然如此，那就可能是您管得太严了。要知道，过于严格的纪律是会压抑创造性的。

至于上课回答问题，只要教师的问题能提起学生的兴趣，学生回答后教师不挫伤他们，而且鼓励学生质疑，发言积极性就会逐渐提高。这需要慢慢来，不可着急。最好不要在班里发出"积极发言"的号召，关键既然不在学生，那就应该从教师做起。

求索老师参考。

感谢王晓春老师的指导，您的指导给我一条清晰的思路。我班并不算太沉闷，但与二班有差距，所以我有些着急。

我想知道：学生抢着发言有什么积极意义？是否也有消极作用？反之，沉闷型班级对学生发展有什么不利？是否也有积极作用呢？

另外，活跃型班级形成的原因可能有哪些，沉闷型班级形成的原因可能有哪些？

对于活跃型班级，班主任管理中应注意什么？应如何引导呢？对于沉闷型班级，班主任管理中应注意些什么？应如何引导呢？

我猜活跃型班级氛围的形成原因可能是：

1. 学生多数比较活泼、大胆，特别有几个极其活跃的，把其他同学也给带起来了。
2. 班主任的管理比较宽松，比较符合学生的个性特点。
3. 班风正，学风浓，学生的求知欲望比较强。
4. 老师的教学水平比较高，善于调动学生。

沉闷型的则可能正好相反。

其他问题我还没有细致地思考过。我觉得对以上问题研究研究，对班风建设也有一定的意义吧。

再次感谢王晓春老师及其他帮助我的老师。

求索的蜗牛

## 答求索老师（2）

一般都认为班风活跃比不活跃好。这种看法原则上是正确的，但也不能绝对化。

有些学生抢着发言，而发言质量很低，他们的兴趣其实不在发言的内容，而在发言本身，属于一种表现欲。此种活跃，负面作用就比较大了。

所以，光活跃不行，还要看怎么活跃，往哪儿活跃。在当今的大气候下，很容易误以浮躁为活跃，要警惕。

求索老师概括的几条原因很有参考价值。

愚以为培育班风必须从班级成员（包括师生）的实际情况出发。先确定一个"好班风"的标准答案，以为所有的班级都必须如此，否则就是教师不努力或水平不够，这种想法，恐怕是不科学。

班风是可以培育而不可以塑造的。

【案例】

### 一个偏激的学生，让我觉得有点害怕，更是无言以对

这是我学生写的一篇周记，看了后让我觉得很汗颜。

我的名字已经第二次列在了"倒数第一"的排行上，算上上学期的摸底考试，我们组已经拿了三个"倒数第一"，而且命中率百分之百。你一定不想看见我为这结果愤慨、忧愁，我也不应该无所事事地自甘堕落，甚至嘲笑自己。作为组长，我不知道自己能做些什么。（说明：这是我在班里推行的一项小组学习竞争制度，每次考试后，各学习小组要进行对比，而各小组长要对本小组的学习成绩负起主要责任。）

半年前，你任命我为组长，结果并没有达到你想要的效果。这对于注重颜面的我来说是莫大的伤害。于是我要求将组长这荣誉称号让贤，或让我离开这个组。我不希望下次在屏幕上登出的名单中，垫底的还是我，我也接受不起。

至于我的同桌（说明：是一个读书很努力、刻苦但学得不是特别灵活的女生，该学生本人是一个较为聪明、学习较为优秀的男生），你或许认为我能在学习上帮助她，然而，实际上我根本不能帮她，无非告诉她几道题目，但这有用吗？她根本不理解我的学习方法，而我也懒得理会她，现实证明了这种座位安排是极为失败的。

对我个人来说，我希望我的同桌能够和我讨论问题，甚至争执，而不是一味地要求解法、要求答案的掠夺者。这是"双赢"与"双输"的差距。

"组长"问题上，我是最大的受害者，我希望你能满足我的要求作为弥补。

雅儿 yiyi

### 致雅儿老师

如果这个学生提出下面的问题，可能雅儿老师会更加尴尬的：
1. 别人的学习成绩，凭什么要我负责任？

2. 老师都教不会她，凭什么我应该教会她？

所以，愚以为，这里的首要问题不是这个学生是否偏激，而是雅儿老师的做法有没有法理依据。

我看缺乏依据。学习是学生自己的事情，我们当然可以鼓励学生互相帮助，但只是鼓励而已，我们没有权力硬把他们捆成小组，更没有权力让各个小组各成员"保甲连坐"。请雅儿老师想一想，如果某个平行班平均分倒数第一，雅儿老师并不在此班任教，校长却让雅儿老师负此责任，雅儿老师能服气吗？

团队精神的前提是自愿和各自独立，不可强加于人的。

再说，师生关系与生生关系的性质也不同。学生成绩不好，让班主任负一部分责任，这是合理的，因为这是你的职业；小组长则不然，提高组员学习成绩绝不是他的职业，所以也就不应该让他负责。他帮助同学了，这当然是优点，可以表扬，但他若没帮助，你不能随便批评，因为他没有违规。

其实，一个人学习成绩差，原因是很复杂的。想安排一个成绩好的学生帮助他，而且认为这样就一定能提高成绩，达不到目的就责备帮助者，这是很天真的想法，而且，恕我直言，有点不讲理。雅儿老师若有一位同事当班主任总是教乱班，校长责成雅儿老师定期帮助这位老师学会当班主任，做不到就在教师会上批评雅儿老师，雅儿老师作何感想？他可能是整体素质问题，您未必帮得了的。

我们有很多校长、教师的思路有毛病，总想用行政手段迅速解决业务问题，用简单的管理解决复杂的智力问题，愚以为这是很不明智的。

我劝雅儿老师不要再搞此种"捆绑式"学习了，不要再评比、排队了，这是非常陈旧的办法。最好想别的办法解决学习问题。

**【思考题】**

1. 组织一次班会，专门讨论一个问题：你能把现在写作业的时间减少四分之一还保持或者提高学习成绩吗？你用什么办法？

2. 在这个讨论的基础上，组织班级评选"高效率学习者"，比赛看谁做无用功最少。

## 第七节　如何引导班风——人际关系

班级人际关系的引导，关键是掌握两个原则：第一个原则，师生关系，要注意平等和互相尊重，不可片面要求学生与班主任的个人看法、个人情感保持一致；第二个原则，引导生生关系，班主任在各个小群体之间要保持中立，尽量秉公办事，不要固定站在某些小群体的立场上，不要代表少数学生的利益。

班级人际关系的目标是和谐。什么是"和谐"呢？和谐是指"配合得适当和匀称"（《现代汉语词典》），并不是指"众口一词"，更不是指整齐划一的"统一思想"。人人想法都一致，颜色相同，音调相同，那就谈不到"配合"，无所谓"匀称"，也就不存在"和谐"了。君子和而不同，有不同才谈得到和谐。要做到这一点相当困难。我们前面提到的"班妈"型、"班官"型、"领袖"型、"鼓动家"型、"导师"型班主任，多数都倾向于让学生和自己保持一致，"寨主"型的班主任就更不用说了。据我观察，在我们的班级中，真正和谐的人际关系恐怕是不多的，师生关系上下级的色彩更浓一些。所以，班主任要正确引导班级人际关系，重要的还是自身观念的现代化、民主化。

下面看案例。

【案例】

分帮派的班如何让他们团结？救救我！

现在班里分成一帮一派的，都不知道应该怎样去引导他们团结起来。

班干部一派，成绩好的一派，纪律不好的一派，成绩差的一派，而且那么多派都是相互对立的。我该怎么办？请各位有经验的前辈多多指教，晚辈感激不尽。

K12·班主任论坛，lushuilian

## 给 lushuilian 老师的建议

建议您先别着急把他们往一块儿捏，那样难以成功。

您先尽可能详细了解一下各个小群体的情况：成员数目，成员的特点，他们之间的关系，谁是"老大"，等等。然后再评估一下几个小群体之间的关系：哪个与哪个尖锐对立，哪个与哪个互不往来，哪个与哪个和平共处，等等。总之，画出一个"班级人际关系态势图"。

下一步就可以采取措施了。

您要注意，问题的关键不是让他们抱成一团，而是让他们团结在班主任周围，班主任一定要做核心。他们若团结起来反对班主任，这种团结可能就有害了。

第一，班主任争取找到凝聚这些小群体的"最大公约数"，也就是说，提出点对班集体有利的、各小群体谁都不反对（或勉强认同）的活动方案，这样或许可以初步协调关系。

第二，班主任要检讨自己的言行是否公正（向各小群体成员私下征求意见）。经验告诉我们，班主任公正，小群体之间的矛盾就好解决。

第三，问清楚各小群体之间到底有什么过节，有什么积怨，加以调节。

第四，如果小群体之间关系不是特别紧张，也可以搞班会，进行公开对话，提出典型问题，沟通各自的想法，缓解矛盾。注意，此事要谨慎，事先要做好底下的工作，因为万一对话谈崩，关系会更加紧张。

第五，请注意班里那些没参加小群体的"散兵"。教师必须注意把他们先团结在自己周围，这是一股很重要的力量，有可能成为班主任的"基本盘"。

以上是几种可供选择的策略，不是说一定要按顺序实行。

lushuilian 老师参考。

我感觉，有些班主任的"斗争观念"似乎太强了，教育方式很有政治斗争色彩，有些成人化。这就涉及了师生关系的基本估计问题。我个人认为师生关系确有斗争的一面，但是总的说来，班主任对于学生主要还是"帮助者"、"指导者"，而不是对立面。这种斗争手段，我觉得只能用于极少数中度和重度品德型问题生，不得已才需要用，一般情况下还是应该以协调为主。比如，有位网友说，"建设班集体就是只允许品德良好的学生扩大自己的团体，不允许散漫的、抗拒逆反的、投机取巧的学生结伙。一旦发现就千方百计拆散他们"，我对这种意见持保留态度，因为，班主任有相当方便的条件，可以自定标准鉴定谁是"品德良好的学生"，这种说法非常容易导致压制不同意见、破坏民主。在这种思路下，班主任是很难反思自己的言行的，他的精力都用到思考怎样战胜对方上去了。比如所谓"散漫"，未必就是品德问题，比如"抗拒"，有可能事出有因，而不少学生的"逆反"现象其实主要责任在教师。我们见到学生中有不少小群体，与班主任关系并不密切，其成员也不是"骨干"，在班主任眼里也许是"散漫"甚至"逆反"的，我就觉得完全没有必要拆散他们，硬拆只能使班主任失去人心。据我的经验（包括我个人从小上学的经历），学生中的非正式小群体生命力是极强的，除非他们自己内部出现矛盾，班主任用外力很难拆开，多半只能表面拆开，因为这其中包含着友情（"坏学生"之间也有友谊，有的还挺感人的）。人是有感情的，而且感情很复杂，友谊有友谊的运行规律，不是行政手段能干预得了的。感觉很多老师把班级人际关系赤裸裸地行政化了，管理化了，任务化了，一切服从于"班集体建设"。这种思维方式，愚以为欠妥。我也不主张班主任总是站在"骨干"一边改造其他学生，我主张班主任做各种小群体之间的协调者和指导者，要知道所谓"骨干"也都不是圣贤。

## 【案例】

说出我的心事，很想听一些建议！

我这几天心情一直很郁闷。事情经过是这样的：星期三上午课间操，和前几天一样，学校安排的是绕校园慢跑一周。我带着大家跑完，正准备上教学楼，我班 z 同学来找我说，我班 k 同学和 l 同学欺负她，把她的名字编进一首歌词中，嘲笑她，并在班级传播。我心想，还有这种事，同学间不相互帮助，还无事生非。再说，关于 z 同学，以前大家就欺负她，我在班上已打过招呼，你可以不和她玩，但你不能嘲笑她。今天又发生这样的事，我很生气。刚好k、l两同学在前面，我就立即喊住她们，当事人双方面对面，k承认这是事实，l当时好像没吱声。我先批评了z同学，要自尊自强，不要让大家说闲话，如昨天上午自习课考语文文言文，班级同学都在认真做试题时，只有她一个人在抄书。接着我让z回班，又批评了k和l两位同学：你们这样做是不尊重别人的表现，是侵犯别人的人格尊严和名誉权，不出事就罢，如果出了事，后果有可能很严重，那么后果就应由你们来负责，希望这件事就此画上句号。她们当时没说什么，我就让她们回班了。第三节课刚下的时候，突然l和z两人边吵着边冲进了办公室，走到我办公桌前。l说："王老师，嘲笑z的话我没说，是z诬陷我。"一听这话，我很诧异，第二节课下这事不是处理完了吗？而且当时l又没有不承认呀。我就转向z问："你听到l唱嘲笑你的歌曲了吗？""我看到k唱时，她和k在一起的，而且还在旁边笑。"z说。"这样吧，你们先回班，马上上课了，下课我再找k了解当时的具体情况。"

第四节课下了，我让同学带信叫来了k。我问她，她自己是不是唱了，因我担心她再不承认。还好，她承认唱了，唱了两次。我让她把这首歌词写下来，她不一会儿写了出来。我又问，l唱没唱。"没唱，我唱时她在旁边听的。"话如果谈到这儿，那后来的一切不愉快也就不会发生，因为这次找k来是为了了解l是否参与，结果已问清楚，让她回教室就是了，对她的错误第二节课下已经批评过，现在她应该没事了。但或许当时是看了她写的歌词，一时气愤之极，就又批评起她来："你为什么要这样嘲笑她？""我嫌她烦，在班上已没有人和她玩，她只好每天跟在我和l后面。""那你认为你嘲笑她是对的？""是的。""你知道这样做有可能造成一定的后果吗？"我问。她沉默了一会儿，说，"老师，你有点小题大做了"，"什么，小题大做？"我很气愤，她竟然这样顶撞我！"等出了事，你就不认为是小事了，外面这样的案例多得很呢，你知道吗？马加爵不就是因为同学的欺负而报复行凶吗？"她没吱声，我这时准备结束谈话了，因为教室里自习课已经开始了。"k，你乱改歌词，嘲笑别人，是要向z道歉的。当然，如果z或者其他同学在背后嘲笑你，你也不要以牙还牙，而要向老师反映，由老师来帮助你解决。""不需要。""什么？那你准备怎么解决？"我又一次来火了：太无组织、无纪律了。"我自己解决。""好，今后什么事你自己解决吧，我现在就把你妈妈叫来，当着你妈妈的面，你说一遍，我正好省心呢。""喊我妈干吗？……"我气急败坏，挥挥手："你上课吧，不可理喻！"

没一会儿，中午放学了，我看到，在去餐厅的路上，她正与我班的一群女生眉飞色舞地讲着什么。下午上课前,我到班级巡视一遍,又看到她在别人的位置上高声地与班级其他女生吹谑着。下午上课时,她背倚着墙很散漫地坐在座位上。没过两天,班上另一个女生的妈妈来访,我旁敲侧击地问起她家女儿这两天回家有没有说起什么班上的事。"王老师,你别往心里去,现在的孩子特逆反,她们都嫌家长烦着呢,何况你天天管她们呢。""她们说我什么了?""就是说你男子汉像妇女一样……"我也不知道怎么样送走这位家长的,我深深地自问:我怎么了?

K12·班主任论坛,很想做老班

## 答很想做老班老师

这里有好几个问题需要讨论。

第一个,我看做老班老师的意思是,同学之间的矛盾,只要不管,都可能酿成大问题。这个假设不妥。事实上学生中的矛盾是无穷无尽的,酿成事端的却很少。教师全管,那就累死了,而且吃力不讨好。所以,一个教育者的智慧就在于,他能判断哪件事非管不可,哪件事点到为止,哪些事可以不问。上面的例子属于哪一类?我不敢轻易下结论,但感觉不属于问题比较大的。有些老师可能认为,只要是学生来告状的,就是大问题。那可不一定。据我的经验,有些学生是告状专业户,教师不可跟着他们走,而有些学生一声不响,其实已经快爆炸了。

第二个,学生之间的矛盾,其实多数是可以在"民间"解决的,教师只应该插手那些最重要的事情,否则教师就得每日当法官了。再说,教师保护某些学生过于热心,对受欺负的学生未必有好处,因为欺负他人的人可以当着老师的面承认错误,过后泄愤,变本加厉欺负他,你老师无法总在他身边保护他。

第三个,一般教师遇到此种事情,总是把精力集中在批评欺负人的学生,以为只要制止了这一方,问题就解决了。殊不知"凡是可怜之人必有可恨之处",有些挨欺负的孩子也确实很讨厌,或者自找没趣,或者闹着玩爱急,或者太爱"告官",或者过于软弱,或者不会说话,或者有其他招人反感的缺点,如果我们不能帮助这种孩子调整自己的言行,光从对方下手,无法最终解决问题。

综合上述几个方面,愚以为肇事学生说老师"小题大做"可能事出有因，建议教师仔细思考一下。

另外，这种事目前还没有必要通知家长，须知这样通知家长是降低教师威信的。

感觉做老班老师的工作有些细碎，而且表面化，缺乏提纲挈领的思考。

仅供参考。

## 【思考题】

建议您仔细调查后，画出一幅"班级人际关系态势图"。您会发现，把图画完了，您脑子里班级的人际关系就清晰多了，或许您连引导的办法都想出来了。

# 第六章

## 班级日常管理

——班主任工作三大块之二

前面说过,班主任工作主要是三大块——班风建设,班级日常管理,问题学生诊疗。班级日常管理耗费班主任精力最大。这几乎是一个无底洞,任你有多少精力,也不足以应付联翩而至的学校检查评比和纷至沓来的班级琐事。日常管理像一个巨大的怪物,吞没了班主任。你会发现,班主任真正认真研究班级文化建设的很少,真正研究问题生诊疗的也很少,三大块压榨成了一块,整个教育工作都缩水成了日常管理。班主任与其说是教育者,不如说是班级管理员,或者"维持会长",或者救火队员。这不但扭曲了教育,异化了教育,而且极大地降低了管理本身的效率。班主任感觉自己只是在简单劳作和做重复动作,缺乏新鲜感,缺乏成就感,心中充满倦怠、焦虑、疲惫和无奈。

所以,在本章,我给自己规定的任务是:第一,搞清楚管理与教育的关系,让管理回归它本来的位置,扮演它本该扮演的角色,既不缺席,也不抢别人的戏;第二,看看有没有办法提高管理效率,帮班主任从日常管理的泥潭中挣扎出来。这两个问题如不解决,教育工作对班主任实际上只是一个"磨损"的过程,班主任连保住身心健康都困难,更谈不到自身专业水平的提高了。

## 第一节 教育与管理

管理压倒教育，甚至冒充教育，这在我们周围司空见惯，然而教育与管理并不是一回事。

用适当的管理来保证教育和促进教育是一回事，把教育看成管理或者认为教育基本上是管理，则完全是另一回事。一个名副其实的教育者，他最关注的应该是学生本身的发展，而管理者则不然，管理者最关心的是完成上级布置的任务。教育者以人为本，管理者容易以任务为本，往往只把人看成完成任务的载体。

教育离不开管理，但教育科学不是管理科学。教育科学主要是一门指导和启发的科学，是引导学生进行自我教育的科学，是研究如何帮助学生的科学，是研究师生如何交流的科学。教育姓"教"，不姓"管"。教育本是科技含量很高的、很需要创造性的一种职业。

在管理压倒教育的学校，校长和师生都会患"管理中毒"症。

管理者染上此病，其主要症状是"管人有瘾"，"见错就管"，不分大错小错，甚至不管错不错，只要我看着不顺眼，上去就管，还美其名曰"校园无小事"。

管理中毒的老师生存状态是相当可叹的。他像一个"事儿妈"，一个挑错专家。大事生非，小事生非，无事他也能生非，总之，学生若不犯错，他会有"失业"感的。任何人以"管人者"自居，都会越活越累。

被管理者（学生）染上此病，其主要症状是两面派和倦怠。老被人管着一定受压抑，没人管时当然要释放一下，在老师看来，就是两面派了。总是处于被管理状态的人自身不需要有多大动力。我们常见的管理，都是推着人走，拉着人走，逼着人走，这种做法不可能不造成反感和倦怠，管理一放松，我肯定放慢速度。管理者总是害怕被管理者偷懒，就是这个道理。其实这种偷懒，正是严格管理的必然结果。你能要求一个没有自身动力的车子在你不推的时候加速吗？不可能。他能按惯性向前滑行一段就不错了。

我们来举个例子说明管理行为与教育行为的区别。

比如学生上课看课外书，很多校长和老师坚决主张没收，我认为如果机械地这样做，就属于单纯管理。当年我做教师的时候，学生上课看课外书，只要能不没收，我就尽量不没收。我一般是提醒他一下，让他自己收起来。如果他管不住自己，又在看，我再提醒。到第三次，我会把书收来，放到讲台上，但是下课我就会还给他。我为什么这样做？因为教育的根本目的不是为了管住学生，而是帮助他学会自己管住自己（培养主体性、自觉性）。我不由分说收了他的书，当然很爽快，管理效果明显，但是他就失去了一次锻炼自控能力的机会。我采取提醒的办法，就是让他逐渐学会自己控制自己。我能永远管着他吗？不能。所以最可靠的办法不是使他立刻让我满意，而是让他自己确实有所成长。教育是慢功，着眼于孩子的真实成长，管理则是急活，要求立竿见影。所以我说过，急于事功的人不适合做教师，他们应该去从事其他行业。

以上说的是管理与教育的区别。据此，我判断，在我们的中小学，管理挤压教育的现象是相当普遍的。我们可以不夸张地说，许多人干了一辈子教育，当了教师当校长，当了校长当局长，直到退休也没搞明白教育是怎么回事，几十年所作所为，大抵是管理而已。

这还不算，即使单从管理角度看，我们常见的教育管理也是极不高明的管理，很不科学，效率太低。

我在报上见到一篇关于管理的文章，觉得很有趣。摘录几段。

1. 管理是科学，还是艺术？

西方人对管理的认识起源于19世纪90年代弗雷德里克·泰罗倡导的新"工业工程"和"时间和动作"运动，因而他们一直把管理当成科学在改进与探索。

在中国社会与文化的发展长河中，从来就没有承认过"管理是科学"：君不见，"王侯将相，宁有种乎"，这就是在骨子里不承认领导管理的科学性。结果中国人至今还把管理当艺术。

　　这两者的分歧直接表现在提拔人上。如，美国人提拔管理者，首先是要本人有想当管理者的意愿，再就是你的管理知识水平和能力，因为他们认为：科学是需要知识支撑的，没有管理的知识就不能履行管理者的科学职责。而中国人提拔管理者可以从博士到文盲，任何人都能胜任，只要领导想提拔你，因为中国人认为管理是艺术，只要赋予你权力，任何人都能胜任，只是有艺术上的差别。

　　2. 白领和蓝领，谁管谁？

　　美国人认为管理是对事的过程，即为了保证结果而在过程系列中发生的人的行为，这就是管理。所以美国人能把过程行为设计得相当具体，而且全部是标准化，没有主观意识的东西存在。所以美国人不认为蓝领归白领领导，他们不过是分别履行自己的职责而已。

　　中国人认为管理是对人的，这就是中国的管理。对人的划分是相当具体的，如你管几个手下。因为我们对人的划分明确，所以结果也是具体的，但过程却是随意的，允许你拿鞭子管人，也允许你拿胡萝卜管人，因为我们只要结果，对过程是放权的。这就是我们中国人的管理思维。

　　汪华斌：《两种文化对管理的分歧》，载《信报》，2007-6-15。

　　我国其他行业我不了解，不敢乱说，中小学的管理我是知道一些的，据我看我们恰恰是把中国管理的缺点和西方管理的缺点加以综合运用了。我们这里搞的是人治。人治也有人治的好处，比较灵活，弄好了可以发挥管理者的主观能动性，可惜领导者又一百个不放心，弄一大堆检查、评比、规章、制度把班主任管得死死的。这样细致的过程管理也有好处，可以避免班主任擅越雷池、违反教育原则，可以使班主任有所遵循，可惜这些检查、评比、规章、制度并不是正经科学研究的成果，而往往是某领导一拍脑门"想"出来的，非常随意，甚至是服从于他个人"创造政绩"的需要的。于是你就看到，我们学校对班级的管理既没有什么科学性做基础，也没有给班主任预留艺术性的自由空间，科学也不是，艺术也不是，整个儿是一个莫名其妙的东西。班主任生存在如此"管理"中，很自然地就会用同样的方式管理自己的班：比如，不加论证，不经过民主程序，拍脑门拍出一个"班规"；比如，班内乱搞评比，而很多具体事情又缺乏明确的规矩，弄得学生无所适从。

　　所以我主张学校领导大幅度减少各项检查、评比，以免这种指挥棒把师生的注意力都吸引到学生的外部行为上，挤压教育的空间，但是另一方面，在确实需要加强管理的地方，一定要有明确的要求，比如关于惩罚问题，就应该有明确具体的规定。也就是说，不该管的地方不要瞎管，该管的地方一定要管住，所有的管理措施，都应该经过论证和实验，不可以仓促出台。学校有了这样的风气，班主任的管理就比较容易走向科学化了。学校没有这种风气怎么办呢？班主任也可以在班级小环境中尽量使自己的管理科学化，同时把管理放到恰当的位置，不要让它压倒教育。

　　下面这个案例中的班主任，没有把问题作单纯管理性的处理，而是着力提高学生的道德意识和规则意识，我觉得有可借鉴之处。它同时也说明，班主任还是有一点空间实践自己的教育思想的，不能把自己教育意识的缺乏都归罪于学校。

【案例】

小聪明与大智慧<br>——我的一堂讨论课

　　在一次会考监考时，我所在的考场有两个学生没有带铅笔，五个学生没有带橡皮。那两个没铅笔的学生进了考场直接就笑眯眯地走到我面前："老师，给我们支铅笔！"从他们的表情可以看出，这是他们有意为之：懒得带！我心有所动。本来无聊乏味的两个小时，在我默默的思考中倒也很快过去了，于是也就有了下面的这堂讨论课。

　　师："这次会考，我监考的考场有五个学生没有带橡皮，两个学生没有带铅笔。大家都是知道的，会考时需要铅笔和橡皮，这几位同学为什么不带呢？"

　　生："他们忘了吧？""可能路上掉了？"世上总是好人多啊！没想到大家这么善解人意，我只好把当时向我借铅笔的学生的表情模仿了一下。

　　生（恍然大悟）："他们是故意不带的！"一启就发，还好！

　　师："既然考试需要，他们几个为什么还故意不带？这不是跟自己过不去吗？"

生："铅笔和橡皮监考教师那里有！"一阵沉默后，总算有一个学生表情怪怪地开了口，很可能这也是"同道中人"。为了怕他难堪，我没追问下去。

众生惊叹："啊……"课堂气氛一下子活跃起来，大家兴奋地谈论着，把我晾一边了。看得出不少同学"觉悟"了，后悔自己没能这么"懒"上一回，仿佛吃了亏似的。

师："议论暂告一段落！现在请大家谈一谈你对那几位同学的做法有什么看法。"

生："我觉得这几个同学蛮聪明的！"下面附和的学生不少。

师："那你认为我是不是应该把铅笔借给他们呢？请说明理由！"

生："应该借给他们，因为这是他们的权利！"

生："当然应该借给他们了，你不是有铅笔嘛！"课堂上立即爆发出一阵笑声，显然不少学生已经意识到了这个说法的不合理性。

师："有不同意见吗？也请说明理由！"

生："我认为你可以不把铅笔借给这几个同学，因为监考老师的铅笔和橡皮是备用的，是解决不时之需的，而不是为他们这样的学生准备的。如果你把铅笔借给他们，等于是在鼓励他们的懒惰。"

生："我也认为不应该借，因为考生应该准备好考试所需的各种文具。他们几个没作好准备，是违反规定的。"

师："考生守则中规定的是考生可以带必要的考试用具进入考场。如果考生带了规定不能带的东西进入考场，那是犯规，现在这几个同学是没有带齐必要的考试用具，好像还不能说他们犯规吧？"

生："所以就应该把铅笔、橡皮借给他们嘛！"

生："不行，他们几个是在钻空子，不应该让他们得逞！"

学生中发生了争议，这正是我期待的。

师："看来我们得先解决一下钻空子这个问题了。钻空子也叫打擦边球，有人把这种情况叫作：合理利用规则！"下面一阵哄笑声，有的同学对此不以为然。

……

师："前几天我在报上看到一句话，或许对大家会有启发。这话是：不能犯规，也不要犯傻！"

生："老师，这么说你是鼓励我们钻空子喽？那我们下次也不带铅笔、橡皮了！"

师："我的意思还只说了一半呢！我想问大家一下，考试时你们为什么要带铅笔和橡皮？"

生："因为监考老师那里的备用品不多！"这真是一语惊人！

师："我们准备些备用品又是为什么？就是让你们不必自己带这些东西？"

生："我们把问题搞复杂了。考试时我们需要用到铅笔和橡皮，所以在进入考场前我们就应该把它们准备好。但是由于各种原因，难免会有同学出现意外情况，为了不影响这些同学答题，监考老师会准备一些备用的铅笔和橡皮！有些同学就钻了这个空子，故意不带这些东西！"

师："这位同学的概括能力非常强，把这件事说得清清楚楚。我补充一点，我们有备用的铅笔和橡皮，这是对同学们的关心和爱护！"

生："老师，你对这几位同学是怎么看的？"

师："马上大家就能明白我的看法了。当时，我手上有五六支铅笔，所以两位没带铅笔的同学如愿以偿，考试时没遇上一点麻烦。五个没带橡皮的同学就没这么幸运了，因为我们只准备了一块橡皮。"

生："这好办，拿小刀把它分成五块就行了。"

师："我开始时并没发现有五个同学没带橡皮，是他们陆续举手之后我才注意到的。当时有一个考生拿到橡皮后想掰一块下来，你们说我是不是应该允许他这么做？"

生："当然了，关心和爱护考生嘛！"这家伙还知道借力打力啊！

师："但我当时阻止了他！"下面一片嘘声。

师："不要这么沉不住气。你们说我这么做犯规了吗？监考守则中没有规定说遇到这种情况监考老师应该把橡皮分成几块借给学生。他需要橡皮，我借给了他；他用完了，我收上来再借给下一位需要者。这不违反规则的。"

生："那你不是很麻烦，像个跑腿的！"

师："闲着也是闲着，监考说多无聊有多无聊啊！"

生："老师，你不会这么无聊吧？你不是这种人啊！"

师："感谢你的夸奖！刚才是开个玩笑，现在有没有同学猜到了我这么做的用意？"

生："我明白了，老师你也在合理利用规则。你是用这种方法表示你对那几位同学的不满！"

师："我稍作一下修改，不是对他们几位同学不满，是对他们的这种行为有想法，两者是有区别的！但我为什么要对他们的做法表示不满呢？"

生："就是，刚才还说不能犯规也不要犯傻呢！"有同学对我的出尔反尔不满了。

师："就不能允许我从这个角度看表示理解，从另一个角度看表示反对吗？"

生："我明白了。故意不带铅笔、橡皮，这些说白了是耍小聪明。耍小聪明并不为过，但要注意度。"看来我教哲学效果还可以。

师："你能说得具体些吗？"

生："刚才有同学在说以后考试也不带铅笔、橡皮了，这样的'聪明'同学一多，可能监考老师备用的铅笔、橡皮就不够了，事情就会变得麻烦。本来是想耍点小聪明占点小便宜，结果却可能对自己不利。"

师："说得非常好！那么我们能否从这件事情中总结出一点什么东西？"

生："'聪明'的同学不能多！"众学生笑。

生："应该说耍小聪明的同学不能多。"

生："也可以说一个人要一两次小聪明可以，但不能老是耍聪明！"

生："聪明反被聪明误！""机关算尽太聪明，反误了卿卿性命！"

师："很好！小聪明有时能给我们的生活带来不少乐趣，但过了头也可能误事。有的人聪明得头发都没了，却可能并不引人注意，这叫什么来着？"

生："聪明绝顶，大智若愚！"

下课铃声响起！

第一线 • 班主任论坛，我思故我在

## 这是一堂道德思维训练课

这堂讨论课很精彩。

实际上这是一堂集体的案例分析课。

你会发现，这里没有人在居高临下地宣讲真理，也没有人在那里煽情，更没有群情激昂泪流满面的动人场景,但是大家都在思考。这堂课主要诉诸理智,诉诸智慧,而不是诉诸感情。教师事先并没有严密的教学计划,事后也没有公布标准答案,但是,学生通过这样的讨论对社会的认识水平、对自我的认识水平都有所提高。他们不是记住了现成的道德答案,而是在思考中、在体验中渐渐自己悟出了做人的道理。这是最可靠的德育。常有这样的讨论,学生才能真正学会做人。

这堂课很民主,教师并没有把自己的想法强加给学生,但是,也没有放任自流,看得出,风筝没有断线,教师掌握着讨论的方向和主旋律。

我思老师这堂课不是给人看的。把这堂课和那些事先操办好的,充满灌输色彩、表演色彩和煽情色彩的"主题班会"相比较,你就会明白哪个是真正在搞教育、哪个只是在玩"形象工程"了。

我很赞成我思老师这堂课的上法,不过对于这个案例本身,我还有些不同的意见。

我思老师把这七个学生的问题锁定为"耍小聪明,打擦边球",愚以为这恐怕有点简单化了。

照我看来,学生的自我中心、缺乏责任感和不良习惯可能是造成这种现象的更重要原因。

很多独生子女都被家长惯出了一种不良心态——别人照顾我都是应该的。讨论会上,老师问,"你认为我是不是应该把铅笔借给他们呢?"居然有学生回答说,"应该借给他们,因为这是他们的权利!"把别人对自己的照顾和奉献看成自己应有的权利,这叫非法扩大权利,这叫"理不直而气壮",是不能允许的。为什么学生之间常常闹矛盾?为什么现在的孩子缺乏感恩意识?都与这种自我中心有关。

考试带有关文具,本来是天经地义的事情,本来是考生自己的事情,现在皇帝不急大臣急,他自己悠然自得,反而要家长和老师替他操心。这是"以人为本"吗?愚以为不是,这是"以小皇帝为中心,给小皇帝当奴才"。这样做肯定会破坏孩子的责任感,帮他们养成漫不经心、丢三落四的作风,等他们长大就业,会为此大吃苦头。那时候他们可就不会感谢老师当年的照顾了,反而会说老师教导不严的。

自我中心问题,缺乏责任感问题,缺乏良好习惯问题,都很严重,都比"耍小聪明"要紧,教师应该引导学生认识到这些问题。

我若是我思老师,我还会在班里宣布:凡是考试时已经在我这里借过文具的学生,今后再也不能借了,我只提供一次性服务,而且你还必须向我说一声"谢谢"。今后因为忘记带考试用具而影响了成绩，请自己负责。为了表示高姿态，我可以在下次考试前一天提醒大家一次。

谢谢王老师这样详细的点评！

看来我若不当教师真是可惜了啊，因为我平时的课多是这样上的。

不过王老师认为这几个学生的问题属于"自我中心问题，缺乏责任感问题，缺乏良好习惯问题"，我觉得有些言重了。这些学生我还是比较了解的，可以说他们是有王老师所说的倾向，但还远没有到那么严重的程度。稍加提醒，他们会有所醒悟。

我认为，对学生中存在的许多问题，我们不妨就事论事，尽量不要归因于某种严肃的、本质性的东西。

忘了一个尾巴了。

下了课，自我感觉正良好，一个学生跑过来问我到底是赞同还是反对这几个学生的做法。

这让我的得意稍稍受了一点打击。

我思故我在

还要补充一点。有很多班主任无论遇到什么鸡毛蒜皮的事情都要给学生讲一番大道理，这是不是说明他的教育意识强呢？不一定。他们的语言往往是一些老生常谈，学生都快背下来了；他们的语言并没有引起学生思想的内部变化，左耳朵听了，右耳朵冒出去了。这与其说是"教育"，不如说是"说教"，没有什么作用。什么是真正的"教育"？能引起学生自我教育的教师行为才是教育。上述案例的班主任就没搞灌输性的说教，他是在启发学生自己思考。我们学校里的教育，最常见的是单纯管理与空洞说教的巩固联盟，这两种倾向都是我们应该反对的。

【思考题】

请举出一个案例说明，教师怎样做才既不是单纯管理，又不是空洞说教，而是正确的教育。

## 第二节　管什么

　　班主任工作主要是三大块：班风建设，班级日常管理，问题学生诊疗。前面说过，绝大多数班主任的几乎全部精力都放在中间这一块了。他们也希望建立良好班风，也想转变问题学生，但是他们做这两头的工作用的是日常管理法，也就是说，他们以为班风只是"管"出来的，问题学生只是"管"过来的，他们的班主任工作，干脆就是一个"管"字贯穿始终，或者说，"管"之外的班主任工作方法，他们极不熟悉。然而引导班风主要靠的不是"管"，我们前面说过了；问题生需要的是诊疗，也不是简单的"管"，这我们后面还要说。这里要说的是：班主任工作三大块中，科技含量最低的是日常管理，对班主任专业能力要求最低的是日常管理。班风引导需要班风诊断能力、活动策划能力和相当的人格感召力，问题生诊疗需要有科学的思维方式。班主任把绝大部分精力用于日常管理，这不但说明学校对班主任工作的方向引导有毛病，而且证明校领导和班主任的专业能力有很大欠缺。需要动脑筋的"精细活"干不来，只好把本事都发挥在干"粗活"上了。我们鉴别一位班主任的水平高低，能力强弱，看他这三大块工作精力如何分配就清楚了。一个班主任用在日常管理方面的精力越小，说明他能力越强。班主任离开，班级日常管理能照常运转，才说明班主任是"帅才"、"将才"。他一定是把班风引导得井然有序，成为一个稳定的、能够自我更新的系统，一定是把问题生教育得至少不在班里捣乱，才能"遥控"此班。这就告诉我们，想用强化日常管理的办法解决班风问题和问题生问题，思路是不对的，恰恰相反，抓好班风建设，抓好问题生诊疗，班级日常管理才能顺利。

然而，日常管理的特点是"开门见山"。班主任一进教室，扑面而来的就是日常管理，不由分说就把你卷进"琐事"的漩涡里去了。所以，事实上任何一个班主任都做不到不顾日常管理、专心于引导班风和诊疗问题生，那是不可能的，班主任工作三大块是难以分割的。优秀班主任治班也可能从日常管理入手，他们只是头脑比较清醒，不把思想完全限制在日常管理中，一边大致稳住班级，一边去抓班风建设和问题生诊疗。他们总是尽量减少用在日常管理方面的精力，抽出更多的时间关注班风建设和问题生诊疗。这后两个方面抓得越好，班级管理越省事，班集体发展就进入了良性循环，否则，没有好的班风和问题生教育做支撑，日常管理会麻烦不断，教师穷于应付，更没有时间考虑班风引导问题，没时间对问题生进行诊疗（时间都用来和他们较劲了），结果就会出现更多的问题，把班主任搞得焦头烂额、狼狈不堪。这正是校园中常见的情景。

所以，本节重点研究的就是：班主任如何从日常管理中抽身。

我们先来看看中小学班主任在日常管理方面有哪些"活儿"，把它们排排队。

### 班主任日常管理项目

● 每日必须做的工作

| 考勤 | 早读 | 收作业 | 早操（课间操） |
| 课前准备 | 课堂纪律 | 眼保健操 | 课间活动 |
| 午饭 | 自习（晚自习） | 值日 | 放学（排队） |

● 每日随时要做的工作

| 学生情绪 | 学生个人卫生 |
| 学生健康状况 | 红领巾 |
| 校服 | 衣着发型 |
| 文明礼仪 | 学生之间矛盾 |
| 丢失钱物 | 没收物品 |
| 学生与科任教师关系 | |

● 阶段性工作（1）

| 升旗 | 值周 |

班会 　　　　　　　　　　　　黑板报
排座位 　　　　　　　　　　　教室环境布置
教室物品管理 　　　　　　　　节日庆祝活动
参加学校组织的各种竞赛

● 阶段性工作（2）
选派学生干部 　　　　　　　　运动会
组织期中、期末考试 　　　　　成绩统计
学生评语 　　　　　　　　　　评选三好生
家长会

● 自主性工作
班级日志 　　　　　　　　　　班费
与家长个别联系 　　　　　　　家访
班级活动

一共四十多项。

语曰：有所不为，才能有所为。想学会"管"，先要学会"不管"。班级管理关键是要有"减法意识"，能不管的就不管，能少管的就少管，能让学生管的班主任就不出马。班主任的"钢"一定要用在刀刃上。

班主任要做到"脱身"，关键是不要被眼前发生的事情牵着鼻子走。遇到任何事情，都一定要动脑筋评估一下轻重缓急。经验告诉我们，不管事情看起来多么紧急，思索的时间总是有的，人的思维比闪电还快。"不假思索"，不是没有思考的时间，而是没有思考的习惯。

各位班主任请注意，有以下几种情况，您是可以考虑"不为"的：

1. 班主任工作边界之外的事情，可以"不为"。

这叫作"知其不可为而不为"，本书前面讨论过这个问题。比如辍学生拒绝上学，班主任当然应该想些办法劝其复学，但是如果学生铁了心，家长也不在意或者管不了，班主任就不必花太大的精力在他身上，要知道还有更多的学生需要你，而这个学生，已经基本上越出了你的工作边界。

2. 普通同学能做的事情，小组长可以"不为"；小组长能做的事情，班干部可以"不为";班干部能做的事情,班主任可以"不为"。但学生和干部明明都做不到的事情(比如转变问题生),则千万不要让学生去"为",这时班主任必须"亲力亲为"。这个问题,我们在本章"谁来管"一节中还要细说。

3. 估计会做无用功,则"不为"。

比如有个学生爱迟到,我已经和他谈了三次,每次都答应得好好的,下次照犯不误,显然我再和他谈第四次就属于做无用功。我可以公事公办给予惩罚,也可以暂时把此事放下,下一步进行个案诊疗。总之我就不再用原来的思路和他谈话了,我要节约自己的精力。

有的老师对我说:"这件事我都跟他说一百遍了,怎么他就是不听?"我就回答说:"据我看首先应该检讨的恐怕是您自己。同样的办法重复三次就足够了,话说一百遍,证明您十分缺乏效率观念,这种重复没有意义。"

4. "芝麻"事件,可以"不为"。

学生犯的错误,有很多是偶然的,有很多属于淘气,有些错连他自己都不知道怎么犯的。这些错误中的绝大部分对孩子的未来都不会产生什么坏影响,班主任完全可以装作没看见,或者点一点即可。很多班主任活得特别累,就是对这些小事过于纠缠了。所以我常常劝班主任,一定要学会"没看见"的本事。千万不要认为这是不负责任。见错就管,那叫"事儿妈",那叫"烦琐哲学",不是负责任。

5. 情况不明,暂时不为。

有些问题比较严重,或者属于倾向性问题,班主任是必须认真对待的,但是如果情况没有搞清楚,也宁可先放一放。比如班级失窃,很多班主任雷厉风行闹一阵,最后也没查清东西谁拿的,全班同学却都陪着受了一次次"教育",这基本属于浪费时间。还不如班主任静悄悄地把案子破了,再谈其他。

6. 个别事情处理起来会影响大局,暂时不为。

比如上课有学生不注意听讲或做小动作,教师可以提醒他一下,若不改,只要尚未影响大局,就可以先不理他,下课再说,甚至可以下课也不理他,向周围同学打听一下他怎么回事再说。许多教师遇到这种情况沉不住气,和个别学生你来我往地理论起来,置多数同学于不顾。这是因小失大,浪费精力。

7. 没作好准备"不为"。

有些震动全班的问题,有些歪风邪气,有些品德型的问题生,是要适当进行斗争的。这种事和打仗一样,必须作好充分的准备,不可轻举妄动,要做到打则必胜。

8. 像节能、节水一样节约语言，省下时间来用于思考。

当年我做教师的时候，曾见过这样一件事，给我印象很深：一个学生犯了错误，被班主任叫到办公室批评。该学生不服，教师于是提高音量，增加语言的刺激性，掺杂以柔和的劝说，所谓"动之以情，晓之以理"。说了一个小时，天渐渐黑下来了。我见那个学生终于服软了，低头认罪，还挤出了几滴眼泪。教师满意了，让他回家。我偷偷跟他出来，见他出办公室门不远就"噗嗤"一声笑了。我把他拉到一边问："我看你刚才认错的样子挺诚恳的，怎么刚一出门就笑了？"他小声对我说："王老师，我告诉您您可别跟别人说，我饿了，想回家吃饭。我要是不假装认错，她能放我回家吗？"于是我明白了，这位班主任刚才的谈话，都是浪费时间浪费感情，白受累了，没有价值。她还不如先不理这个学生，自己静静在那里想点新招。这类事情是很多的。我敢说我们很多班主任这种废话都特多，所以我建议班主任们经常反思一下自己的教育教学语言，能精简一点就精简一点，要像节水节电一样节约自己的语言。

积少成多，聚沙成塔。班主任如果在上述八个方面都加以注意，一点一点砍去无用功，他一定会发现自己比原来轻松多了，从容多了。这样，他就可以抽出更多的精力来"治本"——想办法抓班风和问题生了。表面上他的工作放松了，不风风火火了，不急急挠挠了，其实科技含量增加了，更胸有成竹了。这就叫作"潇洒"。

【案例】

## 讲台前面的空牛奶罐

星期一班会课，我一进教室门就看到讲台前干净的地板上赫然立着一个牛奶罐子。我走过去拾起来，问是谁放的，一片议论之声。有同学报出了一个学生的名字，说是看见他喝，但没看见他扔。那个同学辩解说是他喝的，但他是放在座位上的，不知怎么跑到前面去了。我再向坐在前排的同学发问，有的说没看见，有的说完全不知道。恰巧班长的位置正对着那个罐子，班长也说不知道。就在上个星期的班会课上，我给他们读了学校转发的一个学生因乱扔垃圾而作的检讨书，还讲了扔垃圾其实也扔掉了自己的人格，我们不仅不能乱扔垃圾，看到垃圾还应主动去捡，结果休息了两天后回来就犯了同样的错误，我很是生气。其实我心中也有数，他们一开始所说的那个同学嫌疑是最大的，但他一否认，其他同学就不敢吱声了，这也是我班一股极不好的风气。他们怕这个班里的混世魔王报复，有些是讲哥们儿义气不出来指认。当时我也没想到更好的解决方法，但这种垃圾虫习气不压不行，于是我宣布从班长开始，让那个奶罐子在每个人桌上摆一天。他们哇声一片，说时间长了会发臭的，我说，"那正好警示你们时刻记得不要做垃圾虫。"

当天下午，一个女生悄悄跑来告诉我，她亲眼看见奶罐的确是那个同学扔到地上的，但她千叮咛万嘱咐我不能让那个同学知道是她说的。我想我该以什么方式来工作，既能打击歪风又能使举报的同学不受报复呢？我不能像某些麻辣老师那样公开地让人指证那名同学后说"不准动她一根手指头，否则我饶不了你"。再说他很有心计，如果他指使其他人来报复之后抵死不认，那会使我的威信打折扣，又伤害揭发的同学，到时可能一波刚平又起一波。晚上睡前，灵光一闪，想到了办案需要有足够的证据啊，班里那么多同学，看到这一情况的应该不止一个同学，如果有更多的人来指认，还怕那个同学不认账吗？于是第二天早上，我再次向举报的女生了解情况，果不其然，找出了一大批目击者。证人足够了，可我还是不能当堂指认，因为要照顾那名同学的自尊心，也想给他一个认错的机会，因为他也看到了我找了一个又一个同学出来，而且特意把和他一起制造这起事件的那名同学放在最后找。谁知，那小子还是不认账，那我就说了，"我单独找你是照顾你的面子，给你认识问题的机会，你这样的时候也不认，宁愿在班上当着全班同学的面被揭穿吗？"他还是一口咬定不是他的事，不知他是对自己的威力很自信，还是另有解不开的原因。其实当时我也没了辙，公开指认毕竟是下策。我放了他，得空再去向老教师讨法宝。

我们的级长给了一个招，让同学以不记名的形式写出眼见的情况。正巧下午是我的语文课，我又动了一下脑筋，转换了一种说法，说是让他们写一篇不作任何虚构的文章，并结合我们单元作文的要求，交代清楚事情的起因、经过、结果，要出现真实的人名、地名、时间，实事求是，不加任何想象与夸张，题目是——《讲台前的牛奶罐子》。学生一听心中了然。我想那位同学在我上课时肯定是提心吊胆，不知我会作何处理，结果半节课我都在讲课文，他回答问题我还给予了肯定，如今风向一转，那个心跳啊，他一定玩得很爽吧！哈哈！

现在我收上了同学们写的情况反映后，下一步该怎样做更好呢？我想再找一次那位同学,看他有没有转变态度,如果他认了自己的错,那一切都好处理些。那我该如何让他以及全体同学认识到我不会对不良习惯善罢甘休呢?如果他还死抗着不认又该怎么办呢?

我们级长也跟我讲过,这样的事情没必要搞得这么大。可我的班级自己清楚,这件"小事"背后折射出来许多问题:学生卫生习惯极为不端,常常把自己吃过、用过的东西随意抛放,导致教室不整洁;班级正气不强,对于不良现象不敢大胆站出来制止。对自己每天生活的集体里的问题都持事不关己、高高挂起的态度,将来谈什么社会责任感呢!我大张旗鼓地处理这件事,其实是想借这次机会来整顿班风,告诫大家,我是不会对那些不良习惯善罢甘休的,今后他们要多加注意自己的言行。

自己的见解不知是否得当,所以提出来请各位老师指正。

K12·班主任论坛,MENGRY

## 我的看法

MENGRY老师想通过处理这一件事扭转班风,我觉得只是一种主观愿望,而不是深思熟虑的教育行为。当事者不承认,学生怕报复不敢揭发,教师用写作文的方式让学生检举。检举出来又如何?如果他还不承认,教师怎么办?自己也不知道。说明教师对此事并没有整体构思,没有预案,只是莽撞行事,走一步说一步。

问题是教师首先要想清楚,您到底要干什么?

想扭转班风吗?那应该有一个系列策划,而且选好切入点。据我看选这个牛奶罐做切入点不合适,建立班风主要靠引,而不是堵。

想培养学生良好的卫生习惯吗?那是不能如此着急的。学生的卫生习惯绝不是单纯在学校养成的,其毛病也不可能立刻在学校完全纠正过来,只要逐渐进步就好。硬把扔废弃物提高到"扔掉人格"的高度,实际上反而会弄得学生不敢承认自己的错误,不敢指出别人的错误。事情已经变成"人格审判"了,谁受得了?把牛奶罐在每个人座位上放一天则是毫无道理的,侵犯了学生的权利。不用说其他同学,就是那个丢牛奶罐的学生,也不能用这种办法惩罚,因为这本身就是非常不卫生的做法。你不能用更加不卫生(扩大了好几十倍)的办法来纠正一个不卫生的行为,那样教师犯的错误就比学生大多了。

想打掉"混世魔王"的威风吗？那就更不能和多数学生较劲了。这种问题生需要进行个案诊疗。若要适当斗争，那也需要详细安排"作战计划"，认真选择作战时机，准备"弹药"，调兵遣将，或强攻，或智取。这是一件很需要动脑筋的事情，哪有像MENGRY老师这样草率出击的？

所以我们现在很难给MENGRY老师出具体的主意。您得先告诉我们，您到底打算干什么，我们才能整理出个思路来。您不可能把这几件事一股脑儿解决的，天下没有那样方便的事情。

恕我直言，MENGRY老师思路太乱了。

学会思考，才能学会行动。

我们从管理角度观察一下这个案例，就会发现这位老师很明显是把班风建设、日常管理、问题生诊疗这三大块工作混为一谈了：他竟然想抓住这一件事，一股脑儿解决这三个方面的问题。这可能吗？他没有论证，就贸然出手，而且每个动作都主观得很，完全没有准备好万一失败的对策。这样的班主任工作，太缺乏专业色彩了。

看得出，此事浪费了师生大量的精力，不值得。我若是这位班主任，一开始发现查不出，就暂时把它放下。对付这种问题生，只有在教师当场抓获、使之无法辩驳的情况下才可以出手，不能打没有把握的仗。如果大局不乱，完全可以"等待时机，秋后算账"。班主任被自己一时的情绪所支配，才做了这么多无用功，越搞越被动。现在怎么办？作文收上来，如果该生还不承认，只好黑不提白不提，放凉了再说，不过班主任的威信是会受损失的。这没有办法，这是不动脑筋要付出的代价。

【思考题】

请选择比较典型的一天，仔细回忆您在班里都做了哪些日常管理工作，看其中哪些是必要的，哪些是做了无用功，想想经验和教训是什么。

## 第三节 谁来管

上一节我们说的是班级日常管理的具体内容（管什么），这一节谈班级日常管理的主体（谁来管）。

我在上一节说过：普通同学能做的事情，小组长可以"不为"；小组长能做的事情，班干部可以"不为"。班干部能做的事情，班主任可以"不为"。但学生和干部明明都做不到的事情（比如转变问题生），则千万不要让学生去"为"，这时班主任必须"披挂上阵"。

就是说，事必躬亲不是一个好班主任，高高在上也不是一个好班主任，一个好的班主任应该在班级建立一个管理网络，层次分明，责任分明，做到"事事有人做，人人有事做，每人都知道该怎么做"。

我们来看看如何建立一个这样的网络，各级管理者应该安排在网络的什么位置。

我建议把班级管理者分成三级。

一级管理者是班主任。班主任的主要管理职责是：选定（有时用选举的办法，有时用指定的办法）二级管理者（班干部）和三级管理者（组长）；和学生共同商定他们的管理职责和工作方法；监督二、三级管理者的工作；处理二、三级管理者确实处理不了的"疑难杂症"。

二级管理者是班委（或团队干部）。他们的主要职责是：做好自己分内的工作，监督、帮助三级管理者（小组长）的工作，处理小组长解决不了的问题，自己解决不了的，报告班主任。

三级管理者是小组长。他们的主要职责是做好分内工作（比如收作业），提醒本组同学做该做的事情，不做不该做的事情。

小组长可以分两类，一类是常务小组长，一类是专项小组长。专项小组长专门负责一个单项工作。比如：有一个人专门负责收作业，交课代表，其他事情不管；另一个人专门负责组织值日，对劳动委员负责，其他事情不管；第三个人负责记录考勤，其他事情不管。这样可以把事情分得很细，让每个学生都有负责的事情，每个人都可以做专项小组长。那么常务小组长干什么呢？他的任务是提醒各位专项小组长做好自己的工作，万一有某个人忘记了，或者不负责任，常务小组长就要临时替他一下，也就是说，常务小组长是照顾全盘的和"保底"的，他要保证本小组的工作都能完成。

班委也可以分为两类，一类是常务班委，一类是专项班委。专项班委是负责班级专项工作的，比如可以安排一个"座位班委"，他专门负责了解全班同学对座位的意见和要求，及时向班主任提出座位调整建议，成为班级的"座位专家"。像穿校服、做眼保健操、放学排队这些事，都可以安排专项班委来做。常务班委主要应该抓小组长和面上的非专项工作，还有就是处理小组长和专项班委遭遇的难题。比如某个同学总是不穿校服，专项班委劝他不听，这时常务班委就该出马了。

总之，我的想法，一是尽可能把各种管理任务层层分解，调动更多的人去做，而不要压在少数人身上，二是凡属下一层能解决的问题，上一层就不要越俎代庖，这样班主任就可以集中精力抓大事，抓疑难杂症。

关于纪律问题，这里专门谈一下。很多班主任都想把维持纪律的任务交给学生完成，比如让纪律委员维持全班纪律，有问题唯他是问，我觉得这不妥当，担子太重了。有些学生连班主任都管不了他，怎么能要求学生干部管住他？不合情理。所以我主张，小组长在纪律方面要做的只是"提醒"，班委在纪律方面要做的一般只是"规劝"，不要让学生干部批评学生，更不要让学生干部惩罚学生。就是说，班主任在维持纪律方面应该多做一点。破坏纪律的主要是问题学生，他们的工作主要应该由班主任去做。而且，纪律问题最好班主任自己去看，去侦查，尽量少靠学生干部的汇报了解情况，以免学生之间闹矛盾，班干部被孤立。

可以考虑在班级建立一个"小法官"组。由班级学生民主推选三个大家公认最公正无私的学生做小法官，学生之间的矛盾，如果小组长不能解决，可以提交小法官仲裁或调解，当事人不服，可以到班主任处去上诉。这样估计也可以筛掉很多琐事。

要形成良好班风，总要搞一些活动，活动策划是一件大事。班主任是成人，策划的活动往往成人化，主观，不受学生欢迎。所以，可以考虑在班里建立一个"智囊团"，让学生民主推举几个公认最聪明、点子最多的学生（学习成绩不一定拔尖），给班主任当参谋，他们或许可以给班主任很大助力。

总而言之，一个优秀的班主任应该调动一切积极因素，让班级每一个同学都感觉"我对集体有贡献，我不是多余的"。

这种分层次下放权力的管理方式，开始肯定没有班主任事事亲临效果好，孩子办事没有大人细致、牢靠，这是不言自明的。但是这种管理方式有后劲，因为它能切实促进每个学生的发展，而每个学生的真实发展，是班集体发展的真正可靠的前提。为了避免分权可能带来的弊端，班主任一定要注意把每个人应该做的事情规定得清清楚楚，而且一经确定，就不要任意改动，还有就是要做好各种预案，保证哪个环节出了问题都有事先准备好的补救措施。这是一个相当复杂的系统工程，很需要班主任动一番脑筋的。

很多班主任都非常重视小干部的选拔、培养和使用，很多有关班主任的著作论文也都把这件事说得很重要，弄得小干部俨然成了位于学生和教师中间的一个"阶层"，我对此有些异议。愚以为小干部的正确定位应该是这样的：他们是和其他同学一样的学生，只不过为班集体多做了一些事情，而这些事情的主要性质是"服务"，不是"领导"。我反对强化小干部的行政功能和榜样功能。具体来说就是：

1. 不要拿小干部当"国家干部"

中小学学生干部还是孩子，未成年人，他们的世界观尚未形成，行为能力并未健全。他们到学校来主要是学习来了，他们的主要任务绝对不是管理别人，他们也还不具备这种领导能力。所以绝不可以像对待成人公务员那样要求他们，不能让他们挑重担，不能不分轻重地向他们"问责"，也不能随便占用他们学习、娱乐和休息的时间。成人干部所用的一些口号，不能随便拿来要求他们。一定要记住，他们不是真干部，他们当干部具有临时扮演角色的性质。有些班主任向小干部布置任务的态势竟然像校长给班主任布置任务一样，这是不允许的。教师是一种职业，你从事某种职业当然就要承担这个职业应负的责任，但班长、小组长不是职业，严格地说这只是一种"公益事业"，是一种自愿的奉献。你又不发人家工资，你就不能随便给人家派活儿。

2. 不要拿小干部当"亲信"

小干部是为谁服务的？为集体，为同学，而不是为班主任个人。这一点一定要想清楚。班主任不能不经多数学生认可就赋予班干部特权，不能要求班干部言行与班主任个人的喜怒哀乐保持一致。班主任处理问题不能偏袒班干部，但也不能因为他是班干部就苛求他，特别是不要随便把班干部看成"眼线"，让班干部向班主任打"小报告"。班干部向班主任反映情况，当然是可以的，也是应该的，但是一定要告诉他们："你自己能处理的事情，不必告诉我。"而且班干部汇报情况（尤其是不良情况）之后，班主任不要轻率作出反应，要调查研究一下，以免偏听偏信。经验告诉我们，班主任把班干部当"亲信"，学生就会把班干部当"特务"、"眼前花"、"马屁精"，这种情况特别容易毁坏教师威信，毁坏学生团结，毁坏班风。要想班风正，班主任自己先要行得正。

3. 不要期望值太高

小干部是孩子，生活经验少，他们不可能有很强的工作能力，所以班主任不能强人所难，不能让他们去完成事实上完不成的任务。想当年少年儿童参加救火是被歌颂为英雄的，现在则强调救火不是少年儿童的任务，不要让他们乱参加。班级管理是相当复杂的工作，班主任作为成年人都常常头痛不已，怎么可以要求小干部做好呢？有的班主任竟然把班级纪律交给纪律委员，让他负全责，班里一出现纪律问题就批评纪律委员不负责任，这是很不公正的。他不能为此事负责，你让他负责找不到法律、法规依据，你不能把自己身上的担子转嫁到孩子稚嫩的肩膀上去。前面说过，小干部对同学不守纪律的现象，主要任务不过是提醒、规劝四字，做到这一点就很好了，剩下的批评、惩罚、采取措施、个案诊疗等，都是班主任的事情，超出了孩子的责任范围。不错，班主任不能事事躬亲，他完全有必要把事情拆碎，分给很多学生去做，但是一定要注意，你只能把学生确实力所能及的任务分给他们，期望值一定要实事求是。

4. 不要求全责备

很多班主任似乎都希望班干部是"小圣人"，处处带头，样样模范，完美无缺，整个是一面旗帜。哪有这样的人？你班主任本人完美吗？于是你就会看到班主任对干部总是不满意，老觉得不理想。动不动就说："你还是班长呢，这次考试成绩下降了两名！""你还是班长呢，上课说话，不起带头作用！""你还是班长呢，怎么能和他一块玩？他是什么学生？"这样当班长，不也太难受了吗？班长的头衔成了老师批评他的话把了，还美其名曰

"高标准严要求"、"响鼓要用重锤敲"。按这种标准，孩子只有不是孩子，才能让教师满意。其实本来就不应要求班干部处处做榜样。如果有同学问："他成绩在班里中等，为什么当班长？"我就回答："你们是要选一个服务人员，还是要选一个学习尖子？班长是服务人员，他只要能公正、勤恳地为同学服务就行了，我们不要太在意他成绩是否拔尖。"如果有同学问："他是班长，怎么上课还说话？"我就回答："因为他和你们一样是孩子，也会犯错的。我们可以帮助他，如果他总是不改，下学期你可以不选他呀！"我们当然希望班干部都是各方面比较好的学生，但是差不多就行了，不要求全责备，以免把班干部架在火上烤。班干部与榜样若能合二而一，那自然再好不过，我对此并不反对，但若事实上做不到这一点，我就告诉班里同学，班干部的主要职责是为同学服务，而不是处处做榜样。

5. 不要轻易用"招安"法

有的问题生很闹，而且有一定的势力，班主任管不住他，就封他一个"官"做，想借此约束他，或者利用他的势力管住别人，我称这种办法为"招安"，是一种很古老的策略。这种办法我认为原则上是应该反对的，因为很可能毁坏班风。这种问题生很有可能开始好一段，随后旧态复萌，因为他的习惯不会因为戴上乌纱帽就改掉，没那么简单。他还可能利用班主任给他的权力做坏事，培植个人势力，压制正派的同学，甚至可能在羽毛丰满之时挑战班主任权威。到那种时候，班主任就狼狈了。所以此法一般教师不可以采用。什么情况下可以用此法呢？第一，班主任能力强，能控制住他，第二，基本群众作风正派，跟着班主任走。有这两个条件，才可以用"招安"之策。不过果真有这两个条件，不用"招安"恐怕他也闹不起来。

6. 不要轻易撤换小干部

有些班主任会在一怒之下撤掉小干部的职务，而且公开宣布，愚以为这应该禁止，因为这对孩子打击太大了。即使某干部确实犯了错误、受了处分，我都不主张撤他的职。不提此事，安排另一个人做"干事"，实际上接过他的工作就是了。下学期重选，自然就没有他了。有的干部并没有什么错误，能力不够，那就更不能撤，让他顶个名义，事情交别人办就是了。当年我做班主任的时候（高中），有一个班的班长和团支书（两位女生）都是品德模范，但组织能力不够，我就把班长该组织的许多活动交给一个能力强的男生去做，都安排好了让班长出面主持，效果很好。这位男生可以叫作"影子班长"。班主任一定要注意保护每一个学生的自尊和自信。

读到这里，您大概已经明白了。为什么我们很多班主任搞不好班级管理？重要原因之一是：本该让学生去做的事情，他一百个不放心，偏要自己抢来做；本该亲自去处理的难题，他却幻想小孩子替他解决。说来不可思议，然而可能真的就是这么回事。

【案例】

### 很有威信的班干部提出要辞职怎么办？

各位前辈、同行，大家好！我是八年级的班主任。3月底进行班委改选，一共六个班委，五女一男。他们六个成绩都很好，而且都是学生们自己选出来的，班级工作，如纪律、卫生、上课，都有很大进步，科任教师都很高兴有这样的变化。不料，昨天有个很有威信的班委提出想要辞职，原因是不想得罪人，而且她还说很多班委都有这个想法，只是没有说出来。

请大家帮我出出主意。

K12·班主任论坛，xhn123

## 答 xhn123 老师

这个问题很重要。

班主任要注意，最困难的事情，最难缠的学生，最得罪人的事情，一定要亲自抓，只把比较好办的事情交给班干部去做。千万不要让小干部冲在前面闯难关，那是不公平的，时间长了，势必挫伤孩子的积极性。

现在学生不想当干部了，我建议教师表示理解，同时询问他们有什么难处，把最大的麻烦自己拿过来，请他们继续做做试试，他们就可能不辞职了。否则，即使他们不辞职，也会走向消极怠工或变成两面派。老师都弄不好的事情，你不能要求孩子弄好。

非常感谢网友和王老师的关心。我会按照你们的意见去做的。

我教的是初二。我感觉他们几个成绩好的班干部都有责任心，我没有交给他们任何一件为难的事情，因为我也是刚毕业，我做过班干部，知道这样做的坏处，但是班级纪律真的没有达到完全安静的地步。我们班有一个习惯，就是每天放学前，值日班干部将当天记好的日记交给我批改。我每天都签字，在签字时我就问他们一些当天发生的事情，我甚至没有叫他们把违纪学生的名字写到班级日记上，为的就是不让他们为难。

最近，我发现班级日记（200字左右）上多数记的都是不好的地方，请教各位老师这样是不是不好啊？我甚至怀疑我老是在班级里谈班级的不好现象影响了他们，从而养成这种记不好地方的习惯，从而导致他们认为是自己的工作没有做好，但事实是我们班的纪律在年级来说是最好的。

xhn123

## 这是一个契机

如果班主任并没有交给班干部任何为难的事情，他们为什么会提出"怕得罪人"的辞职理由呢？不明白。最好仔细问问他们本人，让他们说实话。

还有一种可能是，教师对纪律等事情要求太高了。班干部可能觉得一些事情没什么大不了的，可是按照老师的标准就得管，同学就可能认为他们"事儿妈"、"找碴儿"，于是就对他们不满了。

还有一种可能是班干部看到这个班前景不妙，或者对班主任大有意见，于是借口不愿得罪人辞职。要是那样，问题就更大了。

总之，班干部要求辞职只是一个信号，这件事背后可能有一些文章。建议xhn123老师把此事当作改进班主任工作的一个契机。

【思考题】

请您设计一个分层次的班级日常管理网络，把各种日常管理项目都安排得清清楚楚，然后找几个学生，听听他们的意见。

## 第四节 怎么管

管理既是科学，也是艺术，所以要谈"怎么管"，内容太多了，可以写整本的书，本节只能谈几个突出的问题，为了避免空洞，尽量用案例说明。

这几个问题是：管理需要智慧，管理要以人为本，管理要准备多种方案，管理离不开妥协，遇事要探究原因、分类解决，增强管理的艺术性。

### 一、管理需要智慧

很多校长和教师都只顾强调管理需要责任心，需要权力，但光有这些是不够的，管理需要智慧。无论科学还是艺术，不都需要智慧吗？班主任总是抱怨"不敢管"，其实"不敢管"后面往往隐藏着一个更严重的问题："不会管"。

人是容易欺骗自己的。所谓"不敢管"，其实潜台词是："只要你们给我创造'敢管'的条件，我就一定能管好。"这样，责任就都推给别人了，而自己的业务能力呢，则被自己拐弯抹角地、充分地肯定了。这些人不妨问问自己："在同样'不敢管'的境遇下，为什么有些老师就可以把工作做得很好呢？"这才能促使自己进步。

一位班主任应该能随时鉴别眼前的事情，哪些是该管的，哪些是不该管的，这一件应该用这种方法管，那一件应该用另一种方法管，这一件管到此种程度即可，那一件管到彼种程度才行……这些都不是"敢管"二字所能囊括的。俗话说"有勇有谋"，"敢管"只不过"有勇"而已，我们现在更需要的是"有谋"。下面这个案例中的班主任，缺乏的显然不是勇气，而是智慧。

【案例】

班规有作用吗？

由全班同学共同制定的班规中有一条：早训迟到者罚跑操场十圈。

有一位同学罚跑了多次，仍经常迟到。今天找他谈话，要他以后不要迟到了。

他说："我都罚了，还找我。"

制定班规是为了培养学生的纪律意识，现在事与愿违。

班规有没有作用呢？有的话，如何才能起作用？

教育在线·班主任论坛，hao1912

我看班规的作用

hao1912老师对班规的期望值高得脱离实际了。

实际上任何规则和法律都不能解决一切问题。

所以，您的班如果过去常常有好几个人迟到，现在只剩下一两个，那么班规就已经算贡献很大了。

除了班规之外，您还应该有解决迟到问题的其他方法。

比如这位同学，宁可挨罚也要迟到，他必有自己的特殊原因。hao1912老师如果能找到这个原因，或许就可以解决他迟到的问题。

这种办法叫作诊疗。

诊疗法当然也不是万能的。

所以，一位真正优秀的班主任，必须掌握多种教育方法。兵来将挡，水来土屯，量体裁衣，对症下药，这招不行，另换一招，这样才能立于不败之地。

很多班主任遇到问题往往打败仗，基本原因之一是手中的教育手段太少了，只有程咬金的三斧子，不管用就没辙了。

## 二、管理要以人为本

【案例】

有个小学六年级的学生寒假去外地探亲。因为风雪阻隔，火车停运，开学迟到了两天。孩子深知班主任的脾气，上学头一天晚上，一夜没睡着。天亮以后，她问父母："你们谁送我上学校？"二位家长你看看我，我看看你，过了半天，做父亲的才自告奋勇担此重任。父女二人走进老师的办公室，立足未稳，就挨了班主任劈头盖脸一顿训斥。孩子申辩一句，"火车误点了"，老师根本不信，说不可能。发泄一大通之后，才恩准孩子去上课。后来，这女孩子小学毕业，考上了中学。开学前一天，又失眠了，妈妈问她为什么睡不着觉，她叹口气说："谁知道我这回遇到什么样的班主任啊！"请看这位老师给孩子造成了多么大的精神创伤！可是，她自己却很可能以为这是在爱学生！如此不近人情的"爱"，学生受得了吗？起码见面也应该有个客气话呀，起码也要给家长让个座呀，起码也应该允许对方把话说完呀。这位老师太威风了，连待人接物的一般礼节都不顾了，可见她多么缺乏沟通能力，多么不善于理解别人。即使学生真的无故旷课，也不能如此对待的。

　　此案例是这个孩子亲口对我说的。这是典型的官僚主义"管理"：我不管你什么原因，你开学不来就不行！太没人情味了。管理到了这种地步，它的主要作用就不再是帮助学生成长，而是给学生造成伤害了。我们说管理要以人为本，就是说管理应该为人服务，这里反过来了，人应该蛰伏在管理之下，管理成了人性的对立物了。这种管理既压抑了学生的人性，也扭曲了教师的人性，教师成了冷冰冰的管理机器。

### 三、管理要准备多种方案

　　管理有多种方法，即使是同一个管理项目，也应该有多种方案，这样才能因地制宜，因时制宜，因人制宜，问题是需要有人加以研究，总结许多班主任的工作经验，整理成系统的"方案集"，供班主任选用。像下面这种文章，很切实，应该有更多人来写。

【案例】

浅谈七种排座方法的利弊

　　记得上小学的时候，老师领着我们按大小个排队，进屋后还是按身高就座。我和一个朝鲜族女孩同桌五年，那才是真正的同桌。也没见过老师给哪个学生调过座位。当老师后，我才领教到排座的烦恼。我发挥想象，尽量排出科学、民主、合理、人性的座位。以下是我在多年的教学中用过的"座法"，我把它们的利弊展现给大家，与各位班主任同仁探讨。如果对谁有启发，那将使我快慰。

一、按身高排座

接起始班级的时候，由于不了解学生，就按个头排座。个别近视的学生和打过招呼的学生尽量调到前面。根据学生的人数决定单双座。初一年级采用男女纵向单排。

优点：省事。学生没有太大的异议。学生的视线不受阻碍。

缺点：很多家长通过各种关系要求孩子到前面坐，老师很为难。尤其是往后面调学生：有些学生给老师面子，但他们的神情让我难受，嘴上不说，心里也会说，老师的公正在他们心里倾斜。碰到倔强的学生就是不动，老师就很难了。处理不好，学生和家长都不服气。

二、按期中、期末的考试成绩排座

这个方法也很简单。成绩出来了，你坐哪儿，你自己就清楚了。

优点：没有人情座，谁也不来找。学生靠本事竞争，能促进学习。

缺点：学习差的聚集在后面，课堂纪律差，有些人就放弃了。我在按成绩排座的时候，把第一排空出来，给那些考在三排以后的学生。他们事先提出申请，每人只有一次机会，对那些学习较差但不想放弃的学生是一个激励的机会，有些同学就抓住这个机会赶上来了。这算是补救方法。

三、男女围式坐法

下围棋的都知道，当你用四枚棋子吃对方的时候，你必须用你的四个棋子把对方围住。具体说就是每个男、女生的四面都是异性。这个方法适合初二。

优点：考虑到初二的学生青春期的心理需要。他们在这个年龄段，对异性有好奇心，让他们接触，能减轻他们躁动的心理。男女搭配，学习不累。

缺点：容易给学生造成"早恋"的机会。有时需要适当调整。

### 四、互助共进式

考试后，班级的前十名和班级的后十名自愿结成互助对子，根据两个人成绩的名次决定座次。

优点：学生之间互相帮助，共同进步。每学期进行总结，对帮扶有成绩的学生进行表扬。增进了学生之间的友谊。

缺点：增加了学习成绩优异者的负担。

### 五、自愿组合式

按每个学生的意愿自由组合，然后按成绩排座。

优点：尊重学生的人性——和自己喜欢的人在一起，心情舒畅。

缺点：有些喜欢说话的同学聚集在一起，影响课堂纪律。

补充条款是：如果影响了纪律，自动拆开，自己找伙伴。这是很难的——你必须拆开一组，才能重新组合，就好比是一对离婚的夫妻，去拆散另一对恩爱夫妻。鉴于此，学生还是珍惜自己找的伴。

### 六、扇形组座法

以讲台为中心，画半圆，按照座位的间距画出纬线，再从圆心引出若干经线，座位就定在焦点上。每个学生的视线都集中在老师的讲台上，彼此不挡视线，学生不用侧身看老师。

优点：视线最佳，保护学生的眼睛，可以尽量避免近视。

缺点：不美观，有些科任老师感到不舒服。

### 七、全动式

每个学生在每周一向右再向后动退一位。这样的话，每个人在一个位置坐一周，如果是四十名学生，用一年的时间坐遍所有的地方。

优点：公平，可以调节视力。

缺点：科任老师不容易识记学生。有时学生随便串座，不容易察觉。

以上是我的一些做法。不同的年级采用不同的排法。一个目的，就是为了学生。以学生为本，爱护每一个学生，是班主任的天职。

只是一点实际经验，没有什么理论。同行不要见笑。

教育在线·班主任论坛，铁马雪原

我觉得这类经验很宝贵，可以帮助班主任展开思路，有所遵循，又不束缚你。特别值得称赞的地方是文章分析了每一种排座法的利弊,这就告诉我们,并没有十全十美的排座位方式。这才是实事求是、不忽悠人的文章。

### 四、管理离不开妥协

【案例】

开学两个月未到,学生抄作业风气严重,怎么办?
经亲自查实,发现居然有替别人写作业的现象。
我的处理过程如下:
1. 对这两个学生进行思想教育,让他们重视错误。
2. 按中学生守则,抄作业可给记过以下处分。
3. 让这两个学生写说明书、思想认识书等,写了四份。
4. 交由班委会讨论决定如何处理。
5. 形成决议,这两个同学每天的作业都要由家长签字,并让他们去检查班级作业,凡发现有抄的就记录上。
请问王老师,您有这方面的处理技术吗?给指点一下。

K12·班主任论坛,无刀有剑

### 答无刀有剑老师

抄作业在许多学校都是很普遍的现象,法不责众,建议不要轻易动用纪律处分的手段。

抄作业原因很多,不全是品德问题。比如有些学生确实不会,有些确实作业量太大,有些学生懒惰,有些学生失去学习信心等等,建议您询问一下这些学生,把他们细致分类,对症下药。

有些按其实力确实完不成作业的学生,不应该非让他们完成,否则他们只能抄别人的,没有办法。

单纯采用管理手段,恐怕不能解决抄作业的问题。

无刀有剑老师参考。

日本教育家佐藤学说:"冲突与妥协,冲突与妥协,冲突与妥协……如此循环往复,可以说是课堂生活的特征。可以认为,课堂是从事日常教学、完成某些活动、实现某种价值的场所,不过在这个过程中也是遭遇重重困境、穷于应付并且不得不作出某种妥协的场所。教与学这一活动,是通过无数的冲突与妥协才得以实现的,它绝不是作为理想环境中的纯粹的过程展开的。"(佐藤学:《课程与教师》,1版,139页,教育科学出版社,2003。)

我觉得佐藤先生说得很对,可惜有相当多的校长和班主任没有看到课堂的这个基本特征。他们采用的方针是"不妥协主义",一味地和学生较劲,直通通地连个弯都不会转。他们像莽撞的指挥官,只懂得进攻,不知道撤退,结果往往是败退,还不如撤退。应该老老实实地承认:没有妥协就没有教育,没有妥协就没有管理。这才是真实的生活。比如写作业,我们常常需要允许个别学生暂时不交作业或者暂时少做作业,不搞一刀切。这就是妥协。妥协了,让人家喘口气,他们倒有希望进步,若一直往前逼,学生撕破脸和你拼了,你又有什么办法?有人担心,对一个学生妥协,其他学生就会效仿,形成"多米诺骨牌"效应,其实未必如此。我曾多次实验,允许个别学生不写作业甚至不听讲(他确实听不懂),结果并没有什么人跟他学,因为大家都知道,这种"优待"并不是令人羡慕的待遇。我们还是应该对多数学生有一个基本的信任。把学生都当成贼一样提防,不是正确的管理思想。

### 五、遇事要探究原因、分类解决

同一种现象可能是不同的原因造成的,这是基本的科学思维方式。现象不等于本质。什么叫研究?研究就是透过现象找到本质。有一位哲学家(我忘记是谁了)说过:如果现象和本质是直接合一的,那么任何科学研究都是多余的了。可见,我们在管理中遇到问题,应该做的并不是上来就"管",而是研究一下"为什么会这样",把同样的表面现象按不同本质作一下分类,就容易找到对策了。

【案例】

王老师,我们学校有一些同学在厕所吸烟,抓得紧了,就偷偷到教室里吸。作为学校领导,我在想,该怎么样督促一下这些烟民呢?一方面,

让他们抽得少一些;另一方面,不让他们带坏了那些不抽烟的同学。帮帮我,王老师!!(我在政教处工作)

K12·班主任论坛,wuxingming

## 答 wuxingming 老师

学生抽烟问题,愚以为总的解决方针是管理与教育双管齐下,光靠管理效果较差。

还有一点要特别注意的是,无论管理还是教育,都要以"调查研究"为前提,主观盲目的"管"效果也比较差。

建议 wuxingming 老师从不同角度研究一下学生吸烟现象。

1. 吸烟原因

有的学生因好奇而吸烟;有的学生因模仿而吸烟;有的学生为"玩派"而吸烟;有的学生为迁就人际关系而吸烟;有的学生为表现自我而吸烟;有的学生因心灵空虚而吸烟。前面几种稍微好办一点,最后一种很难解决。

2. 烟民之间关系

有些吸烟者是散户,单干,或者随机与其他人结成吸烟小组;有些吸烟者平时就已经形成团伙,吸烟只是他们的共同活动之一。对后一种学生,一般的教育很难有效,要解决他们的小群体问题,才能顺便解决吸烟问题。

3. 烟龄

首先应该教育偶尔吸烟的学生,烟龄短的学生,趁他们还未上瘾,拉出来,至于那些"老烟民",则不要抱太大希望。

4. 家长态度

孩子吸烟,有的家长不管,有的家长管不了,有的家长甚至支持。我主张先做家长工作,尽量取得家长协助。(家长会上讲,个别交谈)

5. 生存状态

这是关键。我的经验,顽固的小烟民多是一些生存状态很差的学生,或成绩很差,升学无望,或家庭有矛盾无温暖,或早恋失败,总之是活得很没劲，很空虚，于是用吸烟麻醉自己。这类情况，想孤立解决吸烟问题是很难的，要进行个案诊疗，改善他们整体的生存状态，给戒烟创造良好背景。

提醒 wuxingming 老师注意那些并不吸烟但是支持男生吸烟（甚至偷偷买烟给男生）的女生，她们起的破坏作用是相当大的。要劝说、批评、制止她们干这种事。

我赞成规定一些制度和惩罚措施，也赞成加强监督检查，但我主张，除非遇到特别嚣张、公然挑战纪律权威的学生，吸烟问题最好不给纪律处分。多数吸烟者主要靠班主任细致的思想工作加以控制，学校应该对班主任加以研究性的指导（帮助分析，出招），而不是光给班主任下命令。

有人想彻底消灭校园吸烟现象，愚以为这对于多数中学是不切实际的。我们的主要任务是控制和引导，学校还有更重要的任务。

吸烟是一种社会现象，其含义相当复杂，我们不能单纯以是否吸烟判断某个学生的品质。

### 六、增强管理的艺术性

管理有一些常见策略和套路，但是并没有固定的模式。管理并不是简单的"照章办事"，也需要创造性。管理其实也是一个艺术天地，班主任可以在其中尽情发挥自己的聪明才智。请看下面的案例。

【案例】

请教王老师，作为一个班主任老师，我这样"整"我的学生，会不会违反教育法规、教育规律什么的？我实在吃不准，希望指点迷津。

小彬轶事两则

小彬，何许人也？班级常务班长，学习成绩从没低于年级前十，家庭条件优越，人也长得高大帅气，就是脾气太倔，爱使性子。

（一）不吃饭

某日中午，生活老师带领大家在食堂用餐，同学们津津有味地享用着自助美餐，小彬的饭盘却空无一物，他本人呢，也嘬着嘴坐在饭桌前，显然是在赌气呢！生活老师走上前，很温和地表示关切："同学，你怎么不吃呀？是不是身体不舒服呀？"

"学校食堂的这些破饭菜，有什么好吃的呀！看着就恶心！"

"哦！不喜欢吃这些呀！要不，老师替你申请一份病号餐，让食堂单独为你服务一次吧？"生活老师挺有耐心。

"谁要你那么好心？除了肯德基，我什么也不吃！"他有点放肆了。

"周末叫爸妈带你去吧！现在先凑合着吃一点呗？不然，饭点过了，你可什么都没得吃了，你会饿肚子的。"

"不吃，就不吃，我一点也不饿！就是饿肚子，关你什么事！"

正在教工食堂吃饭的我接到了生活老师打来的电话，了解了情况，心里暗暗拿定主意，我要好好"整"他一次："你让他到我办公室，说吴老师有事找他。"

小家伙满心欢喜地跑到我办公室，在我的座位上安静地等我。他很耐心，也很有胜算，因为他知道，就在昨天，我刚带着一个学生去过肯德基，他估计我不会忍心让他饿肚子的，一定会带他去肯德基的。

"哟！小彬同学，你来得挺快呀！这积极为老师排忧解难的精神应该表扬！来来来，我手头有一份很急的材料，我又要忙其他的事，你就利用中午的时间把它输入电脑。你打字这么快，肯定没问题的。"

"这……这……"小彬支吾着。

"怎么啦！不愿意呀！这可不是你小彬的风格呀！"

"不是不是……可是，我还没吃中午饭呢！"他有点坐不住了。

"咦！你不是说你不饿吗？你不会是……"我切断了他的后路。

"噢！对了，我是一点也不饿！早上吃多了。"他是个挺要面子的人，自己说过的话怎么能不算数呢！

"啊！那太好了，那这份材料就拜托你了，谢谢啊！我先忙去了。"我走出了办公室，我知道，他一定会完成的。

到了吃晚饭的时候，我又把小彬找来了。

"喂！中午没吃饭，现在肯定饿了吧！赶快去食堂吃饭吧！不过，我去看过了，食堂还是那一点破饭菜。"我想再饿他一餐。

"食堂的破饭菜没什么好吃的！我不饿！"

"啊！那太好了！我正要去食堂吃饭，可我手头的这份材料……"

"没问题，老师，你去吃吧！这点小事，我帮你！"他还在死要面子。

于是，我狠着心肠又饿了他一顿。

第二天早上，我又拿了一份材料，一早就来到他宿舍。他已经起床，正乖乖地跟着生活老师准备去食堂吃饭。我招呼他："小彬同学，昨天辛苦你了，那两份材料完成得挺好，谢谢了！要不你现在跟我走？好事做到底嘛！"

"行！没问题。等会儿，我吃过早饭马上就来。"

"食堂的破饭菜有什么好吃的！走走走，现在就走。"我还不肯放过他。

"吴老师，你就饶了我吧！想赚你一餐肯德基也太难了，小气！哼！两餐没吃饭，现在我可是饿极了，我还是老老实实吃食堂的破饭菜吧！"

看到他那样子，我和生活老师都忍不住哈哈大笑起来。

（二）摸脸

小新是个男生，个子挺高，可天生一张娃娃脸，皮肤像女孩一般白皙、细嫩。小彬等人不知什么时候养成了一个坏习惯，一天不摸小新的脸，就觉得好像少做了一件重要的事，直到有一天，小新实在不堪折磨，向我告了状。

课间，我趁办公室老师都在，把小彬叫来。

"小彬同学，通过我的细致观察，小新总是被你们几个气得吹胡子瞪眼睛的，这是为什么呀？作为班长，是不是有责任向你的班主任汇报情况呀！"

"没什么！他太计较了，我们几个不过是喜欢摸他的脸，表示亲热。"

"为什么喜欢摸他的脸呢？"

"他的脸白白胖胖，皮肤细嫩光滑，摸着感觉挺舒服的。"

"哦！小雪的脸更白更嫩，你们为什么不去摸她的脸呢？"

"吴老师，不会吧？小雪是女生。男女授受不亲，这点道理我还是懂的！你当我是……"

"很好！还知道尊重女生嘛！可为什么就不尊重小新呢！"

"他是男生嘛！干吗那么小气呀！男人之间何必拘小节呢？"

我向前一步，伸手摸摸他的脸，很夸张地说："你的脸摸上去也挺光滑、挺舒服的，男老师们，都过来，免费享受啦！……"

十几个男老师一拥而上，直把小彬折磨得脸红耳赤，最后不得不落荒而逃。

班级学生故事

## 答班级学生故事老师

很精彩！

教师很机智，有幽默感，办法也有创意，很生活。

这比那些动辄批评、"写检查"，或者假惺惺的"赏识"，或者满脸正经的"动之以情，晓之以理"，强多了。

有些问题最好在玩笑中解决（前提是师生关系较好），这是班主任工作的一种重要策略，并不是旁门左道（当然，要掌握一定分寸）。

可惜没有人系统研究和论述这个问题。

**【思考题】**

1. 请模仿铁马雪原老师排座位的几种策略，设计若干种值日安排的策略。

2. 请拿出一个管理案例，说说您用的是什么策略，并对自己这个策略作个评价。

# 第七章

## 问题学生诊疗

——班主任工作三大块之三

在班主任工作三大块里,问题生可能是大家谈论得最多的一块了。优秀班主任介绍经验的时候,总要举个转化问题生的例子,以证明其工作的成功;平时班主任们用在问题生教育上的精力,则是非常可观的。有的班主任对我说,他百分之八十的精力都用来对付问题生了,问题生甚至把他备课的时间都挤掉了。有些班主任干脆就把问题生称为"头痛生",分班的时候,要是自己班里有两个严重的问题生,那就"没好日子过了"。我国自从解放后建立班主任制度以来,从来没有减少过对问题生的关注,光名称就有"差生"、"落后生"、"后进生"、"学困生"、"个别生"、"问题生"等多种,但是据我看问题生教育一直没有走上正轨。其主要缺点是缺乏问题生诊疗的专门研究,经常把问题生与非问题生混为一谈,对策则通常是软硬两手——一手是管卡压,另一手就是哄(比如什么赏识、招安),所谓"恩威并施"。我们的教育方法一方面简单贫乏,陈陈相因,缺乏新意,另一方面又充满主观随意性,好像全凭教师灵机一动。我们对问题生的教育,有爱心,有激情,有怀柔,有"高压态势",有"绝招",有"偏方",有"锦囊妙计",然而很少有科学性。

## 第一节 问题生的界定及分类

### 一、什么是问题生

我研究问题生教育二十多年了,曾多次尝试给问题学生下定义。

1990年我在拙著《育病树为良材》(这是我的第一部著作)中对问题生(那时我称之为"差生")的界定是:"所谓的差生,是指思想品德和学习成绩都差的学生。"

十六年后(2006年6月),在我的关于问题生教育的另一本专著《问题学生诊疗手册》中,我对问题生的界定是:"品德、学习态度、心理等方面,任何一个方面存在较为严重的问题,即是问题生。"在这个定义里,我把"学习成绩"改成了"学习态度",增加了"心理"一项。

后来(2007年8月),我对这个问题有了新的认识,我对问题生的界定是:"品德、学习态度、习惯、心理等方面,存在较为严重的问题,而且用常规教育手段不能解决其问题的学生,才是问题生。"这个新定义最突出的改变是,指出了问题生的主要特点:他们的问题不是常规教育手段所能解决的。也就是说,通过一般的表扬、关爱、批评、写检查、请家长等手段能解决问题的学生,其实不算问题生。问题生不等于"有问题的学生",他们应该是有严重问题,而且这些问题只有通过个案诊疗才可能解决。

我觉得,这个定义的好处一是避免把问题生扩大化,二是把问题生的教育方式(个案诊疗)和一般学生的教育方式(管理,常规教育)作了区别。有区别才能对症下药,有区别才能节约班主任的精力,有区别才能避免班主任眉毛胡子一把抓,陷入盲目性。

## 二、问题生的分类

1. 横向分类（从问题类型上分）

（1）不良行为习惯型

有的严重小说小动，有的爱接老师下茬，马马虎虎，磨磨蹭蹭，站没站样，坐没坐样，没有礼貌，不懂规矩，迟到早退，招三惹四，五分钟热气，不积极参加集体活动。他们一般对老师并没有敌意，只是管不住自己，学习成绩问题不大，品德方面也没有大问题，但是这种学生会给教师带来无穷的麻烦，很让人头痛。

如果说人们对品德型问题生的主要印象是"坏"，对心理型问题生的主要印象是"怪"，那么对行为习惯型问题生的主要印象就是"赖"。这种学生往往知错认错，但是屡教不改。他们有的显得很幼稚，"纯天然"。

这种问题生的数量，无论在小学还是中学，都比较多，是问题生的主力。

凡属习惯问题，根子几乎都在家庭。他们的问题主要是家庭教育失误造成的，他们的毛病主要是家长惯出来的，冰冻三尺绝非一日之寒，已经形成坏习惯了，很难改正。解决这类问题，除了一般性的班级管理和教育之外，还必须进行个案诊疗。最好能找到其家庭教育具体的"失误点"，让家长自觉调整，帮助孩子进步。这在小学很有效，中学因为孩子已经长大，毛病积习已深，家长失去权威，效果较差，但有家长配合总比没有强。为此，教师必须掌握指导家庭教育的专业技术。只会给家长打电话告状是不行的，要学会诊断其家庭教育的问题，而且能给家长"出招"。当然也要给学生"出招"，因为这种学生都并非愿意如此，他们只是太习惯做错事了，意志薄弱，往往一副很无助、很无奈的样子。

教育行为习惯型问题生特别需要耐心，因为这种事不可能立竿见影，只能慢慢来，可是如今的学校评价体系往往违反教育规律，追求所谓"业绩"，逼得教师急于求成，和学生较劲。学生力不从心，结果信心丧失，破罐破摔，或者恼羞成怒，与教师对立，酿成很多事端。其实如果学校不那么急于事功，这种学生中很多人是可以慢慢进步的。

（2）厌学型

这类学生的主要问题是不学习，不听讲，不写作业，一上课就蔫，一下课就来精神，对有关学习的话题过敏，老师同学提起来就烦，家长提起来就急。其精力都用在非学习方面，有的搞体育活动，有的追星，有的追时髦发型、服装，有的拼命消费，有的早恋，有的迷恋青春文学，有的迷恋网络，有的干脆辍学。他们的成绩自然都是很差的，但也有的个别学科成绩不错，但总分很低，属于严重偏科。这种学生除了不听讲、不写作业之外，其他方面纪律问题不大，品德方面亦无大问题，其中不少人甚至可以说"只要不谈学习，就是好孩子"。

一般教师对他们的看法只是一个字——"懒"，认为他们是有潜力的，挺聪明的脑袋瓜，就是不用。其实事情远不是这样简单。其中有些人是过去知识漏洞太多了，基础太差了；有些人是智力类型比较特殊，不适应一般的教学方法；有些则是智商不够；有的是因为早期学习受过严重挫折，灰心了；还有的是从小家长催逼太紧，孩子以不学习来对抗家长。其中只有一部分人确实是因为懒惰，而这懒惰肯定是多年形成的。要对症下药，很需要一番诊断的功夫。

这类问题生，中学比小学多，总起来看比不良习惯型的问题生要少一点。还有一点值得注意的是，这类问题生不稳定。因为学生的正业是学习，不务正业者必然要旁骛，于是就可能学坏，所以厌学型问题生很容易转化成不良习惯型、心理障碍型甚至品德型问题生。有的学生始终厌学，但始终没有变坏，对这种问题生，班主任一般是同情的，并且经验告诉我们，他们长大后，往往有说得过去的前途，不会成为社会不良分子。

（3）心理障碍型

主要问题在心理方面，如自闭，自恋，忧郁，退缩，躁动，攻击行为，无法集中注意力，多疑，无法与他人沟通，等等。外向的有纪律问题，内向的不违反纪律。学习成绩多数不好。品德方面并无劣迹，有些问题貌似品德问题，细分析不是。

心理型问题生给人的感觉是"怪"。他们的行为违反常态，不符合一般学生的逻辑，令人费解，思维方式与众不同。这些问题往往与遗传、家庭教育、童年经历有关。

心理型问题生比品德型问题生相对要多一些，但是无论在小学还是中学，都不占问题学生的多数。现在的问题是很多老师往往很轻率地判断学生为心理问题生，给学生造成伤害。比如学生上课爱小说小动，教师就随便说他有"多动症"，而且让家长带他上医院，这是很莽撞的。想当初教师没听说过心理治疗这个词的时候，把一切问题都说成是资产阶级思想影响、"四人帮"的流毒，一旦学会了几个心理学名词，就满眼都是心理疾病，看谁都像"多动症"。这太缺乏分析了，实际上也还是乱贴标签。

教育心理问题生的时候，教师的角色类似心理医生，需要有一定的心理学知识，找到他的"情结"，才能解决问题。但不是每个教师都有这种能力，如果解决不了，应该请教学校心理教师或者去看医生。

(4) 品德型

主要问题在品德方面：打架骂人，欺负同学，劫钱，小偷小摸，抽烟喝酒，与异性有不正当交往，离家出走，不孝顺父母。多数学习成绩不好，纪律不好。这类学生多是"边缘生"，往往一只脚在学校，另一只脚在社会。他们给教师的突出印象是"坏"。

这类学生往往有小群体，而且和社会上的不良分子有联系。他们对教师一般有敌意，或者虚与委蛇，学生则害怕他们。这种学生对社会和人生的看法往往与社会不良人等相通，他们已经有了反社会的价值观，或者有了这种倾向，只是因为羽毛未丰，所以尚在学校里兴风作浪，一旦时机成熟，就会辍学走上社会，进入不良分子甚至犯罪分子的行列。

这种学生一般来源于破碎家庭、道德不良家庭、家庭教育严重失误家庭。他们破坏性很大，教育起来很困难，必要时需要给予纪律处分。

教育这种学生的时候，教师既是医生，又是战士。如果这种学生总是挑战学校纪律和教师权威，你就首先要把他打败，然后才谈得到教育。他们往往软硬不吃，对付他们有时需要一点兵法，需要一点谋略，需要某些特殊手段。教育这种学生，最考验教师的社会经验是否丰富，因为这是一些提前畸形社会化的人，教师书生气十足，只能败在他们手下，是会被他们看不起的。

小学低年级没有此类问题生，高年级只偶尔出现，中学比例有所增加，但始终是问题生中的少数。我没有统计数字，据我的估计，在普通中学，他们不会超过问题生的五分之一，职高比例可能稍大一些，重点高中比例会小一些。

现在的问题是，很多老师动不动就把出毛病的学生看成品德型问题生，扩大打击面，而对真正的品德型问题生又束手无策，结果只能助长歪风。此类学生一般不适合"招安"，不能轻易安排他们做小干部，否则可能毁坏班风，甚至架空班主任。

(5) "好学生"型

这类问题生是"隐性"的，班主任没有相当的专业能力，没有足够的教育经验和社会经验，没有一定的洞察力，看不出他们是问题生，相反，会认为他们是令人满意、令人放心的好学生。他们各方面都不错,毛病处于隐蔽状态。常见问题有:双重人格,自我消失,自我中心,虚荣心过强,抗挫折能力极差。这种孩子有时会突然惹出大事,如早恋,出走,犯罪,自杀。

一般班主任只有在这种好学生成绩突然下滑或者惹出事端(如打架、早恋)的时候才会开始警惕,其实他们的问题征兆是很多的。适当进行心理测验(比如词语联想,回忆早期记忆,释梦)是可以及时发现他们的问题的。

这类学生的问题比较特殊,需要专门论述,这里就不多说了。

以上分类仍是比较粗糙的,而且事实上很多问题生都是"复合型"的。还有,问题生类别也是可以转化的。前面说过厌学型问题生容易转化成不良习惯型、心理障碍型甚至品德型问题生,行为习惯型的问题生如果总是不能进步,也有可能因为长期受挫而转化成心理问题生,或者接近不良少年,变成品德型问题生。

2. 纵向分类(从问题严重程度上分)

(1) 轻度

这类问题生生活学习基本能随上大溜,对集体没有很大破坏作用,老师的教育时有效果,家长没有完全失控。他们的问题,班主任可能用个案诊疗与常规教育手段结合的方式解决。

(2) 中度

对学校生活已经很不适应,跟不上多数同学,心情焦虑、痛苦,对集体破坏作用较大,抵触教育(但是心还没有完全离开校园),家长基本失控。这种问题生的问题,常规教育手段不起作用,光靠班主任进行个案诊疗也难以解决,需要学校介入、专家指导或介入。

(3) 重度

他们一般是边缘生,徘徊在学校与社会、学校与家庭之间,或三天打鱼两天晒网,或心已经不在学校,家长完全失控。这种问题生的问题,不但班主任,即使学校也已经很难单独解决,需要社会工作者、医院、公安机关介入,专家诊疗。

可见,本书所说的问题生教育,指的主要是轻度和中度的学生,重度问题生基本上不属于学校的工作范围。

让我们举两个例子说明这三种程度的差别。

比如上课不注意听讲，成绩差，但品德没有大问题，也未发现明显的心理障碍，这属于厌学型问题生。一种：他还能参加各项集体活动，不大和老师作对，教师的教育能够听进去，说一次能好几天，然后再反复，成绩有时候有点进步。家长的话似听非听，或者阳奉阴违，但尚未拉开架势和家长作对，问他愿不愿意上学，回答是"愿意"。这种学生，属于轻度的厌学型问题生。一种：发现他每日情绪不好，经常发脾气，用极不耐烦或敌视的眼光回应教师的教育，对班集体的各种活动没有兴趣，不理睬家长，经常顶撞家长，而家长束手无策，但是对纪律处分仍有所畏惧，则属于中度厌学型问题生。一种：经常逃学去玩，或者赖在家里拒绝上学，刀枪不入，软硬不吃，处分无所谓，不但不怕家长，而且企图用出走等手段控制家长，家长反而怕他，这就属于重度厌学型问题生了。

比如早恋。写小条，发短信，煲电话粥，偷约异性见面，成绩下降，心猿意马，但大体能遵守学校制度，以上各种活动均偷偷进行，不敢让老师和家长知道，一旦被班主任发现，面有愧色，并无其他品德问题，也未见其他心理异常……这种情况，属于轻度不良行为习惯型问题生。若其早恋已经半公开，每日主要精力用来联络异性，学校教育无效，有时不惜违反学校纪律和异性见面，但是仍然不敢让家长知道，害怕纪律处分，对成绩下降尚存忧虑……这种学生，属于中度不良行为习惯型问题生。若公然出双入对，在校园中有过分亲昵的举止，对早恋供认不讳，成绩不成绩无所谓，不怕处分，与家长撕破脸皮，甚至双双出走……这就属于重度不良行为习惯型问题生了。

目前班主任对问题生普遍没有分类的习惯和能力，所以他们经常是盲目乱抓。有些班主任把大量精力放在重度问题生上（因为他们的问题刺眼），对轻度问题生却没有时间教育，这实际上是该做的没做，不该做的瞎忙，正好把劲使错了地方，浪费了精力和感情。他们应该把重度问题生交给专家去处理，自己全力抓轻度和中度问题生。当然，现在很难找到这种专家。那怎么办？应该稳住重度问题生（这也需要一些技巧，但并不难学），不去捅马蜂窝，以抽出精力去做真正力所能及的事情。

这里的关键是诊断。我们希望班主任都有诊断能力和分类能力，我们也应该朝这个方向培训班主任，但是我们不能如此苛求班主任，所以我们希望各地区有专家组，各学校都有一两位"校园专家"，以帮助班主任鉴定问题生的问题类型和问题程度。组织要配套，人员要配套，措施要配套。

学校主管教育的副校长、德育主任、政教处教师、心理教师比较适合做这种专家，但要经过切实的专业培训，特别是案例式培训。简单地听专家讲几堂课、读几本书是不行的。

这里还涉及一个评价问题。某班级有一个中度问题生，两个轻度问题生，另一个班级则有两个重度问题生，三个中度问题生。能用同样的日常管理标准评价这两个班主任的工作业绩和工作能力吗？不能。那是不公平的。所以，评价班主任工作主要应该由真正内行的专家来进行，绝不能只看表面效果。目前一刀切的简单行政评价下面，有大批的"冤案"，而且这种评价恰好在引导班主任不动脑筋地拼命蛮干，使教育日益远离科学。

【思考题】
1. 本书对问题生的界定您是否赞成？请说明理由。
2. 本书对问题生的分类您认为是否合适？您有没有反对或修改的意见？

## 第二节　问题生诊疗的步骤及方法

我们先来看看问题生诊疗在班主任工作中的地位，看看问题生诊疗这块工作与班主任工作另外两大块（班风建设和班级日常管理）是什么关系。

1. 问题生与班风

问题生与班风是相互影响的、互动的，这个道理显而易见，可是我发现班主任往往强调问题生对班风的负面影响，片面抱怨"一粒老鼠屎坏了一锅汤"，而忽视班风对问题生的正面影响，他们的思维方式是单向的。但是，光承认问题生与班风相互影响是不够的，我们需要研究一下，在什么情况下，问题生对班风的影响大于班风对问题生的影响，在什么情况下，班风对问题生的影响大于问题生对班风的影响。这个道理并不复杂，谁强势谁就对别人影响大，谁弱势谁就容易受别人影响，这和文化传播的规律差不多。所以，如果一个班班风稳定，班主任能够主导班风，问题生就会受班风较大影响，所谓"火大无湿柴"；反之，如果一个班班风没有形成，或者不稳定，班主任不能主导班风，那么问题生对班风的反作用就会增强，有可能形成"一粒老鼠屎坏了一锅汤"的局面。可见，如果真有一粒老鼠屎坏了你一锅汤，你光抱怨这粒老鼠屎是不行的，恐怕你这锅汤本身也有一些问题，要避免夸大问题生的负面作用。

由此产生的一个问题是：既然班风与问题生是相互作用的，我新接一个班，要稳定局面，是从抓班风入手呢，还是从抓问题生入手呢？这个问题对初为人师的年轻班主任显得尤为重要。据我看，一般都应该从抓班风、稳定基本群众入手，而不要跟在问题生后面，被他们牵着鼻子走。这期间，如果问题生进行干扰，点他们一下，只要他们不过于放肆，就不要急于和他们"决战",要适当作点妥协,不要死心眼。抓住基本群众,手里有了"兵力",以后的仗就好打了。您会发现,当班里基本群众形成跟着班主任走的态势时,问题生一般也就不敢造次了,他们很会"观风声"的。什么情况下可以直接从问题生切入班级管理呢?一种情况是班主任经验丰富、能力很强,而问题生的势力又不太大,如此班主任可以上来就把问题生控制住,一下子把班级稳定下来,但这是比较冒险的,对教师能力要求甚高,一旦拿不下来,"初战失利",下一步棋就比较难走了。还有一种情况是问题生过于嚣张,邪气太盛,教师妥协他得寸进尺,教师友好他也不领情,不把他压住,正气起不来,基本群众也靠拢不过来,那没有办法,只好从问题生开刀。这一般需要学校的支持,在全校点名批评或者给予纪律处分,俗话称这种办法为"杀鸡给猴看"。用此法要注意,打击面一定要小。这种办法火药味太浓,对和谐不利,是不得已而为之,小学很少需要这种办法,中学也尽量少用,只有对重度的问题生,而且是挑战学校纪律权威的、特别猖狂的问题生,才可以采用如此策略。现在班主任"杀鸡给猴看"的策略用得太滥了,多数是不必要的。

2. 问题生诊疗与班级日常管理

给班级日常管理带来各种麻烦的主要是问题生,但是我们不要企图用日常管理的手段解决问题生的问题。检查呀,评比呀,批评呀,写保证书呀,表扬呀,动之以情、晓之以理呀,给家长打电话呀,这些办法都可以在班主任认定的问题生身上用,若能解决问题,那他就不是问题生而只是"有某些缺点的学生"。班主任应该明白,日常管理的各种手段,对于问题生都只能临时起某些作用,不要期望值太高。要真正解决问题,还需要细致的个案诊疗。班主任工作很忙,哪有时间对问题生一个个进行科学研究?所以问题生诊疗必须有重点,比如我班里有五个问题生,三个轻度,一个中度,一个重度,我就要衡量一下,哪个是当务之急,哪个是我力所能及,先行诊疗,其他的暂时用一般管理手段和适当的妥协稳住他们。据我看,一般班主任在一个学期之内诊疗(认真研究)的问题生最好不要超过三个,而且不能同时作为重点,否则精力就不够了。

下面我们可以谈班主任如何用诊疗方式教育问题生了。我主张此事要走科学的路子,而不能像现在这样,只会"管"和"哄",软硬两手交替使用。

我们来看看问题生诊疗的步骤及方法。

1. 鉴定谁是问题生，谁不是问题生

由于心中没有比较明确的问题生定义，班主任就容易把问题生等同于"有问题的学生"，又不注意分析问题的轻重缓急，谁的毛病让我看见谁就是问题生，谁撞到我枪口上谁就是问题生，所以在许多班主任那里，问题生都扩大化了，实际上没有那么多。有的老师把学习成绩排在后面的学生都看成问题生，这更是不对的，问题生虽然多数学习成绩不好，但学习成绩不好并不是问题生的主要标志。比如一个四十人的班级，问题生一般是不会超过三四个的。当然，这只是一个很粗略的估计而已。确定问题生不是评选三好生，不可以按比例"推出"，有就是有，没有就是没有，有多少就是多少。

确定谁是问题生，我看最少要观察、研究一个月，主要看用常规教育方式能不能使其有所进步，如果不能，那就可以初步判断为问题生。我主张各学校在本地区专家或校园专家的主持下，每半个学期开一次问题学生鉴定会，由班主任介绍"问题生候选人"的情况，大家鉴定一下，谁确实是问题生，把不是问题生的学生筛出去。

这种讨论实际上就是教育科学研讨会，当然可能发生争论。比如：你认为此生属于问题生，我认为不是；你认为此生是品德型问题生，我认为是心理障碍型问题生；你认为此生是重度问题生，我认为只不过是中度。这种争论本身就是很好的思维训练，而且可以促进教师反思。比如有班主任声称某学生屡教不改，显然属于问题生，但是却发现对他的"屡教"很有毛病，此种情况是很常见的。一位教师眼中的问题生，到另一位教师手里并没有多大问题，那就不能轻易确定此生是问题生。有些问题生是班主任不正确的"屡教""制造"出来的，班主任运用常规教育手段的时候有失误，不该表扬他表扬，不该批评他乱批评，把小问题弄大了，大家正可以借此机会建议他有所改进。讨论有专家参加，估计对大部分学生可以形成共识，少数学生可以再议。退一万步说，即使这种讨论在多数学生问题上达不到共识，也可以加深与会者对问题生的认识。讨论的结果重要，讨论的过程更重要，探讨问题生教育的过程同时也是班主任提高自身素质的过程。

2. 确定谁是问题生之后，鉴定问题程度

这种鉴定会议还有一个任务是，同时确定（当然是初步确定）那些问题生的问题程度，是轻度、中度还是重度，这样班主任就能知道哪些是自己可以做到的（轻度和中度的问题生），学校领导也就可以知道哪些学生的问题是需要校方介入帮助的（中度问题生），哪些是需要向社会和专家求援的（重度问题生）。如此一定会减少很多盲目性，有钢使在刀刃上，以提高工作效率。

3. 看问题生对班集体的破坏程度和问题本身的危险程度，以决定工作的轻重缓急

以上的工作主要是做到心中有数，具体工作还在后面。问题生教育，大量的工作还是要靠班主任，而班主任不能孤立看某个问题生，他要在整个班级建设的大背景下观察问题生的教育，他必须有全局观念。比如某个问题生问题比较严重，但是对班集体的破坏作用不大，另一个问题生问题性质不算严重，但是影响他人比较厉害，班主任在权衡轻重缓急之后，就可能先诊疗后一个同学。再比如，某个心理障碍性问题生对班集体毫无破坏作用，但是面临自杀危险，那就无论如何要先解决他的问题，救人要紧。这里是两个标准：对班集体的破坏程度和问题本身的危险程度。有些班主任还有另一个标准，就是看"对我的态度"，只要你对我态度不好，不听我的，小事也是大事，反之，大事也可以化小，愚以为这种情绪化的做法是不恰当的。

4. 诊疗的前提是全面了解情况

了解情况时，要注意：横向，要了解学生各方面的表现，千万不要只看他在某一学科的表现，更不可以只看他在班主任面前的表现；纵向，要了解孩子的成长史，比如中学生，就一定要问问他在小学幼儿园时的表现，更要注意他六岁以前跟谁在一起，那时的性格特征是怎样的。

了解学生在校情况，最常用的方法自然是观察法，但是请各位班主任注意，千万不要迷信自己的眼睛。教师和学生接触一般都是在正式场合，上课呀，学校组织的活动呀，等等，其实学生的性格最真实的表现往往在非正式场合看得更清楚，在同龄人中看得更清楚，在游戏中看得更清楚，而后一种观察视角一般是教师所缺乏的。所以，有些学生出了事情，教师惊诧莫名，百思不得其解，而同学却不觉得奇怪，因为学生知道他的底细，教师是被蒙在鼓里的。无论成人还是孩子，在正式场合的表现，在上司面前的表现，总难免有些演戏的成分，有些人还演得很熟练，所以，从"官方"角度往往最不能得到真实情况。采用观察法，要特别注意学生在非正

式场合的表现，还要注意通过学生了解学生。学生有学生的视角，他们的观察往往对教师帮助很大。

观察法之外，也可以适当搞点心理测验。我常用的心理测试方法是问卷法，还有，小学生用画图法，中学生用词语联想法，中小学生都可用早期记忆回忆法和释梦法。

画图法主要是让小学生画一棵果树，画他现在的自己和二十年后的自己，画全家福，从中可以捕捉大量信息。比如画果树，有没有树根，树干是直的还是弯的，树冠的形状和大小，树上果子的位置、多少、排列顺序，整个画面的设色，背景处理，所有这些，都在向你泄露他心中的秘密，只要你会解读。

词语联想法是随便找一个词，让中学生把从这个词联想到的词顺序写下去，写二十个，做三次，然后把这六十个词放到一起研究，你就会发现它们有一定的规律和倾向。任何人是绝不会对所有的词汇印象同样深刻的，他的选择就暴露了他的智力取向、情绪状态甚至人格特征。

早期记忆回忆法中小学生都可以用，让学生追寻自己的记忆，一直追到最初记忆（年龄因人而异），让他把记忆的画面和自己当时的感觉叙述出来。这非常重要。早期记忆包含的信息极其丰富，甚至可以说，它是一个人精神发展的胚胎。我们从人的早期记忆中往往能解读出他一生发展的大方向和基本性格特点。

释梦也是中小学生都可以用的。人的梦，特别是重复出现的梦，对了解人的当前情绪或某一阶段的情绪很有用。但是注意，这里的释梦不是迷信的"圆梦"，梦是灵魂的窗口，不是什么预兆。

画图，词语联想，早期记忆回忆，释梦，这些检测方法操作起来都很简单，困难的是解读。解读这些材料不但需要有一定的心理学知识，而且需要很多生活经验和逻辑推理能力，有时还要询问本人。

5. 提出假设，初步确诊

了解大量情况之后，对这些材料进行逻辑的思考，就可以提出一些假设，实际上就是猜想，估计这个孩子可能是什么问题。

问题生经常发生的问题有多种，每一种问题（例如上课不注意听讲）产生的原因也有多种。一个优秀教师必须做到这样：一发生问题，他脑子里就像打开一个电脑文件一样，弹出有关这个问题的多种可能原因（假设），一条一条摆在那里。有了这样一个参照文件，教师就可以把眼前的学生和这个文件上的描述一一比对，如果发现有吻合之处，该生可能就属于这一类学生，那么自然也就可以初步确诊了。

确诊时，一定要不停地从各个角度反驳自己的初步结论，使它合乎逻辑，经得起推敲和质疑。

有一个学生常常动手打同学，教师把它归因为父母关系不好，我就对他说："父母关系不好的学生很多，为什么别人没有攻击性，偏偏他有？这里面一定还有其他因素在起作用。"有的老师把学生偏科归因为他对这个学科没有兴趣，我就对他说："学生很难对所有学科都有兴趣，既然如此，为什么有的学生门门都学得不错呢？可见偏科不完全是缺乏兴趣造成的。"这类情况当然属于思维不够严密，但不止如此，还应该承认教师缺乏最基本的科学思维方式——反驳。科学离不开反驳。所谓研讨，所谓论证，其实都是不同意见的互相反驳。一个真正严肃对待学术问题的人，他在思考问题的时候，根本不用等别人来反驳，他自己就在反驳自己，从始至终地反驳自己。他会有意识地寻找反例来推翻自己的结论。当他发现一种新情况用自己的结论无法解释的时候，他就会提出新的假说来解释新现象，然后继续用事实验证和反驳这个新的假说。这就是科研的思路。轻率地得出一个结论，得出结论后自己不反驳自己，别人提出反例也不在意，甚至不高兴，这种人，不足以语科学研究。

某种问题可能有几种产生的原因，病灶通常在什么地方，这属于班主任基本的专业知识，可惜现在班主任很少有这种系统的专业知识，师范学校也不教。有一次我到医院去看病，见一个年轻的医生手里拿着一本厚厚的《诊断学》在读，我想，为什么我们班主任手里就没有这种专业技术书籍呢？难道班主任专业知识只能靠班主任自己独立摸索吗？这样摸索，一辈子能积累多少经验？等到有点谱，也该退休了。我想这是我们教育科研工作者的失职。拙著《问题学生诊疗手册》就是基于这样的思考写作的。其中涉及了（1）顶撞老师、（2）严重小说小动、（3）经常性迟到、（4）同学冲突、（5）不注意听讲、（6）不完成作业、（7）马虎、（8）偏科、（9）早恋、（10）偷拿钱物、（11）迷恋网络、（12）暴力倾向、（13）离家出走、（14）自杀倾向等问题，每一个问题都分析了产生的多种原因（假设），提出了对策。这是建立班主任专业知识体系的一个尝试，有兴趣的读者可以找来参考。

6. 评估家庭教育能起的作用

几乎每个问题生背后都有一个问题家庭，可以说问题生正是问题家庭的合逻辑的产品，所以，解决问题生的问题离不开家庭教育指导，这也就是新时期班主任角色必须增加一项"家庭教育指导者"的原因。你不指导家庭教育，问题家庭（这种家庭呈增加趋势，至少到目前为止没看到这种趋势在减缓）就要给你制造问题学生，你诊疗问题生的时候，如果没有家长配合，疗效就会大打折扣。

我们这里所谓的"问题家庭"是完全从教育孩子角度说的。当我们给问题学生确诊之后，准备"开药方"之前，我们还有一件事是应该做的，那就是评估一下家庭教育在我们的诊疗中可能起什么作用，因为我们的治疗方案肯定要包括指导家长。有的家庭，我们可以期望家长起某种积极配合的作用，有的家长，我们可以指导他们少犯一点错误，起消极配合作用，有的则不必抱什么希望。

关于对家庭教育的评估，需要从多个角度进行，详细内容我将在本章第三节"问题家庭的分类指导"中论述。

7. 拿出诊疗方案

确诊后，一定要有具体的，因人而异、因家庭而异的治疗措施。班主任面对一个具体问题时，一定要注意"这一个"的特点，即使他具备某一类学生的典型特点，符合一般规律，也要根据具体情况作一些微调，大同之外要有小异。总之，在确诊之后，开出的药方最好只适合他一个人和他的特殊家庭。

8. 必须根据治疗效果的反馈来评估自己的诊疗，并随时准备修正之

任何医生都不敢保证自己开的药方绝对准确，他会根据医疗效果的反馈来调整自己的治疗方案，或增减药量，或改动药方，甚至推翻原有结论重新诊断。班主任处理问题生的问题也是这样。采取措施之后，要密切注意学生的动态，观察治疗效果，以便随时调整自己的思路和措施。要特别注意的是，教育与医疗有一个很大的不同，教育收效一般要比医疗慢得多，而且影响教育的因素更复杂，所以，当教育没能很快取得成果的时候，教育者不要轻言失败，要从多个角度仔细研究后再下结论。

【思考题】

请举出一两个您教育问题生的案例，分析一下您是按什么步骤教育他的，与本书的诊疗步骤作一下比较，说说您的感想。

## 第三节 问题家庭的分类指导

问题生的诊疗离不开家庭教育指导，因为几乎每一个问题生后面都有一个问题家庭，没有家长的配合，这种诊疗很难顺利进行。

但是这种配合是困难的，因为这种配合要求家长必须有所改变，而改变成人当然比改变孩子难度大得多。家长与家长情况差异很大，有些问题生家长我们可以指望他们给教师帮一些忙，有些家长则只要能少干扰治疗就不错了，有些我们应该劝他们不要再管孩子。所以，在问题生诊疗的过程中，班主任必须对该问题生的家长能扮演什么角色、能起什么作用作一番评估，以便调动家庭的积极因素，尽量减少家庭的消极因素，协助治疗。一般说来，孩子的教育（除了文化知识学习之外）应该以家庭为主，学校是辅助者，但是问题生有些特殊，他们的家庭教育基本是失败的，所以学校应该挑起重担，家长则退为辅助者。于是，班主任就必须研究一下，这个辅助者是什么状态，什么水平，可能起什么作用。

### 一、怎样评估家庭教育在问题生诊疗中能起的作用

1. 家长对孩子是否失控

看家长还有没有权威，说话孩子能不能听。如果还没有完全失控，家长们或某个家长说话孩子还能听，那对诊疗非常有利，这种情况下教师可以出一些积极的招数让家长去做。如果家长对孩子已经失控（这种情况在问题生中是多数），那教师在诊疗时就一定要注意，不可给家长布置"管理"任务，因为他已经管不了孩子，布置这种任务会落空，这时教师给家长出的主意应该是调整家长自己的行动。比如，原来孩子一出走，回来家

长就要给"接风",教师可以告诉家长,不要再这样做,这也是一种诊疗方式。家长管不住孩子,就管住自己,少犯点错误,总可以吧?

2. 家长的责任心

家长责任心强的,教师可以多给他出点主意;家长责任心不强的,教师就不要指望他能做很多事情;家长完全没有责任心,教师就不必理他,把各种措施都放在学校即可;还有一种家长是责任心过强、干预意识过强的,那要劝他们少插嘴,在必要的时候甚至要劝他们离家出走,因为这种人在治疗过程中往往"成事不足,败事有余"。

3. 家长的诚实度

有些家长很诚实,对教师说实话,这种家长提供的材料对诊疗很有价值。有的家长则不然,半遮半掩,或者编瞎话为孩子辩护,他们提供的情况会误导教师。如果发现我们观察到的情况与家长提供的情况不符,或者按照家长的逻辑孩子的表现无法作出合理解释,那就可能是家长在说谎,遇到这样的家长,诊疗就主要靠其他途径了。一旦把真相搞清楚,应该如实告诉家长,家长这时若能面对现实,可以与他合作教育孩子,若仍然讳疾忌医,那就只好不理他,独力承担教育学生的任务了。

4. 家长是否虚心

有些家长很虚心(这种家长一般是多数),认真听取教师的诊断,尽量配合老师对孩子的教育,配合得好不好是水平问题,但他们的态度是好的。也有一些家长自视甚高,见面侃侃而谈,比老师说得还多,或者刚愎自用,不听从教师的正确意见。这种家长,可以对他说:"我相信事实。如果您的想法和做法都是正确的,您的孩子绝不会是现在的状况;如今您的孩子成了问题生,说明您的教育理念或方法肯定有问题。我们希望您能有所反思。"他如果仍不反思,可以先诊疗别的孩子。也有的家长当面唯唯诺诺,事后我行我素,属于阳奉阴违,教师发现这种情况,就不要对家长再抱多大希望,只管自己治疗孩子就是。还有的家长过分虚心,自己不动脑筋,大事小事不停地询问教师,这也是很麻烦的事情,对这种家长,教师要引导他们学会自己思考问题,不要死板地执行教师的指令。

5. 家长的悟性

有些家长悟性较高,教师点一句,他就知道自己问题在哪里,甚至连怎么办都想出来了。对这种家长,不要说话太多,否则就是对他们智力的不尊重。有些家长则不然,很难让他想通。你听他说话,总是在那里重复自己原有的视角和观点,对教师的诊断,他频频点头,等他发表感想时你才明白,他的实际想法原地未动。这种家长很难改变。遇到这种人,我第二次就不再给他讲过多道理了,只出一些具体的行动建议供他参考,以免大家浪费精力。要注意的是,家长在家庭教育方面悟性高低与文化水平高低并没有必然联系,我见过有些身为普通工农的家长很有悟性,也有高学历的家长相当糊涂。

6. 家长的意志力

有些家长意志力强,能控制自己的感情(家庭教育失误的主要原因之一是家长控制不了自己的感情,即所谓"心软"),对这种家长,可以多出一点主意,期望值稍高一点。还有不少家长什么道理都明白,你出的主意他也完全赞同,甚至拍胸脯说保证照你说的做,然而一到家看见孩子就变卦了,然后就是悔恨,向老师检讨,可能下回还那样。这种家长母亲和隔辈人居多,他们不是有意地阳奉阴违,而是意志薄弱。对这种家长,不要过多责备,也不要期望值太高,有点变化就好。如果家中还有另一位意志比较坚强的家长,可以把教育孩子的主要责任交给他,让这位意志薄弱者少管或者撤出。若全都意志薄弱,那没办法,班主任只好孤军作战了。

7. 家长的时间

有些家长有比较充裕的时间教育孩子,对这种家长,可以稍微多出一点主意。有的家长经常外出,或者每日早出晚归,两头孩子都在睡觉,对这种家长,就不要抱太大希望。值得注意的是,有些全职母亲教育子女时间过于充裕,甚至把看管孩子作为自己唯一的生活内容,据我们的经验,这未必是好事,因为这很容易形成以下问题:家长像全天候警察一样紧盯着孩子,孩子极易逆反,亲子关系很紧张,给诊疗带来很大困难。遇到这种情况,我们总是劝这种母亲出去工作,不管他们家缺不缺钱。

8. 家长的教育观念

有些家长谈不到有什么系统、明确的教育理念,无非是跟着习惯走,跟着潮流走,跟着感觉走,这种家长其实倒比较好引导。怕就怕家长读过几本家庭教育的书,或者听过什么专家讲课,半生不熟地知道一点东西,却自己以为很有理念,他们有的会把孩子成为问题生的责任完全推给学校,或推给孩子，或推给社会。这种人振振有词，说起来头头是道，属于夸夸其谈者。对这种家长，只好和他们辩论和讨论，如能说服他，让他明白他其实并不懂家庭教育，就好办了。倘若说不服，就最好少和他联系，独立教育学生。

9. 家长在家中的地位

有些家长你跟他谈半天，出了很多主意，他也完全赞成，但是没有用处，因为他不是家里的"第一把手"，没有决策权，只能听家人的。所以我们一定要搞清家长在家中的地位。要解决问题，还是要找家中的当权者，最好两位家长一齐来。如果家中有隔辈人参与教育，一定要搞清谁是主导。据我们所知，有的家庭孩子教育是由爷爷、奶奶、姥爷、姥姥主导的，这种情况光和父母谈是没有效果的。

10. 家长之间是否一致

还要搞清家长之间意见是否一致，因为一个家长的教育行为完全可能被另一位反对而无法落实，这种情况下开再好的药方也没用。所以，我们若遇到家长教育思想和教育行为互相矛盾的情况，一定要把所有成员（包括隔辈人）集中到一起协商，争取达成共识，做不到思想一致，起码也要求行动基本一致，不要互相拆台。不得已的时候，可以请某一方撤出教育，由另一个家长主持教育。矛盾的教育是最坏的教育。

从上述分析读者可能已经看出，我们诊疗问题生大致是两种策略。首先要对家长进行一下评估，如果家长属于"可塑型"家长，那就重点指导家长，如果家长"不可塑"，那就转而去重点指导孩子。

## 二、问题家庭的分类指导

无论直接指导问题生家长，还是通过指导孩子间接影响问题生家长，我们都要对问题家庭有所认识。问题家庭形形色色，其"问题"不同，对孩子造成的影响也不同，我们的指导重点也就不同。班主任必须学会因"家"施教。

1. 溺爱型家庭

问题学生的家庭多数是溺爱型的，家长对孩子过度关爱，过度保护，有求必应，无微不至。从表面上看，溺爱孩子的家长好像是孩子的奴隶，其实细分析起来,他们首先是自己感情的奴隶。孩子有点事,家长先受不了;孩子还没冷,家长先冷了;孩子还没累,家长先累了;孩子还没哭,家长先落泪了。家长的感情失去控制,先淹没了自己的理智,再去"淹没"孩子。他们中有的人可能以为,我这样爱孩子,将来孩子就会报答我,其实可能正相反。苏霍姆林斯基说:"铁石心肠的人大都生长在那些父母过分溺爱子女,对他们百依百顺、一味迁就,对他们没有任何要求的……家庭。"被溺爱的孩子长大一般都不孝顺,所以这种家长往往以溺爱开始,以寒心和愤怒告终。

产生溺爱的具体原因很多。孩子从小体弱,家长觉得他可怜,因而溺爱。孩子在兄弟姐妹中受欺负,也会使家长溺爱他。长期不孕好容易得个孩子的家长容易溺爱。重男轻女的家长得个儿子容易溺爱。本来不受溺爱的孩子忽然得了一场病,病中家长对他照顾备至,病好以后可能把病中的习惯延续下去,形成溺爱。夫妻感情不和,妻子可能把自己的感情全部倾注到孩子身上,形成溺爱。家长生活贫乏,精神世界不充实,不喜欢自己的工作,又没有什么娱乐,于是把孩子当成自己的全部世界,也会形成溺爱,这种家长特别离不开孩子。

一般说来,溺爱的家长以母亲为多。值得注意的是,现在不但母亲溺爱,爷爷、奶奶、姥姥、姥爷溺爱,父亲也有溺爱的趋势。中国的许多严父正在变成慈母,而慈母正在变成孩子的使唤丫头,这是很危险的。

在溺爱中长大的孩子容易任性、自私、怕苦、生存能力差、人际交往能力差、厌学、贪玩。严重溺爱通常会造就行为习惯型和厌学型问题生,如果加上其他因素,也可以造就心理障碍型问题生和品德型问题生。

溺爱孩子的家长有时候不知道自己在溺爱,教师要很具体地告诉他,你什么事情不能做,什么事情要少做,什么话不能说。有些家长是明知道自己溺爱的,他只是不能控制自己的感情,对此教师要耐心地引导,最好能给他设计一个有梯度的纠正方案,帮他逐渐转变。

2. 放任型家庭

许多放任孩子的家长并不是不想管孩子,可惜家庭教育已经失控了。我当年所在学校附近有一个公路局的单位,男职工常常出差在外,家里只剩下母亲教育孩子。这些母亲大部分都对孩子持放任态度,因为她们管不住,有的甚至不敢得罪孩子。老师去家访,只能了解点情况,还不一定真实,很难指望家长配合学校教育孩子。所以,放任多是被迫的,不得已的。

持这种态度的家长，心情是痛苦的，憋急了，也可能迅速转化为采用强制的办法，试图压服孩子，不能奏效，只好继续放任。

做父亲的采取放任态度，一般是由于懒惰，以为孩子有当妈的管就行了，对孩子的事不闻不问。也有些年轻的父亲，只顾自己挣钱或玩乐，缺乏做父亲的责任感。还有些人认为树大自然直，现在不必抓那么紧，高兴了，大抓一阵，不高兴了，撒手不管，缺乏认真的态度和毅力。

还有一种放任是家庭教育方法不一致造成的。父亲要管，母亲不让；母亲要管，爷爷不答应。总因为孩子闹不愉快，天天不省心，没办法，只好由他去了。其中也有的人偷着管孩子，效果当然好不了。

持续的放任可能使孩子任性、蛮横、没规矩、散漫、偏科、厌学，这种孩子给人的第一印象就是"没家教"。他们首先容易成为不良行为习惯型问题生，其次容易成为厌学型问题生，如果接触不良人员，就可能成为品德型问题生。

放任型的家长，如果他是不得已的，那要帮助他找回权威（这是一件很复杂的事情），如果是懒惰，那就要提醒他此事的后果——怕眼前的小麻烦会招来以后的大麻烦，并具体指导他在何处"拉紧缰绳"。

3. 纵容型家庭

纵容比放任还危险。放任只是不管而已，纵容则是袒护孩子的错误。为什么明知有错还要纵容呢？由于家长私心太重。凡属纵容的事，都是家长认为占便宜的事。比如孩子丢了钱，放任的家长可能不闻不问，纵容型的家长则要发火；但若孩子骗了别人的钱来，纵容的家长可就不管了。孩子打架，不问是非，只问我的孩子是否吃亏了，只要是不吃亏的事，做坏事也不制止，这是纵容的主要特点。

纵容孩子的家长价值观有问题，他们为谋私利不惜损害别人。家长自己由于阅历较多，虽谋私利，但还知道分寸，但孩子却不会掌握火候。孩子接受了家长的价值观，为占便宜不管不顾，长此以往，势必犯大错误，甚至触犯刑律。当出现这种危险时，家长也知道不妙，也加提醒，但他不是帮孩子转变思想，而是教孩子以后怎样更"巧妙"一点，不被别人抓住，这当然是错上加错。以损人开始，以害己告终，纵容孩子错误的家长往往得到一个痛苦的结局。

一味纵容可能使孩子性格出现很大偏差，最容易造就不良行为习惯型问题生和品德型问题生。班主任可以试着促使家长转变价值观，不过一般很难奏效,因为成人的价值观是比较稳定的,那就建议家长少用错误的价值观(比如拜金主义,恃强凌弱)影响孩子。对于家长袒护孩子错误的行为,要予以批评,并指出其后果。孩子惹出事端,要让家长负该负的责任。

4. 管制型家庭

有许多问题生来源于管制型家庭。管制是我国传统的家教思路,此法如今节节败退,但仍有不少家长迷恋它,因为家长不熟悉别的方法,而习惯于管卡压。迷信管制的家长不信任自己的孩子,看不到孩子的优点、积极性和自觉性,他们认为孩子天生爱闯祸,天生不会自觉,所以他们以不犯错误为好孩子的标准,以防止孩子犯错为自己的根本任务,以制定各种禁令为具体方法。一般说来,管卡压只是在孩子小时候有效,上中学以后,渐渐地管也管不住了,卡也卡不死了,压也压不服了,于是管制就会走向它的反面——放任。我们治疗过的很多问题生,当年都曾经是被管得服服帖帖的好学生,突然一落千丈,家长、教师震惊之余,百思不得其解。据我们的经验,他们的家庭往往是管制型的,一旦压不住,就"变天"了。

用管制的方法常常能"迅速见效",这是许多家长喜欢用这种方法的一个原因。比如孩子不爱做作业,家长一声令下,孩子无奈,只好每天晚上摆出一副用功的样子,令行禁止,雷厉风行,家长很高兴。但孩子脑子里想什么,家长管得了吗?有的家长也知道孩子可能"出工不出力",于是进一步规定,每天必须写五十个字,然后检查。这当然落实多了,但孩子写这五十个字,心情如何?愿意还是不愿意?是一边写一边学进去了,还是机械照抄?这怎么检查?还是解决不了问题。所以管制的作用是有限的,它只能使孩子被动服从,不能使孩子主动进取。苏霍姆林斯基有一句话说得非常好:"在实际生活中,可以强迫孩子做某种事情,然而迫使他'做个好孩子',这是不可能的。"

也有的家长迷信管制的方法,是把职业习惯迁移到家庭教育中的结果。例如当干部的或军人出身的家长,就可能把单位的管理办法或部队的纪律搬到家庭中来,而忘记了家庭教育是一门独立的科学。

管制型的教育很容易导致孩子逆反。外向性格的孩子,其逆反可能表现为攻击性,内向的则可能走向自闭和自我攻击。另外,过分的管制还可能导致孩子双重人格(两面派)、人际交往障碍和无能。管制型家教首先容易造就心理障碍型问题生,其次是厌学型和行为习惯型问题生,还有,"好学生"型问题生也往往出自管制型家庭。

孩子总还是需要管的，问题是这种家长只会管，而且管得太多了。班主任指导这种家长，要做的是两件事：一件是帮他把管孩子的具体项目一条条列出来，和他一起商讨该砍掉哪些项目，另一件是教给家长一些"非管制"的教育方法。

5. 冷漠家庭

冷漠家庭的突出特点是家长对孩子冷漠或忽视，没有对话，没有沟通，甚至很少见面。

有的家长只顾自己追求享受，置孩子于不顾，甚至以孩子为累赘，他们当然不会对孩子多有感情。不过这种人是极少的，特别是在我们中国。另有一种家长，只知道挣钱过日子，以为多给孩子买东西就是爱孩子。他们起早贪黑地干，连和孩子谈话的时间都有限，更不必说感情交流了。这也是一种冷漠。

冷漠还可能是说也不服、压也不服、管也管不住、劝也劝不动、孩子软硬不吃时采用的最后一着：我不理你。到这种程度，说明家长与孩子的关系已经很不妙了，比经常争吵还要糟糕。心理学家说，"爱的反面是不关心，而不是恨"，这是有道理的。"恨铁不成钢"实际是爱，若冷漠不关心，那就可能真是不爱孩子了。冷漠有时是极度失望的表现。

冷漠与放任不是一回事。冷漠主要指感情方面，放任主要指行动方面。在行动上放任孩子的家长在感情上不一定对孩子冷漠，感情上冷漠的家长在行动上不一定放任孩子。

孩子对冷漠的反应是什么呢？有的是以冷对冷，有的则是竭力捣乱、闯祸，以吸引家长的注意，哪怕家长骂自己一顿也好，总比不理强。孩子是很难忍受冷漠的。孩子在冷漠的气氛中长大，性格孤僻，不热情，或者相反，特别热衷于人际交往，离不开人，缺乏独立性。这种孩子首先容易成为心理障碍型的问题生（如自闭），其次容易成为厌学型和不良行为习惯型问题生（如攻击性、早恋）。

指导冷漠型的家长，如果是原发型的冷漠，应该力劝他改变态度，教他一些与孩子沟通的方法（他们往往不知如何与孩子沟通），后发的失望型的冷漠，要帮助他们恢复对孩子的信心，树立永不放弃的观念。

注意：我们这里讲的冷漠指的是一贯的态度。家长因为某种缘故一时不理睬孩子不算冷漠，不但不算冷漠，有时还不失为一种有效的教育手段。

6. 无规则家庭

无规则家庭的主要特点是孩子生活无规律，几乎没有人管，上学之外，整天乱跑乱玩，没人知道他都干了些什么。小商贩家庭，外来务工人员带孩子的家庭，家长外出孩子留守的家庭，这种情况较多。家长只是抽时间过问一下孩子的事情，平日不管，见到期末考试分数瞎管一阵。

在这种家庭中长大的孩子，即使智力不错，也常常不能进入学习状态，他们很散漫，行为有游民色彩。其中有些人会成为不良行为习惯型问题生和厌学生，有的则可能成为品德型问题生，提前到社会上去混。

7. 高期望家庭

问题生的多数都来源于高期望家庭。高期望在中国是非常普遍的现象，即所谓"望子成龙"。家长希望孩子有出息，这本来是很正常的，问题是很多家长对孩子的期望非常主观，完全脱离实际。他们根本不承认人的智力和智力类型天生是有差别的，他们迷信"努力"、"刻苦"，鼓吹只要拼命学习谁都能实现自己的目标，其实这是没有科学依据的。

高期望的家长，有的是让孩子为家长挣脸面，有的是为了光宗耀祖，有的是为了补偿自己当年没有实现的理想。他们不分析孩子的特点，不了解孩子的需要，不尊重孩子的感情，一厢情愿地制定一个目标，强迫孩子去落实。这种做法开头可能还算顺利，孩子到了一定年龄，就要消极怠工、逆反、厌学，或者自卑、自我攻击。问题生中的厌学生、不良行为习惯型学生、心理障碍型学生，多数都是高期望家庭造就的。

对高期望的家长，笼统地劝他们降低期望值是不够的，比较好的办法是对孩子进行检测，找到孩子的真正潜能、优势和弱项，帮孩子选定一个切实可行的目标，如此才能说服家长。单纯让家长降低期望值，他们不服气——这种家长一般都有很重的虚荣心，特顾脸面。

8. 垂直家庭

所谓垂直家庭，是指孩子极其缺乏同龄人横向交往的家庭。独生子女家庭本来就有垂直性质，孩子的人际关系仅限于垂直向上与长辈联系，有些家长变本加厉，不让孩子与邻居小孩交往，不给孩子与同龄人玩耍的机会，甚至以为，家长陪孩子玩可以减少孩子之间的矛盾，少让自己孩子吃亏。如此下去，这个家庭就成了垂直家庭。这种家庭培养的孩子极其缺乏与同龄人交往的经验,一旦上学,大家就会发现他有点傻,幼稚,不懂事,长不大,行为习惯毛病多,人际交往有障碍。长大以后,或者孤僻、自闭,或者疯狂交友、早恋。许多不良行为习惯型问题生和心理障碍型问题生都产生于垂直家庭。

怎样指导垂直家庭呢?如果孩子还在上小学,那比较好办,劝说家长多创造一些机会让孩子接触同龄人就行了(比如几个家庭结成小组,建立"模拟多子女家庭")。当然,这要有梯度,而且要有技巧,不可突然把孩子放到小朋友堆里去,否则孩子会不知所措,大受挫折,以后更不愿去了。如果孩子已经上了中学,就比较麻烦了。对于孤僻自闭的孩子,要更谨慎地引导他接触同龄人(先帮他找一两个朋友),对于疯狂交友的孩子,则需要适当限制,同时引导他们树立正确的交友观。这工作很不容易做,必要时要请教专家。

9. 矛盾家庭

矛盾家庭指的是家长之间存在激烈的冲突,有的是生活上的矛盾,有的是教育上的矛盾。比如夫妻不和,夫妻长期闹离婚,婆媳矛盾,祖辈人与父母在教育孩子问题上意见严重分歧等等。这些矛盾搞得家庭火药味十足,鸡犬不宁。即使孩子不支持任何一方,也会情绪低落,经常烦躁不安,很难静下心来学习。有的孩子加入某个阵营,帮助妈妈反对爸爸,帮助奶奶反对妈妈,或者谁的话对我有利我就听谁的,搅在成人的矛盾里,纵横捭阖,对健康成长更加不利。所以我们说,矛盾家庭有时比单亲家庭对孩子害处更大。单亲家庭有很多孩子还是很优秀、健康的,而矛盾家庭的孩子,即使学习成绩优秀,一般也会留下心理创伤。矛盾家庭的孩子容易出现情感危机、厌学、早恋、自闭、两面派,有的则会提前走向社会。矛盾家庭能造就各种类型的问题学生。

班主任诊疗问题生的时候,若遇到矛盾家庭比较难办,因为我们无权介入人家的家庭矛盾,涉及隐私更不能乱打听,然而这种矛盾又确实影响孩子。怎么办呢?比较妥当的办法是在涉及孩子教育的部分给家长提些建议(比如不要当着孩子的面争吵,不要拿孩子当控制对方的武器和与对方讨价还价的筹码)。如果家长对教师非常信任,拿家长当朋友,也可以提一点缓和家庭矛盾的建议。还有一个办法是教育孩子在家长的矛盾中严守中立,告诉孩子,大人的事是他们之间的事,小孩不要插嘴,小孩要做的事情是考虑自己的前途。

10. 倾斜家庭

中国的家庭教育自古以来就是倾斜的，"养不教，父之过；教不严，师之惰"，很明显的以男性为中心（古代没有女教师）。近代至今，男女逐渐平等，很多母亲取得了家庭教育的主导权，有些甚至独揽教育大权，不许父亲过问孩子教育。这成了一种新的倾斜。这种倾斜如今在大城市比较普遍，对教育男孩子特别不利，因为男性有男性的思维方式，父性教育的缺席容易使男孩角色混乱。现在很多男孩女性化，缺乏阳刚之气，与此有关（与学校女老师比例过大也有关系）。我接触的不少问题生，家里都是女重男轻，妻子是女强人（或者妻子父母是强人，妻子因而在家中地位远高于丈夫），当着孩子的面贬低丈夫，搞得为人父者在孩子心中没有地位和威信。还有的男人搞大男子主义，对妻子无礼，甚至打骂妻子。还有的家庭祖辈人主事，爷爷、奶奶经常在孩子面前贬低其父母，经常推翻孩子父母的正确决定。这都属于倾斜家庭，人际关系失去了平衡与和谐。在这类家庭中长大的孩子，往往有情感危机和人格障碍，成为心理障碍型问题生和厌学生、不良行为习惯型问题生。

班主任很难把这种家庭倾斜纠正过来，我们所能做的，只是把家庭倾斜的事实、后果告诉家长，请他们自己去调节。如果孩子已经上中学，那就重点教育孩子，让孩子明白自己的家庭是不正常的，自觉减少家庭对自己的不利影响。

多子女家庭中，父母偏向（例如重男轻女，例如着力培养某个"有出息"的孩子）也会造成倾斜，也是应该尽量纠正的。

11. 倾斜家族

家庭倾斜如果超出一个家庭，扩大到一个家族，就会形成倾斜家族。

我们治疗过一些问题生，发现家长拼命逼孩子学习，几乎到了失去理智的程度。家长哪来的这么大的劲头呢？后来才发现，原来孩子有表哥、表妹学习成绩很好，给孩子的父母造成了极大的压力。孩子父母为了在兄弟姐妹中有面子，把劲都使在孩子身上了。家族中这种兄弟姐妹的竞争造成了家族的倾斜，进而形成了家庭教育的倾斜。这么搞会把处于劣势的孩子逼出问题的。很多心理障碍型问题生，不良行为习惯型问题生，甚至辍学生，都是这样"造就"出来的。班主任遇到这样的家长，应该力劝他们实事求是。教育不是逞强好胜的事情，它是有客观规律的。一个孩子有一个孩子的特点，一个孩子有一个孩子的优势和劣势，家长的任务是扬长避短、因材施教，而不是盲目和亲戚的孩子攀比，强迫孩子走别人的路。

12. 特权家庭

特权家庭指的是官员家庭或当地有实力者的家庭。如果这类家长头脑不清醒，他们的孩子容易成为问题生。这道理很简单，特权是腐蚀人的。如果孩子闯了祸家长总能替他"摆平"，使他逃避惩罚；如果因为家长的势力，孩子的老师总是"照顾"他，同学也总是抬举他；如果他无论学成什么样家长总能帮他去一个好学校；如果他知道家长的存款足够他以后花的；如果他总是穿名牌衣服、用名牌手机、坐名牌汽车，很有派头……请问这样的孩子好得了吗？我想稍有生活常识的人都知道，他们难免成为只会吃喝玩乐的"花花公子"，或者骄横霸道的"恶少"，或者百无一能、依赖家长的"肉虫子"。

班主任遇到这样的家长，绝对不可低三下四，那就失去了教育者的尊严，但也不必故做"不畏权贵"状，平心静气地指出他们做法的错误和危险就是了。我们应该提醒这种家长：当您有某种地位的时候，指望别人不借讨好您的孩子来谋私是不现实的，关键在于您自己要清醒。至于该怎么做，我想他们多数人心里其实是明白的；有糊涂的，教师出点具体的主意就是了。如果孩子已经上了中学，也可以直接跟孩子谈，告诉他，家长虽然好心，但是正在害你，你自己最好早点醒过来。

以上我们把问题家庭分成了十二类，其实很少有家庭是单纯属于某一类的。比如很多溺爱家庭都同时是高期望家庭，很多矛盾家庭同时是溺爱家庭，很多溺爱家庭同时是管制家庭，甚至很多冷漠家庭同时是溺爱家庭，特权家庭则常常是溺爱、管制、冷漠、高期望的奇妙混合物。真实的家庭多是复合型的，形形色色，所以治疗的时候，开药方需要针对具体情况，灵活把握。

【思考题】

请选择几个问题生案例，和同事一起分析一下该生的家庭类型，并制定初步的干预方案。

## 第四节  问题生诊疗案例

前面几节我们讨论了问题生的类别、问题生诊疗的步骤、方法，以及问题生家庭的指导。在这一节里我们将举几个案例，说明怎样综合地、灵活地运用上述知识进行问题生个案诊疗。

【案例】

王老师：

我是小学四年级的班主任。班里有一名特殊的学生，上任何课他都不会认真听一分钟，甚至钻到桌子底下玩，或者走出座位去打扰其他同学。至于作业，他更是不会动笔去做，考试宁可交白卷。下课后，他还要欺负同学，做恶心的动作，比如吐口水。一直以来，我想尽了各种办法去帮助他，教育他，可是似乎根本不起作用。我该怎么办？

教育在线·班主任论坛，cfn

## 答 cfn 老师

这样的孩子，如果单看他眼前的表现，只会莫名其妙，义愤填膺，哭笑不得。

孩子还小，问题有可能得到解决，但要解决他的问题，先要搞清原因，要搞清原因，教师先要展开思路。

怎样展开思路呢？

横向展开。看他在其他学科、其他老师面前的表现，看他在上课之外的活动中的表现，看他在小伙伴中、在家庭中的表现。如果其表现都差不多，那是一回事，如果有时表现不一样，那就是另外一回事了。

纵向展开。看他一至三年级表现如何，在幼儿园时表现如何，婴儿时期表现如何。如果那时也都差不多是现在的样子，是一回事；如果那时表现不是现在这个样子，或者不完全是这个样子，那就是另一种或另外几种情况了。

情况不同，证明原因不同，当然解决的办法也就各异。

我感觉 cfn 老师犯了一个教师常犯的毛病，遇到问题不去探究原因，就想直接用通常的管理办法解决它。在很多孩子身上，这条路是走不通的。教师面对问题，必须有诊断意识和诊断能力，否则今后的日子会越来越不好过，因为，如今的学生需要诊断的人正在逐年增加。一般化的、大拨轰式的管理，过去还能对付，以后恐怕就不行了。形势在迫使教师提高专业技术水平，变成名副其实的教育专业人员。

cfn 老师，请您先搞清这孩子到底为什么会这样，然后再谈"怎么办"。一旦您能"确诊"，您自己一般就有办法了。

非常感谢王老师。说来真是惭愧，我一直想努力帮助他，可是就是找不到办法，我简直是有点束手无策了。

我也曾了解过他的家庭。他的父亲是招女婿，他从出生开始就成了全家的宝贝，除了天上的星星、月亮摘不到，他几乎是要什么有什么。后来，上幼儿园了，脾气就特别古怪，很难与其他小朋友相处，老师也对他另眼相看，常常不让他参与游戏，因为有了他的捣乱，游戏常常无法进行。在幼儿园时他已经"有名"了，后来他的父母发现这个孩子实在与其他小朋友不一样，就干脆又生了第二胎（农村里招女婿可以生第二个）。

后来上小学了，一年级我就接了他，直到现在。当时我就发现他显得不懂事，上课总是在教室里跑来跑去，不会听课，科任老师渐渐地也都不喜欢他了，甚至为了不影响其他同学，就让他到我办公室待着，因为我是班主任，不得不管。于是我就干脆在办公室里给他"开小灶"，教他学拼音，因此他的拼音学得不错，拼读音节基本上不成问题。但是不知为什么，教他学汉字，他怎么也记不住，今天教会了，明天问他，一个字也不认识了。教他写字更难，别说不会写，后来勉强会写了，也是一百个不愿意，常常要软硬兼施才写上几个，然后他就死活也不肯写了。直到现在，他就是这样，今天开心，就"给老师"写点作业，否则就什么也没有，从来没做完过一份练习。科任老师换过好多位了，没有一位不头痛的。有时候我想这是个"傻孩子"，他父母几乎都放弃了，自己又何必呢？可我不甘心，因为，其实这孩子有时挺可爱的呀：他会"说"，课堂上的句子练习他能说出正确答案，扩词时他从不要人提醒，别人说过的词，他不会再说，一定是要自己想的，他也会口头作文，就是不识字，不会写。就说这次"六一"节的游园会，他留在教室做我的小帮手，可起劲了，游园会就要结束时，我让另外一位同学陪着他去玩游戏，结果在成语接龙时他居然一口气接了四个，满分是接五个成语。还有，这孩子特别愿意帮我做事，让他帮我拿东西，帮我倒垃圾，他就非常高兴。唉！

王老师，能否再请您帮我分析分析？非常感谢！

cfn

## 答 cfn 老师（2）

根据您提供的材料，我初步判断，这孩子有两个问题：一个是家庭造成的任性、没规矩，第二个是缺乏记忆冲动，记忆方式与别人不同，有书写障碍。

关于第一个问题，我建议您对他进行非常具体的指点。比如他不善于和别人打交道，很可能他根本就不知道什么时候该说什么样的话，您要一句一句教他。当他捣乱的时候，您一定要问他心里想的是什么（他的想法很可能出乎我们的意料），然后您再根据他的想法，引导他逐渐走入正轨。有时候他可能明知故犯，您不要急于批评，而要私下和他一起讨论，用什么具体办法才能管住自己。

关于第二个问题，我建议您把他的作业改成口头作业，检查作业时，别人交本子，他只要交一个录音带就可以了，照样算成绩，如果做得好，还可以在班里播放。但是有一个交换条件：他必须每天动笔写几个字或者一两道数学题。这样慢慢磨，过一段时间，也许就有可能减轻他对书写的反感，那就有希望了。他既然喜欢"说"，您还可以鼓励他在班里朗诵课文，进一步鼓励他朗诵课外书，给予表扬和奖励。他为了表现自己，就可能下工夫去认字了。如果他记不住字是因为缺乏记忆冲动，用这种方法或能解决问题。如果他有了记忆冲动还是记不住，那是他的脑子与别人不同，就应该考虑别的记忆方式，比如把字变成画，比如把字变成某种动作，比如把字拆成他能认识的几个部分叫他自己录音，然后自己去听，或许他就能记住了。您可以用不同的方法试试。这是一种研究，很有趣味。

上面这个案例是我在网上和一位班主任的讨论，后来这个孩子情况如何，不清楚。这个孩子属于中度不良行为习惯型问题生，他的家庭看来属于溺爱型、无规则型、垂直型家庭，因为又生了第二胎，家长不对他抱什么希望，这个家庭对于他还可能成了冷漠型、倾斜型家庭。我给cfn老师的回复侧重班主任应该采取什么做法，没有强调对家长的指导，是个缺点。这种孩子，单靠班主任是解决不了问题的，班主任帮他进一步，家长弄得他退两步，事倍功半。因为材料不足（家长的职业、文化水平、性格、悟性、相互关系等），我没有办法评估这个家庭在教育孩子的过程中能起多大作用。照我的初步看法，指导这个孩子的家长的基本原则是：一要恢复他们对孩子的信心；二要召集他们全体家长开会，达成共识，行动不能矛盾；三要告诉孩子的母亲，尊重孩子父亲，保护父性权威；四要给他们出一些具体的招数，定出一些基本的规矩要求孩子遵守。孩子才上四年级，还来得及，如果现在不着手转变家庭教育风格，再过两年就不好办了。弄不好，他将来给家长带来的麻烦会远远大于给学校带来的麻烦，这一点一定要让家长想清楚。

【案例】

有这样的一个女孩子

初中时的成绩还不错，但中考没有考好，于是来到了一所美术特色的高中——这里的录取分数线只要普通高中水平。每个星期至少八节美术课，她和其他同学一起，从素描开始学起。三个班的同学分成四个美术小班。

高一第一次期中考试没有考好，她和班主任说："下次吧，下次看我的。"但她有一个很大的坏习惯，就是上课爱走神，常常发呆。对自己的这个毛病，她非常清楚，但总改不了，甚至这样对老师说："这是无法改变的，你们不要再费心了。"老师和家长没有放弃，一直在默默地帮助她，但她变本加厉，同学们在画室里安静地画画的时候，她总是想着去找同学聊天，有时索性就睡觉。

这样到了高一第二个学期，历史、地理要会考了，她着急了，拿了同学的笔记，上数学课、语文课、外语课都在看历史和地理，终于勉强通过了，刚好C等。

高二了，学校对美术班级重新进行了编排。也许是由于她高一时的美术课上得并不认真，上课纪律也没有给老师们留下好印象，在编排的时候，她被分到了一个由新来的老师任教的画室。这其实是一个好机会，新来的老师称赞她是可以进步的。可是，她认定自己被学校抛弃了，她认为这个班级是一个新毕业的老师教的，肯定是一个差班，于是对老师百般挑剔，经常旷课。而父母呢，什么都顺着女儿，也给学校、班主任施压，要求换班。事实上，从第一节课开始，她就没有真心接纳过老师，竟然这样和班主任说："我又没有让学校对美术重新分班，所以我不满意是很正常的。"

后来，在很多老师的努力下，高二她还是在这个班级里度过了，也基本上能保证到校学习。高二的下半个学期，有四门科目（数学，物理，化学，生物）要进行会考，于是她又像高一一样，在最后时刻抱佛脚，这一次，更厉害，向老师提出，在会考前一个半月要全天请假。父母也着急了，因为在家中她根本没有足够的自制力学习。老师也明白在家中复习是肯定没有效果的：一个基础知识没有过关的人，想自己看看书就能应付考试，谈何容易？更何况，美术作为专业课，怎么能不上呢？学校和家长都没有同意，于是，她就旷课，不肯来上学。班主任找了很多有经验的老教师给她做工作，又是家访又是电话，终于，她答应每天上午上课，下午美术课时间要求回家，父母给她出具了假条，送到了教管处。但显然，在家复习没有好效果，会考那一天到了，她竟然缺考了。考试开始后四十分钟她还没有到，班主任就往家里打电话，没想到家长竟然这样回答班主任老师："反正也考不出来，到时候补考吧，我同意她的。"班主任急了，没有参加考试哪里有补考之说？根本没有补考的机会，只可能在高三毕业以后的6月24日参加重考！软磨硬泡，终于来了，但还是缺考了一门。会考下来，三门不过。

高三了，原来的美术教师辞职走了，学校给他们所在的班级分配了一位刚从高三返下来的、很有经验的美术教师，但进入高三阶段后，她从来没有上过美术课。她这样和老师说："学校里老是换老师，对美术一点好处也没有，我不高兴学了！"既没有请假手续，更没有和老师打招呼，一到美术课，她就偷偷回家。

过了几天，班主任又一次找她。她说："要想我上课，可以，我要换一个美术班级！否则我是不来上的。"班主任意识到，不改变她的态度和意识，换到哪里都是一样的。班主任没有同意，家长闹到教管处，教管处也没有同意，家长闹到校长那里，校长的态度非常明确：学校的工作安排有学校的理由，学生的职责是学习，不能随意换！

班主任一次一次地找她，她总说："我的美术并不差，为什么我要在这个班级？这个班级是差班！我没有叫学校分班，学校为什么分班？不给我换班，我就是不学！不学我就不考大学了，我不考美术了！"家长说："不给我们换班，我们不学。"可是我们的语文、数学、外语、政治、历史、地理呢？开学快一个月了，一次作业也没有交过，上课总是找人说话，开小差。

班主任又找她了，和她探讨作业的问题，她说："毕业证书肯定是可以混出来的。"政治老师说了："这样政治怎么可能通过会考？"她说："到时候我自然会用功的。"老师告诉她："没有一蹴而就的事情！"她说："那算了吧，我毕业不毕业也无所谓！"今天，我们班级一个下午是四节美术课，她又走了。

今天，她的妈妈又打电话给我这个班主任了："不换班级，我们女儿要上课是不可能的。"

两年多，在她身上我花的工夫比在我们每一位同学身上花的都要多，但是我真不知道，接下来该怎么办。

教管处说，要是再旷课，那么请其自动退学。我依然想劝劝她，但是我真的好累。我不知道该怎么办。

K12·教育教学论坛，五月微凉

### 请研究一下"为什么"

我很遗憾地发现，许多老师在叙述学生情况的时候，我听着都不像是专业教育人员的声音，而像是一个普通的班级管理员在向你介绍他所看到和听到的最表面的现象，甚至像是普通人在跟你发牢骚。其最主要的特点是缺乏（甚至完全没有）研究、探究的意识。五月老师这篇文章也有这个问题。

比如五月老师说："她有一个很大的坏习惯，就是上课爱走神，常常发呆。对自己的这个毛病，她非常清楚，但总改不了，甚至这样对老师说：

‘这是无法改变的，你们不要再费心了。'"

这其实是一个非常值得研究的问题。她的这个坏习惯是怎样形成的？如果不是到了高中才养成的，那为什么她初中的成绩还能学得不错呢？她发呆的时候，脑子里想的是什么？是什么东西对她的吸引力超过了学习？

再比如，这个学生后来竟然发展到以上学为条件和学校、家长讨价还价。这等于说，她越是退步，越能得到更多的好处。家长和学校何以闹到如此被动的地步，非得求着学生学习？学习到底是谁的事情？我感觉这个孩子的家庭教育有重大失误，可是我没有发现教师指出了家长的什么失误，并且加以指导。这孩子适合上美术学校吗？如果不适合，她又比较任性，能不生事吗？

好像没有人研究。大家都在情况不明、原因不明的前提下，做着自己习惯又习惯的事情——不管三七二十一，我一定要把你"管"入我要求的轨道。

这是不动脑筋的教育，非研究型的教育，跟在学生后面跑、穷于应付的被动的教育，救火队式的教育。

五月老师很累，我很同情，但是，如果五月老师不改变思维方式，以后会更累的。你想，给一个不知病因的病人治病，还不累死医生吗？

这个孩子，如果五月老师还打算帮她，请先研究她的整个成长史，询问她现在的感觉和未来的打算，而不要急于"管理"她；如果来不及了，那请她离开学校就是了。不过五月老师若不学会一套研究的本领、诊断的本领，则下次遇到这类学生（这类学生会越来越多的）的时候，还是要打败仗。

谢谢王老师的点评，给我很多启示哦！作为一个刚起步的班主任，我要学习的东西太多了。

是啊，刚毕业开始当班主任的时候，我们这个班级高一、高二发生了很多事情，那时我常常就想辞职，做自己喜欢的事情去，而我一直以来的生活经历也让我觉得很不能理解学生有时奇怪的逻辑。有时我真愿意自己是一个旁观者，不过我可以负责任地说的是，从高一开始我们就关注这个学生，但是父母不愿意再为自己的女儿去找合适的地方，只一味要求她考上大学。

具体的成长史，我们在过去两年中也作了一点了解，发现主要原因在她的身世和家庭的教育。因为她是领养的，所以父母对亲生的儿子和对这个女儿的态度不一样。父母对她常常是有要求，但是又怕自己过于严厉，毕竟不是自己的亲生孩子，所以以前几次父母到最后都站到她那一边，帮着她到老师这里请假。现在，父母又坚持不住了，和她一起向学校提要求。

孩子从小就觉得自己是受到不公平的待遇的，而且从小时候开始就学会了把原因推给家长。初中时的学习习惯虽然不是很好，但还是会在考试之前临时磨刀的，到了高中，因为教材和课程难了，自学解决不了问题，就开始逃避了。

这段时间我正在和她交流，其实从高二开始就进行了一点一点的沟通。她现在透露出的打算就是：把自己弄得漂亮一点，以后嫁个好家庭！

"她越是退步，越能得到更多的好处。"这句话给我的感触太深了！

也许是我自己的生活一直是一帆风顺的，又刚刚走出大学校门不久，所以，面对这样的家庭，我不知道怎样与那些和我的父母几乎同年龄的家长打交道。我虽然也明白家长有失误，可是不知道如何开口，后来请我们的组长去说，可惜，似乎收效甚微。

是啊，我们作为班主任要学的东西实在太多了。我会在一路上慢慢地成长的！

多谢王老师！

五月微凉

## 什么是我们工作的起点？

感谢五月微凉老师提供的新材料，钦佩五月微凉老师谦虚的学习态度。

我发现很多老师都把自己的要求、自己的主观愿望当成工作的起点。他们脑子里先有一个标准，一个目标，然后就从这里出发，按照这个目标要求学生。学生达到了他们的要求，他们就以为教育成功了；若是达不到要求，他们通常不会去分析学生为什么做不到，更不会怀疑自己的要求是否合理，是否适宜，而是一味地责备学生。他们的意思很简单："你必须符合我的要求。"这是典型的主观主义的、教师中心的思路。当年社会简单、民风淳朴、学生胆小、独生子女少、竞争不激烈的时候，教师靠这种思路还能支撑，现在情况完全不同了。现在家长被激烈的竞争弄得神经兮兮，不是逼迫孩子学习就是贿赂孩子学习；生活的富裕和独生子女又给过度保护和溺爱提供了条件，结果孩子普遍任性、娇气而自私；信息爆炸则使得孩子小小年纪就提前懂得了一堆大人的事情；学校的过重课业负担又搞得多数学生不可能喜欢学习……孩子们失去了淳朴，增长了一堆毛病，本事没多少，胆子却很大。面对这样的学生，教师再自我中心地把教育工作理解为"贯彻我的（其实基本是上级的）想法"，必然处处碰钉子，因为今日的学生大多不是省油的灯，他们不会乖乖地买老师的账。你不要问这是好事还是坏事，这没有多大意义。不管你是否喜欢，这就是眼前的现实，你必须面对它，否则生活就要惩罚你。

因此，今天我们要想成为合格的教师，就必须学会新的教育思路——以学生为起点。我不是说不要目标，不是说不提要求，教育是不可以没有目标的，没有目标就不是教育了。我是说，我们不能总是从自己的目标出发要求学生，我们要学会从学生的具体情况出发，一个个引导他们趋向我们的目标（当然，目标要经过论证，要科学合理）。这目标应该大同小异，且因人而异。教师应该是一个引导方向的人，不应该是一个制定一刀切的指标的人。

我们现在很多教师和家长都被孩子"拿住"了。孩子们已经猜透了我们的心思，他们明白，只要能给家长、老师挣分，就能换来一大堆好处；而如果你宣布罢工，拒绝给家长、老师打工，同样可以得到好处，而且可能得到更大的好处——你越不学，他们越害怕。就这样，孩子们一下子点住了家长、教师的"死穴"，把家长、教师逼到了被动防守、节节败退的境地。逼孩子学习和贿赂孩子学习本质是一样的：都是有求于孩子，都是想让孩子实现大人的计划，都是成人自我中心，都是"包办"孩子的生活。这和包办婚姻有什么两样？当然，教师、家长都是为了学生好，可是过去包办婚姻的封建家长们不也是为了孩子过好日子吗？

家长和教师一定要注意，孩子不是实现我们"战略部署"的工具，他们是独立的人，他们有权选择自己的生活方式。不错，义务教育是强制性的，不上学犯法，但那说的是你必须上学，并没有说你必须完成家长、教师的指标。社会有权强制孩子学习知识、提高素质，却无权强迫孩子达到一刀切的标准，那是反科学的，因而是根本做不到的。

我所说的"以学生为起点"，就是首先把孩子研究清楚，看看他们是什么材料，问问他们准备怎样安排自己的未来，然后因势利导，尽可能把他们的素质提得高一些。教育的任务不就是如此吗？

五月老师的这个学生，高中生了，超出义务教育阶段了，家长和教师就更没有必要逼迫她学习了。我不是说要放弃她，我会引导她，让她自己选择生活道路。她不是说要"把自己弄得漂亮一点,以后嫁个好家庭"吗?我就以此为起点加以引导。我会对她说:"你这种想法也不失为一种选择,确实有些女人就是这样生活的。我想对你说的是,你最好想办法了解一下这种女人是否过得幸福。人生不都是要追求幸福吗?听听那些过来人的声音,对你有好处。再有,你要注意,你要选择好家庭,人家也要选择你,这是双向选择,不能一厢情愿。请问你有多少资本能拿上台面呢?光是漂亮行吗?你能漂亮到几十岁?我建议你去了解一下高端男士的择偶标准,然后再决定自己下一步怎样做。这是实实在在的事情,靠做梦是不行的。我无意干涉你的选择,你有选择生活方式的权利,你不愿上学当然可以退学,我只是提点建议供你参考。"

我想,这样以学生个性化的真实想法为起点做工作,才可能打动她的心弦。如果进行最一般化的说教,老师语言的子弹就都脱靶了,说了没用,徒费心神,累得不值。

王老师中秋快乐!王老师的一席话,真的让我茅塞顿开,是的,"教育要真正以学生为起点,一切为了学生的发展"这句话,我到现在终于有一点明白了。

我会在以后的工作中时时翻看王老师所说的这番话的。是的,孩子有权利选择自己的生活,当我们觉得她所选择的也许和我们的观念背道而驰的时候,显然一味的说教并不能解决问题。而我们老师也不一定要一味遵循传统,也可以用自己的方式解决问题。

Yes, Sir! 我要用我自己的方法再帮助她一次。

五月微凉

第一个案例是小学的,这个案例是高中的。这个案例也是我在网上和班主任的对话。这个女同学看起来属于厌学、不良行为习惯、心理障碍(学校恐惧?)混合型的问题生,而且是重度,已徘徊在学校边缘。她如果辍学,我估计滞留在家里的可能性大,马上走向社会的可能性小——她没有那个能力,她是吃上父母了。这种学生不但班主任难以解决,学校也很难转变她,应该由社会工作者和心理医生介入。五月微凉老师一开始就没有对这个学生的问题性质和问题程度进行评估,满怀责任心地、盲目地把大量精力用在她身上,愚以为这是一种决策失误。如果把教育她的大部分精力用在建设班风和教育其他同学上（她对班集体的破坏作用不算大），教师会显得更明智，工作会更有成效，也更对得起全班同学——班主任毕竟不是某个学生的专职教师，他首先要对多数人负责。这个例子告诉我们，面对问题生，班主任一定要评估一下自己能做到什么，不能做到什么，搞清自己工作的边界。一旦发现情况不对，就不要再去做徒劳无功的事情。关于这个孩子的家庭，五月老师提供的材料太少了（我发现很多班主任并不重视问题生的家庭背景），很难判断其类型，有点像放任型和倾斜型（抱养），还有一种隐蔽的冷漠。看起来家长对孩子是完全失控了，这种家长，很难指望他们能在诊疗中给班主任帮多大的忙，五月老师和家长的联系，有些也是多余的。

【案例】

## 小峰的友情、爱情和亲情

小峰　男　初二　十七岁

初步诊断：

主要问题：情感困惑。由于表达能力差，不能正确传达自己的思想感情，与人交往形成障碍；由于兴趣面狭窄，与朋友没有共同语言，造成交流中共同情趣偏低，局限于金钱、物质和吃喝，最后演变成经济利益关系，使朋友离他而去；由于教育者以女性为主，在接受关照的同时，也感到妈妈和姐姐剥夺了自己的自由和权利，思维中缺乏男性的果断和豁达。

我的任务是了解几个孩子有什么心理问题。事先我们知道他们的信息很少，只知道他们都辍学在家，和家长关系恶化，谁的话都听不进去。今天都是家长想尽办法把他们带来的。小峰是其中之一。

小峰的姐姐介绍说，小峰泡网吧，好像有女朋友，死活不上学，不能管，谁的话都不听，和家里人没有沟通，没有人知道他在想什么。

我第一次和小峰见面时，他面带勉强的微笑，不经意间笑容会在他的脸上凝固，露出苦涩。与他见面的前几分钟，已经被他紧张和僵直的表情触动。为了缓和气氛，我和他们三个孩子一起交谈了几句无关紧要的话题。然后，我拿出事先准备好的问卷发给他们每人一张。

我的问卷是这样的：

这里有许多描写心情的词汇。想想看，最近什么时候、有哪些心情在这个清单上面？如果有，请在下面画一条横线。

| 自信 | 害羞 | 惊恐 | 孤独 | 渴望 | 无聊 | 吃惊 |
| 嫉妒 | 羞耻 | 谨慎 | 心浮 | 愤怒 | 顽皮 | 害怕 |
| 安详 | 好胜 | 骄傲 | 尴尬 | 勇敢 | 低落 | 怀疑 |
| 贪婪 | 激动 | 混乱 | 粗暴 | 关心 | 痛苦 | 爱 |
| 好奇 | 自卑 | 感兴趣 | 安全 | 负罪感 | 灰心丧气 | |

我们一同坐在沙发里，从他手里接过问卷，我看到"无聊"、"粗暴"、"低落"、"混乱"四个词组下面划着重重的横线。

我靠近他，面带微笑，小声和他说话，几乎没有人能听得到我们的谈话。我开始提问："我看你在这里划了'粗暴'这个词，从你的外表，我看不出你粗暴。"

他笑了一下，那种笑，含义很复杂。

我继续说："你认为你本人是一个粗暴的人吗？"

"不是。"他双手原本是合着的，这时开始相互揉搓起来。

"你只是有时会'粗暴'，是吗？"

他点点头。

"你什么时候会这样？对谁这样呢？"

他变得焦躁，用力揉搓着手，不时地抬头望一下窗外，眼睛湿润，说不出话来。

我知道继续谈效果不好，于是改变了话题："你说你的情绪是低落的，和什么事情有关？"

他停止刚才的动作，低下头，沉默了片刻后，又开始揉起手来，欲言又止，像有很多话憋在嘴里说不出来。支吾了两下，把头一低，挤出三个字："不知道。"

谈话陷入了僵局。我沉默了一会儿，开始试探着询问："是关于学校？"

他摇头。

"是因为学习成绩不好？"

"不，不是。"

"是家长批评过多？还是家长唠叨？"

他不回答，深深地低着头，我无法看清他的脸。

"是老师不通情达理，伤害了你？"

"不，不是。"他摇着头。

"你对我说说，我也许可以帮助你。一个好汉三个帮，需要帮助就要求助。我知道你现在不上学了，一定有难处。"

他抬了抬头，努力地想说什么，又泄气地低下来，痛苦地说："我说不出来。"

我努力把语气放轻松，不给他沉重的感觉："没关系，还有时间。这样吧，下午一点我们再说，现在休息！"

他站起来走了。

我心里不安起来，真怕他下午不来了，又怕他来了还是什么也不说。我作好准备，他不说话，我要问他。

下午一点，小峰准时敲响了我的房门。也许是有了思想准备，他的脸色好多了。

寒暄过后，我开始发问："我感到你过得不愉快，很痛苦，能不能说说，你在痛苦什么？"

他深低着头，揉搓起手来。我没有催促他，只是耐心地等待。他思量了一会儿，一手握拳，一手为掌，相互敲击着，终于抬起头看了我的眼睛，又马上回避了，说："我说不出来。"

我决定采取主动："是女朋友的事情吗？"

他回答："不光是。"

"难道还有男朋友的事情？"我疑惑地追问。

他把弯着的胳膊使劲甩直，表情开始变得痛苦和不安，从牙缝里挤出一个字："是。"

"说说看！"我给他一个鼓励的眼神。

"怎么说呢？"他双手相互敲击着。"是，原来的朋友，不和我好了。"

"是所有的吗？"我问。

"是。不，不是！"他停了一下，继续说："也差不多。"

我问："几个朋友？都是学校里的？还是社会上的？"

他吭叽了几声后说："同学。"

"几个？"我追问。

片刻沉默后，他说："九个。"

我更加不明白了，继续问："因为什么，你知道吗？"

他没说话，只是摇头。

我感到又要陷入僵局，赶紧说："你能给我说说当时的情景吗？"

他没有马上回答。我就等他。他终于开口了。

"有一天，我们一起吃饭，一个同学好像闹气似的说：'我们不再是朋友了，大家分手吧。'我还没有想明白是怎么回事，同学们就都走了。从那以后，同学们真的很少和我说话了。我主动去找同学说话，请他们出去玩，他们找出各种理由推托不去，好像没有人乐意理我。"他说话的样子很痛苦，"我学习不好，转学了。我想他们，就回去找他们。我以为他们见到我一定会很高兴，但真的见面时，他们的表情并不像我想象的那样，可以说冷淡。"他停下来，不说了，眼泪已经流下来，滴在衣服上。我递上面巾纸。他擦擦眼睛，喘了口气说："我到现在也不明白为什么。"

"能说说你们是怎么成为朋友的吗？"我问。

这次他没有让我等太长时间。

"上初中以后，我和班里的几个同学总是打架，后来在一起成了好朋友。"

"你们朋友在一起都做什么？"

"一起打架，去网吧。有时去吃饭。"他回答。

从他的回答中，我没有看出问题，我更是一头雾水了。

"是不是同学们都长大了，觉得一起去网吧、打架不是好事，所以就选择分开？"我问。

"不知道。"

"我觉得有可能！"我自己回答自己的问题。"分手之前，没有大的事情发生，可能同学们长大了，感到原来的很多做法不对，想学好，所以决定分开，这样解释是说得通的。"

他没有吭声。我知道我的解释不是最后答案，还需要新的证据。

我转移话题："你有一个女朋友，是吗？说说她吧！"

他迟疑了一下："只是很好。"

"是同学吗？我们把她当作一个女同学。她也不愿意和你说话吗？"

"不是。"他简单地回答，语气短促。

"那是什么？你们怎么了？"

"我不知道是不是。"他停顿下来，表情中带着困惑。

"不知道算不算谈恋爱？是吗？"我补充他的话。

"是。我只是想见她。"他又停下来。

我为了减轻他的心理负担，说："我很理解。你这么大了，喜欢女孩很正常。"

他接着说:"但我看见她,就不知道说什么。"

我等着他把话说下去,但没有声响。我不好催促他,就找话哄他开心:"你肯定不会知道说什么,因为你不是谈过恋爱的老手,再过十年差不多了。"

他苦笑了一下。我知道他心里一定自卑,就继续说:"其实,谈恋爱也需要学习和锻炼。现在和女孩接触,是人生中不可少的经历,几次尴尬,几次教训,一个看一眼女孩都会脸红的男孩子,就长成知道分寸、知道女孩爱听什么话、知道自己真正要的女孩是什么样子的大男人了。"

他抬起头,表情依旧凝重地说:"有一次,就我们俩,我们待了好长时间。我一句话也没说,我当时脑子里一片空白。我很后悔,我……"他说不下去了。

我问道:"你觉得自己很笨,是吗?"

"是。"他回答。

"你把她当作普通的同学,就和她有话说了。"我为他出主意。

"以后,我就躲着她,但我还是希望见到她。"他说话的时候,嘴唇有些颤抖。

"我理解!"我想,这一切已经让他很难安心学习了,但还不至于让他辍学。我继续追问:"后来还发生了什么事情?"

他等了一会儿:"她走了。"

"为什么?你说清楚点。我不明白。"

他迟疑着,见我等着他回答,就说:"快放假的时候,我们两人在学校门口遇见了,她叫我第二天到她家去玩。我答应了。到了第二天,我不敢去。我不知道她是不是真的想见我,也觉得自己这样贸然前往不太好,不知道见了面该和她说什么。到了第九天我才去。她妈说她转到省里去上学,已经提前走了。"

"学校里没有好朋友,有一个喜欢的女同学也走了,所以,你也不去了,是吗?"我问。

"我知道不对,开学我去了。我以为自己可以忘记一切,但老师上课时我什么也听不进去,大脑总是琢磨事,想:女孩为什么走?朋友为什么不理我?我没有对不起他们,他们为什么都这样对我?为什么?为什么?为什么?我就是想不明白!"

听了他的话,我感到孩子自己是不甘心这样的,他有难过的坎,没有人帮助他。于是,我说:"你还能去上学,说明你是懂事的好人。"

"不,我不是!我开始逃学。老师找家长反映了情况,家长就开始到处找我。我躲进哪一家网吧里,最后他们都会找到我。我气急了,就对他们发脾气。那时,我谁的话都听不进去。最后,我妈他们把我惹烦了。我就是不去上学了,看他们拿我怎么办!"他越来越激动,眼泪扑簌簌地流下来,他忙去擦。

"你就这样不去上学了?你想得到妈妈他们会伤心吗?你能看到他们着急吗?"我想用亲情来打动他。

提到家里人,他又开始搓起手来,不无反感地说:"我烦他们。他们的做法叫我不能接受。"

"你能给我举个例子吗?"我引导他说出来,想知道家长做什么事叫他烦。于是,他讲了一件事。后来,经过与他姐姐交谈,我知道事情是这样的:

他辍学在家,一天无所事事,不理任何人,表情呆板,行为古怪。家里人都怕他得了精神病,没有人敢和他较劲。爸爸气得不再和他说话,哥哥姐姐到处给他"求医问药",妈妈尽自己所能哄着他,照顾他更加周到了。一天,姐姐和风细雨、赔着笑脸对他说:"咱们不能总是这样吧?"他没有搭话。姐姐看弟弟没有发脾气,态度还挺好,心中窃喜,认为今天弟弟高兴,是个好机会,就趁着他高兴继续说:"我们去看看心理医生好吗?"哪知道,小峰勃然大怒,瞪起眼睛对着姐姐大吼:"你才有病呢!你才不正常呢!你有病!你有!你有!"姐姐不觉潸然泪下。看见姐姐流泪,他想逃避,于是转身就走。这时,姐姐从后面追上来,拉住他的手臂,满面泪痕,哽咽着对他说:"对不起!对不起!是我不好!别生姐姐的气!以后姐姐再也不说了!"说完,姐姐掩面进了自己的房间。小峰被姐姐的举动惊呆了。近一段时间横行霸道、气焰嚣张的他,头一次感到自己错了!他默默地想:姐姐最爱笑,从来没有这样伤心过。姐姐是对的,完全是为自己好。是自己错了,为什么姐姐这样迁就自己,还要向自己赔礼道歉?为什么?自己不配!你们干吗对我这样好?为什么你们对我好却让我透不过气来?姐姐、妈妈有时候真的叫人讨厌!为什么我有时候真的讨厌她们?为什么?小峰又一次陷入深深的痛苦之中,不能自拔。从那以后,他发脾气少了,去网吧少了,但是,他还是在想:为什么朋友不理我?女孩为什么走?亲人的爱为什么叫人难以忍受?他不明白。

听了这件事情,我明白小峰的姐姐也在溺爱他。这种被溺爱的人,一般会有几种情况。

第一种情况：一方面他们被人照顾，被人包围，自己什么都不用做，觉得这是应该的；另一方面，自己没有学会做很多事情，遇到做不好的事情，会感到自己很无能。这样的孩子，表面骄横，内心自卑。他们是"纸老虎"。

第二种情况：一方面对关心、照顾他的人指手画脚，在他们面前，他是奴隶主。另一方面，他没有学会关心、照顾别人，更难理解服从与屈从的含义，一旦离开这个环境，他不再是重点，不再是中心，他得不到照顾，只能屈从，于是，这样的孩子，在外乖巧，在家嚣张。他们是"两面人"。

第三种情况：一方面习惯了被人照顾，被人包围，没有人关心、帮助，自己寸步难行；另一方面，他们认为谁供养我谁乐意，我没有本事，都是你们的错误，与我无关。他们是"寄生虫"。

在和小峰谈话结束之前，我提醒他考虑这样一个问题：你想和那个女同学见面已经很难了，这会让你痛苦下去。这样不行，要想办法忘掉。如果忘不掉，能不能说服自己放一放。这件事情让你心里如同背了一个包袱，不放下来，你会很累，身心疲惫，不能继续上学。这种感觉以前的日子里你已经深有体会。你好好想一想。

第二天，我见到了小峰的爸爸。他的头发已经都白了，由于中风，身体落了残疾。小峰的父亲是文革前的高中生，与小峰年龄相差四十岁，由于出身不好，随家长回老家务农。回农村后，他是全村唯一有文化的年轻人，先担任计分员，后来到大队任职，再到公社，最后到县里任职，干的都是经营管理的工作。后来因中风离职单干，现在家族企业有几百万资产，买卖已经做到北京（小峰家在沧州），在当地很受大家敬重。他有两个儿子两个女儿，小峰是家里最小的。一家每个人都有自己的一摊买卖，只有小峰还在上学。平时小峰由妈妈和姐姐照顾，与爸爸、哥哥合不来。他继承了爸爸沉默的性格，不会主动多说话，也不愿意表达自己的思想感情，尤其在家里人面前。他花钱从来没有受过约束，家里人都认为他小，需要格外的照顾，所以，每个人都会满足他的需求。

上初中以后，他和班里的几个同学打架。俗话说，"不打不成交"，后来在一起打架的同学都成了好朋友。他们几个朋友中，没有人像他这样有钱，可以经常请客。他对同学很大方。同学手里没有钱，他主动把自己的钱给他们，从来不叫他们还钱。还有的同学经常给他来电话让请客，他从来不会推辞。

转学后,他总是偷偷地回原来的学校,为此,他老是逃学。后来,他与一个女生在新学校相识。他为女孩花了不少钱。后来他好像和女孩吹了。他开始萎靡不振,泡网吧,不回家。他没有了学习的劲头,开学前,草草地划拉了点作业,应付了差事。

　　开学后,过了没有多长时间,他就开始逃学。老师找家长反映了情况,家长就开始对他围追堵截,他躲进哪一家网吧里,最后都会被家人找到。他气急败坏,变得不可理喻,谁的话都听不进去,最后拿出一招杀手锏——我就是不去上学了,看你们拿我怎么办!家长不知道怎么回事,问他,他也不说,和谁都发脾气,尤其和妈妈,像疯子一样大喊大叫。

　　听他父亲说明了这些情况后,我针对小峰的心理问题和他父亲进行了探讨。我认为小峰是情感问题,为亲情、友情和朦胧的爱情三个方面的情感困惑所致。由于表达能力差,不能正确表达自己的思想感情,与人交往形成障碍,很多事情不能有效解决,造成心理的苦闷;由于兴趣面狭窄,与朋友没有共同语言,造成交流中共同情趣偏低,局限于金钱、物质和吃喝,最后演变成经济利益关系,使朋友离他而去,造成内心失落、情绪消极;由于受到溺爱,自己的能力不能在实践中提高,离不开家里人的同时,也感到妈妈和姐姐剥夺了自己的自由和权利,在又爱又恨中表现出对家庭的逆反。教育者以女性为主,与男性交往少,思维中缺乏男子的应变能力,性格中缺乏直率、豁达和果断,使自己沉溺在自责中,不能自醒。

　　对于这样的孩子,家庭要做的有:父亲和哥哥多参与他的事情,遇事多征求他的意见,这样家长就可以更多地了解他为人处世中需要得到指点的地方,可以随时帮助他改变,但是要注意保护他的自尊心,说话注意不要用对待孩子的语气,要像对待成年人一样尊重。母亲要减少唠叨,减少帮助,减少关心,把责任给他自己承担。经济上要加以管理,每周定好钱数,不多给,要也不给,否则,孩子不会拿钱当好东西的。过去的事情就不要提了,他已经从在经历的事情得到了教训。下一步,我再做做工作,让他对以前经历的事情进行一些梳理,使他有一个新的认识。

　　第二天,小峰又敲响了我的房门。请他进来的那一刻,我看到他在笑,自然中有了几分跳跃的激情。我也被他感染了,一改昨天试探的语气,开口就问:"昨天给你留的问题想得怎么样?"

　　他把双手放在大腿两侧的沙发上,支撑着前后晃动的身体,还是慢条斯理地回答我的提问,不同的是,脸上的苦涩没有了。他说:"想了想,以后再说吧。"

我知道他说的是那个女孩的事情。

"你的选择是对的。别人都在进步，你却在为过去而停滞不前，不值得。是不是？"

我停顿下来，让他想一想。又说："我和你父亲谈过了，又了解了一些情况，我们来分析一下，你看对不对。你是你们几个朋友中最有钱的，平时朋友们在外面吃饭都是你花钱，是吗？"

他回答说："他们都没有钱，我给他们花钱，我特高兴。"

"你父亲还说，同学会经常给你打电话，叫你请客，是吗？"我又问道。

他低下头说："是！"

"你的朋友都向你提过这样的要求吗？"我又问。

"不是，就一两个人。"他回答。

"你们中谁和你一样有很多的零用钱？"

"就我。"

"平时花钱最多的一定是你了。"我问："你的朋友中有人有正义感吗？"

"有的。"

"我们这样解释一下你和朋友们的关系。他们中有人有良心，接受你长期的关照，他们不忍心，也有自卑和自责，再加上有的同学比较贪婪，经常让你请客吃饭，好心的朋友更觉得不能这样交往下去，于是提出分手。分手后朋友不能说明真相，说明真相，等于是在批评你，也很难说出来接受你的馈赠让他感到自卑和自责。你对朋友好，朋友们知道，几年以后，你们再见面的时候，你的朋友一定会和你和好如初，因为你们都是好人。现在不行，因为现在你们在一起不平等，最简单的就是，你家里有很多钱，他们的家庭不是。你想一想，这样解释是不是符合逻辑？你和朋友们有没有这样的问题？"

"有！原来就感觉到了，但没有想。"他认真地说着，眼睛平视，像看透了什么。

"可以理解，因为你需要别人帮助你看清问题。"我继续说，"这个问题我们就这样认识。下一个问题是你女同学的问题。你想听我解释吗？"

他抬头看着我说："想！"

我看到了他诚恳的眼神，就说："我赞成你和她作个了断，但是她不在，没有办法。你们都是孩子，现在谈论感情，是环境不允许的，所以她和你都不能采取主动。她的态度是先放下，我建议你也先放下，将来再说。有这样一个规律，初恋的成功率几乎为零。如果你为她动了感情，就把这当作教训，不要当作拦路虎，因为你已经停滞不前了，生活一团糟。一年了，你还想让这样的生活继续吗？"

他沉重地说："不想。"

"好，就让事情过去，干你应该干的事情。时间一晃就又过去了，想想，你不能拿过去的错误赌掉明天的生活，赌掉将来，不值得！"

他没有说话，可是，他笑了。

"昨天见到爸爸和姐姐了吗？他们对你说什么了？"我问。

"见到了，没说什么。"

"那就好。你家里人对你好，你要领情，不赞成的地方和他们商量，你就记住这样一句话，'血浓于水'。我与你爸爸和姐姐分别谈过了，他们需要改变的地方我们也谈了。现在你有什么希望？"

他有点不好意思，低下头说："我想回学校，想快点开学。"

"太好了，你真的站起来了。你会前途无量的！"

看着他离开，面带笑容，我真切地感到他内心在变，往好的方向。

孙阳立

这是个初中的案例。

本文作者孙阳立是我的助手，研究家庭教育多年，本文记录了她诊疗一个问题生的过程。

我们可以很明显地看出这篇文章与前两篇文章的不同。前两篇文章中老师（cfn老师，五月微凉老师）的出发点都是管理，即让学生照学校的要求做，而孙阳立老师的出发点则是了解学生（他是怎么回事？他为什么这样？）。一种是管理态势，一种是研究态势，完全不同。所以，我们在前两位老师的文中看到的都是学生的外部表现和教师做了哪些工作，看不到教师的思维过程，而在孙老师的文章中，我们可以很清晰地看到她怎样试探（一边问一边想，你不说我就猜测多种可能，让你表态），怎样假设，怎样思考，怎样从对这个孩子茫然无知变成了有所了解，怎样从不知从何入手变成了心中有数。从思维角度说，前两位老师是静态的，从头到尾，他们的思想没有前进一步，而孙老师的思想则是动态的，开始对这个孩子很无知，搞不清他怎么回事，后来就变得聪明了，就明白他的性格规律了。也就是说，孙老师在诊断这个学生的过程中"发展了自我"，增加了新经验，而前两位老师则只是"磨损了自我"，他们的思维水平一直原地未动。为什么会如此？因为孙老师有研究的心态，有研究的思路，具备研究的基础知识，而这些，目前许多班主任尚未具备。他们更像一个个"班官"，像行政人员，而不像专业人员，所以，一旦遇到行政管理手段无法解决的问题，他们就没办法了，而问题生恰恰是用一般行政管理手段不能解决其问题的孩子。

这个孩子到底是什么问题？我看他属于心理障碍（孙老师说的情感问题）、不良行为习惯（社会化障碍）混合型的问题生，程度为中度。虽然他辍学了，但是问题性质并不十分严重，他的心也没有完全离开学校，否则靠孙老师这几次谈话是不会有如此效果的。

这是一个没有趣味的孩子。同性朋友和他在一起不快乐，异性朋友和他在一起不快乐，就连亲人和他在一起也不快乐。大家都离他越来越远。于是他焦虑，于是他粗暴，于是他连学也上不下去了。

他为什么如此缺乏亲和力呢？

亲和力是由很多能力综合而成的。比如你要有起码的平等意识，如果总是自我中心，朋友当然难以忍受；比如说你得有将心比心的能力，善解人意，人家才会喜欢你；比如你需要有一定的表达能力，能把自己的意思说清楚，别人才愿意和你沟通；比如你还需要基本的社交知识，知道在什么情况下什么样的言行才是得体的，朋友和你在一起才不会尴尬；比如你得有一定的生活常识和兴趣面，这样和朋友在一起才有谈得下去的话题。如此等等。

种种迹象表明，小峰可能全面缺乏这些能力。你看他连谈恋爱都那样笨手笨脚，真是够呆的。

怎么会这样呢？

可能是家长管得太多了，给孩子的自主空间太少了，给孩子留的道太窄了。家长如果认为，对孩子来说，只有学习是最重要的，其他都是瞎掰，那他们一定不会有意识地培养孩子人际交往的能力和技巧，一定会忽视孩子的情绪状态，而只注意分数，只会无节制地让他花钱（伤朋友自尊）。久而久之，孩子就被管傻了，爱傻了。这个孩子"穷得只剩下钱了"。这又是一个富裕家庭毁坏孩子的典型。

据我们后来得到的消息说，他开学上学去了，治疗初见成效。但我预计这个孩子未来的路仍是不平坦的，因为他的问题不属于一个简单的"情结"，好像心中有一个扣，解开就可以轻装前进了，他的问题不是这么简单，他的问题是缺乏很多最基本的人际交往能力，而这些能力不是短时间可以培养起来的。要知道他已经十七岁了,有些毛病已经固化了。这个孩子还会碰很多钉子,需要持续的具体指导。但愿他前途光明。

【思考题】

　　请仔细研究一下孙老师的思维方式与前两位的区别,想一想:自己的思维方式更像谁?以后怎么办?

# 结　语　做一个快乐明哲的班主任

本书已近尾声，我们来回忆一下全书的内容。

我们首先谈到了班主任的六种角色要求（第一章），然后阐述了班主任影响学生的十种手段（第二章），在此基础上，把班主任分成了九类（第三章），这以后就开始论述班主任工作的内容。首先厘清了班主任工作的重点和边界（第四章），然后分别阐明了班主任工作三大块（第五章：班风建设；第六章：班级日常管理；第七章：问题生诊疗）的内容和工作方法。全书的框架就是如此。

教育有三种方式：管孩子，哄孩子，帮孩子。历来我们的教育者只会前两种方式，本书竭力介绍和推荐的是第三种方式。

如果用一句话来概括本书的内容，那就是：主张班主任实现思路和工作方式的转轨，从只会交替使用"管"和"哄"的方式转变到逐渐更多采用"帮"的办法上来。

管孩子就是用各种规则和批评、惩罚手段迫使孩子就范，哄孩子就是用表扬、赏识等手段诱使学生走成人设定的道路，这两种办法都强调从成人的主观愿望出发的外部干预。帮孩子则不然，它是先搞清孩子的特点，从他的现实出发，帮他实现自我。

管孩子时，教师是指挥者；哄孩子时，教师是鼓动者；帮孩子时，教师是研究者。

管孩子时，教师希望孩子害怕，恐惧是动力；哄孩子时，教师希望孩子欣喜，兴奋是动力——二者都主要诉诸感情，比较情绪化。帮孩子则不然。帮孩子时，教师希望孩子冷静、清醒，动力是智慧。帮孩子是一种平静的、理性的交流，我们看看前面孙阳立老师的工作姿态就知道了。

我并不完全否定"管"和"哄"的积极作用,这两种工作方式常常是必要的、不可或缺的;我也不认为"帮"的办法是万能的,"帮"也需要"管"和"哄"的配合,才能更好地发挥作用。我的意思不过是说,光有"管"和"哄"两种方式是完全不够的,比较落后的,缺乏科学性。教育界的当务之急是提倡"帮"的方式。预计在很多年之后,"帮"的方式有可能成为教育方式的主流,而"管"和"哄"将退为辅助方式,那时候,我国的教育才可以说是"现代化"了。

我认为这是教育的大趋势,但是我对此事的进展并不盲目乐观。这将是一个长期、艰苦的"换脑筋"的过程,其最大的障碍不是别人,正是我们每个人自己。

我们来看两个故事。

第一个故事。亚洲某部落的土著擅长编一种草垫,畅销世界。一家美国公司的代表与该部落酋长洽谈,提出要定购几千张草垫。酋长说,定得太多了,单价要提高。这位商人大吃一惊,询问为什么定得多反而提价。他得到的回答是:"因为我们得编几千张草垫,单一的重复动作将使我们很厌烦。"

第二个故事。琼斯先生在一家公司里干了十五年,从未被提升过。后来,调来了一个小伙子,刚干了一年就被提升了。琼斯先生无法咽下这口气,去找经理质问:"我干这工作有十六年的经验,为什么这新手刚来一年却爬到我头上去了?"经理说:"我很抱歉,琼斯先生。可是您并没有十六年的经验。您只有一年的经验,只不过您把它用了十五次而已。"这位经理的话发人深省。如果我们年复一年地走老路,岂不就是琼斯先生吗?一位西方学者说:"人们一想到立刻结束他们的生命就胆战心惊,但对一点点地、不知不觉地结束自己的生命却视若无睹,全不在乎,这是何等的愚蠢啊!"法国一位科学家说:"构成我们学习上最大障碍的是已知的东西,而不是未知的东西。"

这告诉我们,如果您总是一遍又一遍地复制自我,您收获的多半就只是疲惫和焦虑,永远做不成快乐明哲的班主任。快乐的前提是明哲。

多年来,我费了极大的力气劝各位老师"想想自己,面对自我",可是我总看到有一种极其强大的习惯势力引导老师们回避自我,诉诸外因——用环境解释自我。都是体制惹的祸,都是考试造的孽——老师们特别喜欢沿着这样的思路想事情。我想起了电视剧《大宅门》里的一个人物白敬业夫人的一句口头禅："这事可不赖我！"这种人遇事首先想的不是此事对不对，好不好，也不是怎样做得更好，而是先撇清自己的责任。只要不赖我，其他事我就不管了。他们的潜台词其实是："我故步自封有理。"这其实是一种自我欺骗。外因当然重要，但是在同样的外因下，为什么有人和我不一样？这才是我应该思考的重点，这才是我行动的起点。10个中小学教师中能有1个人认真地这样思考（10%），教育形势就会大有改观。可惜，目前的比例远没有这么大。

我们总是把自己看成一块泥巴。如果有人问："您怎么这副尊容呀？"我就心安理得地回答："人家就把我捏成这个样子的呀！我有什么办法？"

同志们，不是这样的。只会适应环境，那是动物的特点。我们是人类，我们有主观能动性，有主体性，我们可以在一定程度上选择自我，设计自我，实现自我，我们还可以在一定程度上反作用于环境。

所以，主体性的缺失，是我国教师心理的最大问题。

一位青年教师告诉我，当年她做大学生的时候，和同学聊天辩论，从未有不如别人的感觉，可是，几年教师当下来，大学同学再聚会的时候，却发现那些没有从事教师工作的同学个个侃侃而谈，自己竟然常常插不上嘴，而且显得拙嘴笨舌了。

她问我："王老师，您说，我是不是变傻了？"

我说："是。"

她问："为什么？"

我说："因为你每天接触的都是孩子，是一些知识和社会经验都不如你的人。人只有经常和比自己聪明的人打交道，才会变得更聪明，你缺乏这个条件，自然会变傻的。"

这位青年教师默然。

中小学教育的管理机制其实也是把教师导向僵化和"傻化"的。局长、校长最欣赏的，往往不是喜欢动脑筋思考的人，而是按领导的指示傻干活的人，或者沿着领导的路子"思考"的人，不需要独立思考。人一独立思考就可能提出不同意见，这是有些领导比较恼火的。

所以，比较普遍的现象是，教师教书时间越长，思维越僵化，头脑越简单。在社会其他行业的人看起来，自然就是"傻"了。

如何避免这种精神退化呢？

一定要读书，一定要不断寻找比自己更聪明的人，和他们交流，以砥砺自己的头脑，保持自己思维的活力。

其实读书就是与智者对话。

要读一点比较难懂的书。

为什么非要读比较难懂的书？因为"容易走的都是下坡路"，请你记住这句外国谚语。读那些不需要动脑筋的书像坐滑梯一样，虽然轻松，却是向下的，只能得到一些片断的见闻，而思考力却一天天被锈蚀了。

比如我们读哲学书，哲学书有点难懂。有的哲学家说世界的本源是精神（唯心主义），有的哲学家则说世界的本源是物质（唯物主义）。依我看这不怎么重要，重要的是他们怎样思考问题，他们的思维方式是什么样的。我学的主要是他们的聪明劲，而不是他们的具体结论。

可惜，我们从小受到的教育都不是引导我们这样学习的。我们的教育好像是让学生准备一个大口袋，从书本上和教师嘴里掏出一些"知识"，塞进口袋里，就算完成任务了。

这不是与智者对话，而是从厂商那里"进货"。

说到寻找智者，我们得感谢网络。没有网络，我们终生能接触的人是很有限的，能遇到的明白人、聪明人更是很有限的，因为智者的单位面积产量并不高。有了网络，我们就更有条件寻找他们了。

比尔·盖茨哈佛大学没毕业就退学了。人家问他为什么，他说："我到这里来是为了寻找比我更聪明的人，可是我没找到。"比尔·盖茨事业上能取得那么大的成绩，真不是偶然的。

让我们都来寻找比自己更智慧的人。

20世纪70年代末，我所在学校教师团支部组织青年教师座谈会，邀请我这位中年教师去给年轻人讲点经验，我就谈了这样一个观点：一个人除了完成日常的教育教学工作外，能抽出多少时间来供自己学习，将决定他未来的命运。多年后，我在一种杂志上看到一位心理学家的话，他说："颇有成就者选择的是自己真正喜爱的工作，他们花三分之二还要多一点的工作时间干自己喜欢的工作，只花不到三分之一的时间去干那些自己不喜欢干的琐事。他们喜欢内在的满足，而不只是外在的报偿，如提薪、提级和权力等等。当然，他们最后往往能得到一切。"我很高兴，因为这看法与我当年的观点有相近之处。现在我也把这个忠告送给本书读者。

本书开篇就提出了一个问题：您喜欢做班主任吗？现在，当您将要读完这本书的时候，您的想法如何？

如果您发现当班主任不但光荣，而且是一件很有趣味的事情，那我将很高兴，觉得遇到知音了。如今我们通常见到的终日忙忙碌碌、急急挠挠、被动招架、焦头烂额的班主任，确实当不得，要做，就该做一个快乐明哲的班主任。

各位尊敬的读者！您看完了这本书，是不是觉得作者乃是一个特别冷静、理性的人？有些网友就这样看我，甚至有人以为我一定有一张冷冰冰的"科学脸"。对此，我可以负责任地声明：冤哉枉也，绝无此事！我之所以反复强调科学，实在是因为我们的教育如今太缺乏科学性了，并非主张科学主义。我完全赞成教育是艺术，而且认为我们的班主任工作艺术性也普遍很差。记得我在罗浮宫参观的时候，有一位解说员是北大留学法国的研究生，他指着达·芬奇的名画《蒙娜丽莎》说："这幅画不但是艺术品，而且是达·芬奇的科研成果。"我至今还记得当时心中的震撼，简直如同龙卷风。我一下子明白什么是教育的最高境界了——艺术与科学的完美结合。不过要结合，先得把科学请进来。你这里连科学的碎片都不多，拿什么结合？

本书侧重谈的是教育的科学的一面。为了把比较完整的自我呈现给读者，下面仅录本人教育诗《班主任之歌》三首（我写的诗很多，有几百首，自娱自乐的），算是"曲终奏雅"吧。我不敢说诗中20世纪80年代的我十分明哲，但自我感觉还算快乐。

乳虎声

大地睡眼惺忪，
残夜对抗着黎明，
繁星兵败如山倒，
太阳即将在霞光中升腾。
我到操场去锻炼，
听到了惊人的歌声……

像乳虎长啸，

像战马嘶鸣，
像火车高叫，
像炮声隆隆。
七高八低，
旋律不清，
见棱见角，
撞碎了寂静。

仔细一瞧，
竟是我班的四位男生。
四个人三个左嗓子，
音乐课上的寒蝉，
联欢会上的"听"众。
他们跑圈刚完，
看来豪兴正浓，
叉着腰，挺着胸，
唱着走调之歌，
喷吐着激情。

这粗犷的美，
震慑了我的心灵。
我苍茫的心海上，
卷起了接天的雄风。

……
我悄悄地离开操场，
这时，
太阳初升，
开始了它光辉的历程。

黄莺曲

她像电源充足的小喇叭,
不停地播出歌声。
身未动,
歌先行。
人去了,
带走了银铃,
却有余音留赠。

有一回上自习,
我在窗外偷听。
(说来惭愧,
这也是班主任一大功能)
班里倒不乱,但有人唱歌,
声音虽不大,却听得分明。
全班竟没有人去制止,
大家似乎都在那儿发愣。

"你怎么上自习唱歌?"
我推门就问小黄莺。
"我唱了吗?"
她的吃惊是那样真诚。
哄堂大笑。
她惶恐的眼睛像两个音符,
有"月光奏鸣曲"那样透明。
我不说话,她低下头。
全班恢复了平静。

踱在鸦雀无声的行间,
我掩饰着自己的激动。

我心里在祝福:
愿你们的未来
永远伴着歌声。

送雨谣

云涛来自天边,
是满载着爱的飞船。
把润物细无声的好雨
飘洒到人间。
我就是一只
这样的小船。
捧出春雨
是我的心愿。
贡献得越多,
我越纯净,越飘然。
小树长成栋梁之日,
我将化作一角蓝天。

2007 年 9 月 9 日完稿

图书在版编目（CIP）数据

做一个专业的班主任/王晓春著．—上海：华东师范大学出版社，2007.11
  ISBN 978-7-5617-5727-7
  Ⅰ．做… Ⅱ．王… Ⅲ．班主任—工作—中小学—师资培训—教材 Ⅳ．G635.1
  中国版本图书馆CIP数据核字（2007）第178756号

大夏书系・全国中小学班主任培训用书

# 做一个专业的班主任

| | |
|---|---|
| 著　　者 | 王晓春 |
| 策划编辑 | 吴法源 |
| 文字编辑 | 金洪芹 |
| 封面设计 | 回归线视觉传达 |
| 责任印制 | 殷艳红 |
| 出版发行 | 华东师范大学出版社 |
| 社　　址 | 上海市中山北路3663号　邮编 200062 |
| 电　　话 | 021-62450163 转各部　行政传真 021-62572105 |
| 网　　址 | www.ecnupress.com.cn　www.hdsdbook.com.cn |
| 市 场 部 | 传真 021-62860410　021-62602316 |
| 邮购零售 | 电话 021-62869887　021-54340188 |
| 印刷者 | 北京密兴印刷有限公司 |
| 开　　本 | 700×1000　16开 |
| 印　　张 | 18.5 |
| 插　　页 | 1 |
| 字　　数 | 280千字 |
| 版　　次 | 2008年1月第一版 |
| 印　　次 | 2024年10月第四十六次 |
| 印　　数 | 176 101-179 100 |
| 书　　号 | ISBN 978-7-5617-5727-7/G・3337 |
| 定　　价 | 49.80元 |
| 出 版 人 | 朱杰人 |

（如发现本版图书有印订质量问题，请寄回本社市场部调换或电话 021-62865537 联系）